多胞胎共和國

台灣人工生殖的希望與風險

吳嘉苓 原著・修訂
柯昀青 譯
陳明哲 審定

獻給我的父親吳洪彬，以及母親游碧鶯

目次

各界好評推薦 ... 006

致謝 ... 008

中文版致謝 ... 013

推薦序　多胞胎孕產，美麗而危險的誘惑　陳明哲 ... 016

推薦序　獨自坐上人工生殖列車的她們　諶淑婷 ... 022

推薦序　成為一位三胞胎媽媽　陳慧君 ... 027

圖表清單 ... 030

名詞縮寫一覽表 ... 032

導論 ... 035

第一章　多胚胎植入：寄望成功、預想風險 ... 073

第二章	選擇性單一胚胎植入：預想新成功、重塑IVF網絡	129
第三章	當IVF成為國家之光	181
第四章	世界上最寬鬆的管制規範	213
第五章	求孕軌跡與最佳策略	251
第六章	當多胞胎媽媽遇上減胎	289
第七章	安胎：產婦的密集身體工作	319
結論		345

參考書目	361

各界好評推薦

　　引人入勝且富有洞見……作者提出「預想治理」的概念，來探討體外受精（IVF）治療的演變。這種觀點極具參考價值，並啟發我將之應用於自身的研究中。
　　　　——安竺雅・惠特克｜澳洲蒙納許大學人類學系教授

　　本書從宏觀且跨領域的視角，關注孕產多胞胎所衍伸的議題，包括助孕科技的發展、醫學倫理的辯證、健康風險預防以及懷孕女性和母親的感受和預想勞動，以及早產兒家庭的負擔等，吳嘉苓教授以國內外的研究報告、統計數據、個人訪談等資料，讓我們了解「帶個健康寶寶回家」的夢想，背後實牽涉到醫療、法律、社會、文化、性別政治各方的協商與角力。
　　　　——李欣倫｜作家、中央大學中國文學系副教授

　　孕育新生命是充滿喜悅和盼望的歷程，而孕育多胞胎不只快樂加倍，辛苦和風險更是倍數增加。在本書中，吳嘉苓老師

以「預想治理」和「預想勞動」為核心概念，詳細爬梳台灣的社會文化和政治脈絡，並呈現台灣的生殖技術政策規範、醫療專業論述、國族政治、以及產婦對於孕產的認知和共作，如何相互碰撞交會，打造出台灣的「多胞胎共和國」。吳嘉苓老師以歷史為鏡，觀照個人經驗，拆解結構脈絡，對台灣當代社會和民眾的孕產預想提出洞見，發人深省，值得一讀。

　　　　——胡郁盈｜高雄醫學大學性別研究所副教授

　　人工助孕科技儼然成為一項「希望」工程，乘載著國家的光榮，更被視為不孕家庭的救星以及少子女化的解方。然而，這份「希望」卻建立在被誇大的成功率與被忽視的婦女健康之上，反而創造出更多的母嬰風險以及綿延不斷的「選擇」鎖鏈，進一步加重女性在孕產過程中的身心壓力與創傷。作者主張，負責任的預想治理，應包括：反思現況、認真看待女性的預想勞動，加強跨領域之間的交流與公眾溝通，並好好回應各種新出現的社會與科技挑戰，唯有如此，才能真正實現「帶一個健康寶寶回家」的希望。

　　　　——陳玫儀｜生育改革行動聯盟秘書長

致謝

　　這本書從構思到誕生，孕育超過十五年。很幸運的是，一路上我受惠於許多社群的支持與協助，讓這本書得以成長。首先，我要衷心感謝所有慷慨待我、願意花時間與心力接受我訪談、協助我進行研究的受訪者，包括許多孕產女性以及她們的家人、醫界人士、科學家、政府官員與政策倡議者。一些受訪者更熱心協助我在台灣、日本與南韓的許多不同場所，進行田野工作。基於匿名保護與隱私原則，我無法在此一一點名感謝所有人，不過，每當我翻閱一頁頁的逐字稿與田野筆記，所有的掙扎、反思、淚水和笑容，都生動地浮上，重新向我訴說所有人面對的辛苦關卡。儘管本書不可能詳述所有人的故事，也不可能解決所有的問題，但我希望本書至少能夠促使人們正視這些困境，並成為制度改革的養分。

　　超級能幹的助理群，一直是我這段漫長研究旅程上的夢幻隊友。感謝陳韋宏、謝新誼、黃昱翔、卓雯琴、廖怡理、劉純良、劉念雲、Sam Robbins、坂井日南多、陳俊求、王怡方、吳奎彥和楊涓的辛苦貢獻。他們在訪談、田野、編碼、製作圖表

辛苦投入，也對本書提出各種重要見解，讓我獲益良多，很榮幸能和這麼多優秀的年輕人一起共事。感謝張瑋容、黃昱翔、小宮由紀子、林容陽、坂井日南多、陳威志，在我赴日本訪談時協助翻譯。感謝能有謝麗玲和魏龍達協助翻譯韓國的資料與數據。在此我想要特別感謝我在密集寫作期間的全職研究助理陳韋宏，以及協助本書英文文稿潤飾與校對的 Victoria R. M. Scott。謝謝他們擔任本書的最佳助產師，用專業、幽默與鼓勵，支持我走過本書付梓出版前夕的緊繃時刻。他們是最早讀到本書初稿的讀者，而他們的回饋與大力支持，也是讓我得以安心養育本書長大的重要力量。

　　我也要感謝在孕育這本書期間，帶給我啟發、滋養我成長的所有同儕、學生與朋友。一路以來，許多學術知識社群持續給予我許多豐沛的支持，實在非常幸運。我想要感謝最有活力的台灣大學社會學系，以及系上的行政人員、學生和同事。感謝科技與社會（Science, Technology, and Society，STS）的台灣與國際社群，以及我在參與《東亞科技與社會國際期刊》（*East Asian Science Technology and Society*）工作期間所遇見的許多學界友人。感謝梁其姿所帶領的衛生史研究團隊、藍佩嘉所經營的台灣大學亞洲社會比較研究中心、臺灣大學人口與性別中心，以及參與台灣生育改革行動聯盟的所有女性主義學者與

倡議者。本研究的早期成果，曾經在許多社會學、女性主義、科技與社會研究的研討會上報告過，感謝所有曾經評論或參與討論的人，協助我的研究能夠再往前推進。本書部分內容過往曾發表在 *Social Science and Medicine*、《台灣社會學》、《東亞科技與社會研究國際期刊》（*East Asian Science, Technology and Society*）和《臺灣民主季刊》等學術期刊上，感謝所有協助讓我作品更加完整的評論人與編輯。感謝曾經參與演講、研討會和工作坊的朋友，給予我諸多回饋。

在本書有些拖延、緩慢的生產過程中，許多智友成為我的陪產員，帶領我將這段歷程轉化成一段充滿學習與成長的旅程。在本書的構思與提案階段，感謝陳美華、Adele Clarke、Catelijin Coopmans、范雲、藍佩嘉、John Lie、雷祥麟、李文欣、李貞德、Stefan Timmermans 與曾嬿芬給予我的建設性指引，讓我得以用來將《多胞胎共和國》一書具體成形。感謝許多學術同行與朋友，一路上協助提供資料、解答我的疑惑、給我許多重要評論與鼓勵：Stine Willium Adrian、畢恆達、Susan L. Burns、白井千晶、陳東升、陳麗美、簡妤儒、邱大昕、成令方、鄭雅文、Adele Clarke、John P. DiMoia、鄧宗業、郭貞蘭、河政玉、黃克先、黃瑜君、何明修、保明綾、小門穗、李貞德、李翠瑩、雷祥麟、林鶴玲、林國明、林瑋嬪、林宜平、劉華真、

劉仲恩、石原理、前田惠理、Karen M. McNamara、中山和泉、雷文玫、施麗雯、蘇碩斌、蘇國賢、宋玟靜、曾凡慈、柘植あづみ、Sharmila Rudrappa、仙波由加里、Malissa Kay Shaw、Ayo Wahlberg、Bettina Wahrig、王安琪、Andrea Whittaker、翁小雯、吳孟樵、喻小敏。感謝白井千晶、石原理、仙波由加里和柘植あづみ協助我在日本進行田野。感謝河政玉在我們於二〇〇五年初次相遇時，問我為何台灣試管嬰兒的胚胎植入數目是全球之冠――這個問題是促使我投入研究的重要開端，感謝她帶給我的啟發，以及在我到首爾做田野時的鼎力相助。感謝黃于玲，無論是在台灣與日本一起做田野，還是在過程中所出現的各種激盪，這些討論總能讓研究能量更加豐沛。在此我也要衷心感謝所有曾經為本書初稿提供意見的張廷碩、趙曉芳、陳韋宏、鍾瑋芸、徐婕、黃宗儀、郭貞蘭、藍佩嘉、雷祥麟、曾嬿芬、王驥懋。很高興能夠有機會跟 Berghahn Books 出版社共事，這次的合作也大幅加快了本書出版計畫的進程。感謝 Berghahn Books「生殖、生育與性」系列出版品的編輯 Marcia Inhorn、Soraya Tremayne 在過程中所提供的各種鼓勵；感謝編輯 Tom Bonnington 超有幫助的建議；感謝本書的兩位匿名審查人，提供我非常有益、正面且有建設性的修改意見。讓我倍感鼓舞的，是台灣剪紙藝術家古國萱為英文版封面所做的美麗創作：「在

自然與人造之間的生命之舞」。

本書的研究計畫歷時多年，感謝科技部的補助（102-2410-H-002-076-MY2、104-2410-H-002-196-MY2、106-2410-H-002-168-MY2），以及國立台灣大學的支持。特別感謝台大社科院與台大社會系提供的行政和財務協助，尤其是讓我更能專注於寫作的減教措施，以及提供讓本書英文版得以對大眾開放免費下載所需的經費。

最後，我要感謝我的家人、朋友和山友，在我埋首寫作期間，給予我的耐心、照顧與支持。謝謝我的人生導師曾嬿芬，每天都用她的美食、幽默與智慧照顧我。謝謝我的兒子大容和他的貓70與噴噴，總能提醒我成長和冒險是多　美好的事情。謝謝我的弟弟吳嘉偉帶給我無盡的歡笑，以及許多讓我大開眼界的有趣話題。本書也要獻給我已逝的父親吳洪彬，以及每天看著我寫作的母親游碧鶯。我的父母早在懷上第一個單胞胎之前，就已經開始悉心耕耘一座充滿愛的花園，預想要讓他們未來出世的女兒，能在其中快樂、自由地成長。而我至今依然深受那座繽紛花園的滋養。

中文版致謝

多胞胎孕產造成的風險與爭議，國際生殖醫學界自 1980 年代以來投入大量研究、積極探討對策，社會人文領域卻缺乏系統性的研究。長年以來，台灣是全世界試管嬰兒多胞胎比例最高的國家，日本則是多胚胎植入管制最嚴格的國家之一。這豐富的東亞現象，促成我立志以英文寫成學術專書 *Making Multiple Babies*，以補強生殖科技的社會人文研究過於偏向歐美的失衡。

從 2023 年 2 月英文版出版後，非常渴望能夠出版中文版，以能跟我最關切的台灣社群充分交流。很感謝 Berghahn Books 了解這份心意，英文版簽約時就讓我擁有繁體中文的版權。當初沒有預想到的是，這場中文版馬拉松比我想像得更具挑戰。首先要感謝柯昀青在翻譯上的費心投入。昀青是我主動邀約的譯者，這本書有許多醫學專門知識與術語，翻譯想必非常不容易。昀青在 2023 年夏天即把譯稿交出，而我因為著眼於台灣讀者的特性，以及訊息的更新，因此花上比預期更長的時間進

行修訂與改寫,實在很對不起久久等不到出版消息的譯者。

衛城出版社團隊的支持,為我這場馬拉松提供莫大的動力。早期的編輯林立恆、張惠菁,都給予我很多有用的寫書建議。接手的宋繼昕、洪仕翰,以及衛城的編輯團隊們,都非常用心地提供各種支持與協助。特別是陪伴我衝刺的繼昕,堪稱最佳的陪跑員。如果沒有她的細心叮囑與專業編輯,《多胞胎共和國》一定難以跑到終點。繼昕很有耐心地讓我大幅修改,也讓我更接近一些中文版的理想。也要感謝封面設計、美編、宣傳等等我未曾謀面的幕後工作者,謝謝衛城全村撐起這本書稿的出版。

這幾年台灣與國際的人工生殖都有許多新發展,因此中文版有必要進行相當幅度的翻修。我受惠於國科會計畫專題研究的資助(112-2410-H-002-088-MY2)。謝謝夢幻助理群楊涓、陳韋宏、洪旻淵所進行的圖表更新、資料搜集、書目校訂等等重要工作。也非常慶幸,能邀請到陳明哲醫師進行審訂工作。他細心指出許多需要修正之處,甚至提供一手的研究資料,讓我學習甚多。也非常感謝陳明哲、諶淑婷,以及陳慧君的推薦序,陳玫儀、胡郁盈、李欣倫的推薦文,以及其他掛名推薦的朋友。我長年受到來自醫界、社運界、學術界,以及受訪者們的滋養,感謝這次各方持續加油打氣,提供滿滿的補給。

英文書出版以來,有幸獲邀到各地演講。許多朋友提出各種洞見,我受惠甚多。雖然我無法一一在中文版進行修改,但是這些坦誠交流的熱情,總是督促我要努力前進。在此向催生《多胞胎共和國》的所有朋友,表達誠摯的謝意。

推薦序

多胞胎孕產，美麗而危險的誘惑

陳明哲

（茂盛醫院副院長、台灣生殖醫學會第 16 屆理事長）

　　吳嘉苓教授是一名社會學家，閱讀本書，讓我充分體會到她也是位具有深度洞見的社會心理大師。個人有幸獲得青睞，為這本劃時代的專書進行書稿審訂與導讀推薦。拜讀之際，我得以同步回顧個人行醫師涯的歷程，除了深深佩服她對全球生殖醫學發展軌跡的掌握，也對她精闢分析生殖醫學與社會的互動衝擊感到驚豔。更甚者，吳老師對多胞胎妊娠婦女經歷嚴重不良影響的深沉關切與呼籲，令我非常感動。

　　十多年來，我和老師常在專業研討會場合見面，也有過長時間訪談。記得初次見面時，我還在公立醫學中心擔任科主任，負責生殖醫學的業務，也正值意氣風發、試圖積極發展突破的階段。面對老師欲探討的主題：「為什麼台灣生殖醫學科醫師，每次為不孕求診的婦女植入那麼多胚胎？」，當時的直覺是覺得這真是一言難盡。後來我得知這項至關重要的問題，最初是

由韓國的河政玉教授提出,但其實也反映許多人心中的疑問。在往後行醫師涯,這個簡單卻深切的問題一直被我惦記在心,時時提醒著我思考:身為醫師,如何跳脫這個美麗圈套的誘惑?

多年後,當我有機會再和老師深談,已經年屆退休之齡離開公職,也擔任過「台灣生殖醫學會理事長」這項生殖醫學界重要的職務。在那段重要的工作時機,我有幸在客觀環境成熟條件下,明確且積極向生殖醫學界同仁推展生育保存與「選擇性單一胚胎植入」(elective single embryo transfer, eSET)的觀念和做法。隨著生殖科技高度進步,體外胚胎培養的效率為之提升,醫界也擁有更加準確挑選胚胎的方法。同時,高效率的冷凍胚胎技術得以保存剩餘的胚胎,政府施行公費部分補助的方案也帶來半強迫式的鼓勵,讓施術夫妻能再向前一步,朝著單一胚胎植入的理想目標前進。

然而,人心還是最重要的。人們相信什麼、如何預想決定了最終的行為。因此,在這個議題上進行觀念的導正應是當務之急。在台灣,人們對多胞胎的預期想像似乎只有正面的,例如擁有生下龍鳳胎的預想。但在其他國家(例如澳洲、日本)卻都是負面的。我們或許難以理解何以澳洲人民堅持不植入超過 1 個胚胎,甚至刻意避開多胚胎植入的生殖中心,最終讓他們的人工生殖不但保持好成績,還擁有全世界最低的雙胞胎率?為什麼日本醫師

寧願犧牲讓懷孕成功機率增加的做法，也不要冒險植入多個胚胎？他們真正在意的是什麼？吳嘉苓老師在書中指出，日本醫界的壓力，源自民眾對生殖科技不良後果的擔憂和疑慮，醫師也不想面對同僚的爭議及譴責，因此風險預防變成他們的倫理責任！

想要植入多個胚胎，背後總會有些美麗的理由，基本上可以說是人們對理想「過度期待」惹的禍！在進行高昂代價的試管嬰兒治療時，每個人都抱持極大的希望。不只求治夫妻，他們背後的家人與主導療程的醫師亦然。沒有人想看到失敗，但也沒人能預見結果。然而過猶不及對懷孕都無益處，多餘的孕育將為母嬰帶來額外高風險，並且沒人知道誰會是不幸的受害者。本書中闡述多胎受孕對母體強加的過度負擔，包含減胎、安胎、早產及生產後長期照料等等，讀來令人心悽悽然！行醫多年的我，深知一般民眾常有的三大不知：不知道高齡受孕的大障礙，不知道多胞胎的大風險，不知道現況人工生殖的高早產率。醫師也常忘記說明孕產多胞胎的相關風險。有鑑於現在許多民眾仍不知道孕產多胞胎的風險，個人曾在媒體上亟力提醒，希望大家千萬不要被「龍鳳胎」這個美麗的詞彙給迷惑了！[1]不少人至今還覺得懷雙胞胎很好，如果是龍鳳胎更好，一男一

---

[1] 相關資訊可參考文章〈【搶救少子化危機系列】單胚胎 VS 多胚胎植入，您不知道的多胞胎風險！〉，資料來源：https://gooddoctorweb.com/post/1258。

女,一次就把一輩子要做的工作完美搞定!但事實上,人類的自然天性是孕產單胞胎。一旦懷了雙胞胎與多胞胎,不僅對懷孕的媽媽有極大健康威脅,即將出生的孩子也很可能因為早產、體重過低等因素,一輩子必須承受器官發育未成熟就出生留下的後遺症。

　　向來醫學界有相互競合的包袱,總是在追求向病人交待、也亟欲向同儕炫耀的好看成功率。在台灣的生殖中心,獲得好成績更攸關生死。因為在評鑑要求下,只要生殖機構的累積活產率低於 15%,就不能繼續換發許可證。為了確保經營並維持聲譽,生殖醫學界同仁無不戰戰兢兢、步步為營,寧可先求成功再求好,卻也因此缺乏足夠的勇氣,去面對「過度成功」衍生的併發症。對於這種現象,我認為應該思考的重點,是在現實世界中必須看重的「高成功率」究竟是什麼?總不會是帶著疾病的早產兒吧!因此,本書急切呼籲眾人必須向當代普世價值看齊,而真正的解方只有一個,就是選擇性單一胚胎植入。因為我們要的是每次都能有一個健康的新生兒,這才真正符合求診夫妻的理想盼望!

　　雖然說單胚胎植入很好,但人們對這項技術常常沒有十足把握,不確定現在採取單胚胎植入的時機是否成熟,透過「胚胎著床前非整倍體染色體篩檢」(preimplantation genetic testing for aneuploidies，PGT-A）篩選的結果如何？目前在醫界，運用整倍體單一胚胎植入的懷孕機率落在 65%，活產機率約在 55 到 60%，這些數據都還無法令人十分滿意，確實是生殖醫界仍在努力的任務。然而，施行 eSET 至少能達到避險目標，如果我們以避險為前提，優先做出這種選擇，才不會讓任何一名求診婦女冒險。以現今技術而言，假以時間以及對後續療程的耐心，每次治療週期累積的成功受孕機會，並不會因此減損！

回首來時路，當我重新審視台灣政界與醫界如何思考胚胎植入數目的規範，以及做出決議後的施術結果時，自己也不禁感到悵然！台灣有意無意選擇追循美國規矩，再加以寬鬆化，似乎只是為了找到一個臨時的避風港。然而，這種做法卻也讓台灣的多胞胎妊娠與早產兒比率居高不下，甚至當補助施行後，政府公開的統計圖表都還只呈現出植入 2 個胚胎的比率，來宣揚補助成效，我們離理想 eSET 的距離依然很遙遠！

究竟該如何規範 eSET 的實施策略？我認為台灣政界、學界、醫界與公民團體都責無旁貸，彼此應該緊密合作。政府也應該更積極介入，因為國人相對被動，估計應該學不來像日本體系下的高度自律。即使目前全面補助制度施行以來，已證實這項政策無力全面解決少子女化問題，但多胞胎植入與多胞胎高出生率現象卻大有改善。如果比較補助前後年度的數據

（2020 v.s. 2022），可發現台灣在 2022 年的生育分布，與十年前比利時計畫達成的效果雷同，雙胞胎出生率已減少一半，三胞胎率也減少了 2/3（2020 Twins 24.3% triplets 0.3%；2022 Twins 12.4% triplets 0.1%）。這才是真正有實質影響力的方案。因此，我持續呼籲政府增加對單一胚胎植入的更多補助、減少植入的胚胎數目。若政府對願意在每次療程中只放入 1 個胚胎的夫妻，提供更多經濟支援，台灣才不會再繼續以實施多胚胎植入方式提升試管嬰兒成功率，也不會再是世界排名中「敬陪末座」的單一胚胎植入國家。當單一胚胎植入終於變成常規時，婦女才能真正免除額外加諸於她們身體的不合理負擔。期待有一天，台灣的民眾對多胞胎妊娠都能「避之唯恐不及」。

　　本書論述條理清晰、脈絡連貫且佳句連連。吳嘉苓老師洞悉現今情境，明確指出當前缺失，諸如欠缺關於減胎的參考指引、安胎的在地實證研究、助產師制度的檢討，以及避免孕產多胞胎的本土實務研究等；更處處為女性發聲，尋求該有的正義與普世價值。最終，本書提出許多重要建言，例如跨領域反思機制、強化人工生殖諮詢委員會、公民參與相關政策之制定及審議等，重新點燃我們應有的關切。個人很榮幸有機會將這本得獎大作介紹給社會大眾，讓我們一起來反省與改變吧！

推薦序

獨自坐上人工生殖列車的她們

諶淑婷

（生育改革行動聯盟常務監事）

今年初，我和一群朋友去拜訪即將生產的大學同學，大腹便便的她，緩緩地帶我們參觀剛布置好的嬰兒房，他們把採光最好的房間留給孩子，明亮潔淨的空間裡擺了兩張雙人床，等著迎接即將報到的小主人。年逾四十的她，婚後嘗試了幾年自然生育未果，最後選擇人工生殖，並以植入胚胎的方式，懷上雙胞胎。

那一天，大家的話題除了關切她為了受孕經歷的折磨，刺激排卵、植入胚胎、安胎，也七嘴八舌建議她該如何照顧雙胞胎，我們毫無經驗，但沒來由地因為這個詞感到喜悅興奮，兩個新生兒、兩個爬行兒、兩個吵著喝奶又要一直換尿布的寶寶！當話題轉向，我們聊起了自家孩子的小學生活與國中選擇，朋友微笑傾聽，晚婚晚育的她，就像是才剛在起跑線暖身的選手，一切對她來說都是未知。

一個月後，生產後的朋友再度聯絡我，正在坐月子的她，無故頭痛、發冷又盜汗，但想到還在保溫箱的雙胞胎，她說：「媽媽要堅強，身體要很好。」

　　當我閱讀吳嘉苓教授所著的《多胞胎共和國》，在許多章節都讀到了朋友的故事，也回想起在孩子小學擔任志工媽媽的這六年，常常驚訝於雙胞胎如此之多，我知道這是導因於人工生殖的盛行，花了大錢，成功機率就要高，多胚胎植入變成了一種保險與技術保證，而若要再往前推，便是晚婚、晚生的趨勢造就出「來不及」的擔憂。

　　台灣平均植入胚胎數目為世界之高的景況，但仔細回想，我才發現，聽聞親友懷孕多胞胎時，眾人給予恭賀，期待新生命降臨，卻沒人談及風險，包括多胞胎孕產帶來嚴重的母嬰健康風險。懷上多胞胎的女性容易出現各種併發症，產婦死亡率也高於單胞胎懷孕的母親。多胞胎通常都有早產或出生體重不足的問題，而他們患有腦性麻痺等嚴重殘疾以及早夭的機會，也比單胎產下的孩子高十倍。

　　這也與台灣傳統「報喜不報憂」有關，就算曾經聽說多胞胎早產或後續照顧有多累人，但說出來彷彿是「觸霉頭」，而且我們還可能想，「他們做了這個選擇，應該是知道自己能扛下一切的困難。」但這是真的嗎？

不孕的家庭突然擁有多胞胎，不應該只是「奇蹟」。藉由吳嘉苓的書寫，我們也看見了孕產女性所感受到的焦慮、不安與照護負擔。這樣的負擔，從猶豫要不要生育那一刻就開始，還不知道要不要生育的女性，猶豫著要不要花錢凍卵。進入所謂婚育年齡的女性，因工作與生育的拔河感到焦慮。而已知不孕、猶豫要不要搭上人工生殖列車的女性焦慮感更深，如果不願意，要拒絕長輩的好意（「錢不是問題」）、要被一再提醒台灣人工協助生殖科技有多卓越（「甚至還有補助」、「可以做做看」）。女性決定不生，要比決定生更有勇氣，才能宣布是自己「沒有要給自己一個機會」。

很多女性就是在這一連串的壓力下，即便覺得不生也好，但還是說了「那就試試看」，接下來她們就進入了一扇必須孤身走進的門，自己接受療程，自己看著月經又來，一次又一次，為了極大化懷孕的機率，誰能拒絕醫師提議植入多胚胎？

從零到有，還不只有一個，眾人喜出望外。

看起來是自己選擇，其實是他人推自己進入選擇，將母職納入她們的人生議程之中，這是完全不同的概念。

根據本書所述，我們可以發現，選擇人工生殖往往是全家的決定（包括長輩），但必須親身經歷受孕、懷孕、減胎、生產過程的各種辛苦歷程與醫療介入，其實就是女性自身，不只

是身體的不適,也附帶了心理不安與疑慮,減胎是最明顯可見的一環,說話要留下胎兒的人,考慮的都是未出生的小孩(除了一位女同志伴侶),其餘女性身邊幾乎沒有為了她在考慮該不該減胎的人。

而應該要為女性提出專業健康建議的醫師,有人不願意執行減胎,有人鉅細靡遺地描述減胎過程,或是拿出超音波影像,讓女性產生愧疚感不忍執行,也有人轉向女性的丈夫、家人詢問意見。「順其自然」、「孩子知道你可以的」,這些意見讓女性在孕產決策裡不知不覺將自己的音量降到最低,以免變成「沒有母愛」。

我不禁懷疑,是否因為人工生殖是「家庭計畫生育」,所以優先考量胎兒、甚至丈夫的利益,而非女性自身的利益,這些全都會成為女性追求理想生活方式的阻礙。嘉苓於書中所述「女性往往無法獨力對抗診間內的醫療知識權威,以及父權婚姻中丈夫享有的主導地位。」女性唯一能獨立做的,應該說不得不「獨力去做」的,是在承受減胎與不減胎之後的任務:拉長孕期、放下一切專心平躺安胎,只求讓寶寶晚點出生。在度過一切的煎熬與焦慮後,常常她們還是會面對早產的發生。接著就是許多多胞胎媽媽的產後故事,獨自待在月子中心,努力擠母乳讓家人送到醫院,卻又因母嬰接觸不足未能有良好的產

後恢復。

　　你已經發現，從追求成功懷孕開始算起，在生育軌跡中，女性所分擔的責任比例是逐步增多，最後幾乎成為女性一人之責。女性在面臨諸多混亂歧見時，還要用最大的努力理出頭緒、找出方向，將生育結果綜合自身健康、育兒責任、職涯發展的顧慮，消磨自我認同，最後將一切內化成自己的「所需與所求」。

　　嘉苓投入多胞胎生殖多年，並在本書創立「預想勞動」一詞，只為疾呼台灣應該要用集體的力量來減輕這些沉重負擔，而非停留在個人問題與承擔。例如台灣醫界早該提出正式臨床指引，讓選擇人工生殖的女性有更好的決策資源，並讓她們的聲音在診間、家庭內受到尊重。眾人應該願意如實看見女性在多胞胎孕產不同階段的辛苦付出，包括本身所面臨的死亡威脅、身體傷害、心理負擔，以及社會文化脈絡如何影響台灣女性生殖軌跡——晚婚晚育絕非女性個人自願選擇。

　　下一次，當我們聽聞親友懷孕，比起懷上幾個孩子，我們可以多關切母嬰健康風險是否被同等重視。這個健康，不只是生產前，也包括生產後的身心健康，我們的預想應該是「一個健康的女性，帶一個健康寶寶回家，過著健康、被支持的家庭生活」，那才是台灣人工生殖科技真正可稱之卓越之時。

推薦序

成為一位三胞胎媽媽

陳慧君

（雲林縣文安國小學前巡迴輔導教師、三胞胎母親）

　　當媽媽是我期待以久的身分。在公婆的期待下，結婚三年的我懷了三胞胎，從此開始有了甜蜜的負擔。懷孕初期，心裡有很多忐忑不安，加上對多胞胎了解不多，於是我上網、到圖書館、還有從親友中（娘家、婆家家族有二對雙胞胎、一組三胞胎），尋找關於多胞胎產前、產中與產後的資訊。我還記得在懷孕初期，自己就有明顯孕吐狀況。某次在科博館擔任導覽志工，我執勤結束後正要回家，在路上突然感到身體不適，此後開始需要天天注射黃體素油針。這對從小害怕打針的我來說，是一個巨大無形的壓力，但我仍殷切希望和孩子們能有深深的母子情份。

　　我想天底下應該找不到比當多胞胎媽媽更勇敢與堅強的事了吧！生命的開始與消逝，對家庭的影響真的很大，一個孕程可能影響的是一家人的一輩子。懷孕初期，我也查閱許多關於

減胎的資料，發現減胎有減胎的風險，不減胎也有不減胎的危機，無論如何都必須一一面對跟處理。幸運的是，我遇到了願意支持我不減胎的嚴醫師和謝醫師，家人們也都表示願意盡力照顧我。但像是寶寶們出生前支出的各項檢查費用、自費的藥品、針劑，以及寶寶們出生後三張嗷嗷待哺的小口、生活用品的開支，我肩上的甜蜜負擔也愈來愈重。

還記得我在台中教育大學修習學前特教三十學分班時，三胞胎正住在我的肚子裡。某一堂課上，教授正好分享造成身障狀況的因素，而多胞胎就是原因之一。早產造成的健康風險與併發症，對孩子們的成長與學習更會造成深遠影響。在我服務的孩子中，有部份特教學生就具有雙胞胎或多胞胎身分。我很希望以三胞胎媽媽、幼教老師與學前特教教師的身分，給予三胞胎家庭在育兒過程中較多的支持。因此，從 2009 年開始，我籌辦了「三胞胎大會師」的活動，以這個每年一度的聚會，串起全台灣三胞胎家庭的社群。

在三胞胎大會師聚會活動中，我常聽到爸爸媽媽們分享為了求子，而將自己攢存多年的積蓄孤注一擲在最後一次療程，才終於成功的經歷。儘管求孕成功令人喜悅，但隨之而來的龐大經濟壓力，也將人壓得喘不過氣，此後更為了生活與孩子們的教養疲於奔命。我希望這些故事、經歷，能被更多人知道，

也希望來參加聚會的多胞胎父母，能彼此陪伴支持，互相加油打氣。

第一次認識嘉苓老師和她的助理新誼，是在 2012 年 3 月，那年也是第三屆的三胞胎大會師。在活動會場上，熱情的嘉苓老師擔任志工，協助活動進行與攝影工作。後來我知道嘉苓老師撰寫的英文版《多胞胎共和國》順利問世，就很期待這本書被翻譯成中文。當我收到中文書稿時，看著書中關於媽媽們孕育三胞胎的經歷描述，我也回憶起自己懷著三個寶寶的情景。這些過程都歷歷在目。而研讀書中的檔案資料、數據統計與訪談內容後，也讓我發覺，原來生養多胞胎，不是單純只有柴米油鹽醬醋茶這些個人生活面的問題，還涉及醫學科學、國家社會、全球文化等不同面向。原來多胞胎延伸出這麼多議題，能有這麼多深刻的研究及討論。

我們家的三胞胎出生在《人工生殖法》制定前一年。由於子們出生時體重都達到 2700 公克，高於低出生體重標準的 2500 克，我曾開玩笑說自己的體質應該很適合擔任「代理孕母」吧！如今正值《人工生殖法》調整、修訂之際，很希望透過修法，讓想要有孩子卻求之不得的家庭，能有更多、更好的方式求孕；也希望女性在生育路上有更多選擇，能受到更多支持與照護，孕育出健康的下一代。

圖表清單

圖片

161　圖 2.1 IVF 的預想治理：比利時計畫
176　圖 2.2 JSOG 計畫
191　圖 3.1 1985 年 4 月，台灣第一個試管嬰兒張小弟自台北榮總醫院出院
195　圖 3.2 1988 年關於長庚醫院四胞胎誕生的報導
244　圖 4.1 台灣單胚胎植入彼此斷裂的拼湊工作，以及多胚胎植入的主導（2005 年至 2020 年）

圖表

043　圖表 0.1 2011 年，非捐贈精卵、新鮮週期的 IVF 與 ICSI 中，部分國家的雙胞胎、三胞胎，以及多胞胎比例
064　圖表 0.2 台灣藉由 IVF 而產下多胞胎的女性人數、多胞胎比例、早產比例
175　圖表 2.1 部分國家的胚胎植入數目比例分布
179　圖表 2.2 紐澳、瑞典、日本、比利時、英國、美國與台灣採行單一胚胎植入的比例
206　圖表 3.1 部分國家的胚胎植入數目分布狀況（1998 年）
228　圖表 4.1 黃淑英立委引用的 2003 年台灣統計數據
231　圖表 4.2 2003 年不同胚胎植入數目的活產率
248　圖表 4.3 1998 年至 2022 年間，台灣單一胚胎植入率、多胞胎率、低出生體重新生兒的趨勢

256　圖表 5.1 台灣首次結婚與首次生產的平均年齡變化（1975 年至 2020 年），以及四位代表性受訪者的生育軌跡

269　圖表 5.2 台灣各年齡組植入胚胎數目的多胞胎活產率（2019 年）

299　圖表 6.1 台灣於 1988 年至 2022 年間的三胞胎與更高胎數的生產次數、每千次生產中的三胞胎（及以上）出生率

326　圖表 7.1 台灣早產率趨勢（2004 年至 2022 年）

表格

127　表 1.1 界定 IVF 的多重預想

156　表 2.1 各國管制植入胚胎數目與公費補助 IVF 的狀況一覽表

158　表 2.2 比利時方案對胚胎植入數目的管制（2003 年）

166　表 2.3 JSOG 指引對胚胎植入數目的建議（2008 年）

212　表 3.1 日本與台灣 IVF 預想治理比較

223　表 4.1 美國生殖醫學會指引（2004 年）與台灣生殖醫學會指引（2005 年）

234　表 4.2 台灣生殖醫學會胚胎植入數指引（2005 年、2012 年、2016 年）

234　表 4.3 美國生殖醫學學會植入胚胎數目上限臨床指引（2017 年）

247　表 4.4 台灣多胚胎植入管制的制定歷程（1980 年代至 2020 年）

275　表 5.1 台灣對婚姻與生育的態度變遷（1991 年到 2015 年）

286　表 5.2 台灣不同生育受阻與預想軌跡，以及其採取的最佳化策略

名詞縮寫一覽表

英文縮寫	英文名稱	中文名稱
eSET	elective single-embryo transfer	選擇性單一胚胎植入
ESHRE	European Society of Human Reproduction and Endocrinology	歐洲人類生殖與胚胎學學會（文中簡稱：歐洲生殖醫學會）
FINE	Fertility Information Network	（日本）生育資訊網絡
FINRRAGE	Feminist International Network for Resistance to Reproductive and Genetic Engineering	女性主義抵抗生殖與基因工程國際網絡
hCG	human chorionic gonadotrophin	人類絨毛膜性腺激素
HFEA	Human Fertilisation and Embryology Authority (UK)	英國人類受精與胚胎研究管理局（文中簡稱：英國人工生殖管理局）
hMG	human menopausal gonadotrophin	人類停經期促性腺激素
ICMART	International Committee for Monitoring Assisted Reproductive Technologies	國際監督人工協助生殖科技委員會（文中簡稱：國際監督人工生殖委員會）
ICSI	intracytoplasmic sperm injection	卵細胞質內精子顯微注射
IFFS	International Federation of Fertility Societies	國際生殖學會聯合會
IUI	interuterine insemination	人工授精
IVF	in vitro fertilization	體外受精
JAOGMP	Japan Association of Obstetrics and Gynecology for Maternal Protection	日本母性保護婦人產科學會

JSOG	Japan Society of Obstetrics and Gynecology	日本產科婦人科學會
KCl	potassium chloride	氯化鉀
LH	luteinizing hormone	黃體激素
NHS	National Health Services (UK)	英國國民保健署
NICU	natal intensive care unit	新生兒加護病房
OHSS	ovarian hyperstimulation syndrome	卵巢過度刺激排卵症候群
PCOS	polycystic ovary syndrome	多囊性卵巢症候群
PGT-A	preimplantation genetic testing for aneuploidies	胚胎植入前非整倍體染色體檢測
SART	Society for Assisted Reproductive Technology	人工協助生殖科技學會
SET	single embryo transfer	單一胚胎植入
STS	science, technology, and society	科學、科技與社會
TSRM	Taiwanese Society for Reproductive Medicine	科技與社會
WHO	World Health Organization	世界衛生組織

導論

　　雯敏花了九年時間，努力想生小孩。那天醫師恭喜她終於成功懷孕，當下她卻非常失望，因為驗血結果顯示她懷的是單胞胎。[1] 在高雄某間咖啡廳，她告訴我：「我辛苦了這麼久⋯⋯我跟醫師說，我應該懷到雙胞胎才對。」她認為雙胞胎是自己付出諸多努力後的最大回報。為了懷孕，雯敏確實什麼努力都做了：看中醫、吃排卵藥、吃營養品、定期運動。她甚至想過離婚，讓先生能和沒有生育問題的人生小孩。雯敏還記得自己在一場痛苦的手術中，淚水流下臉頰，當時她對自己發誓：這絕對是最後一次了。在那之後她總算懷孕了。個性開朗的雯敏在小學擔任教學助理，就在她和我娓娓道來這段生育旅程之際，她年滿7歲的三胞胎在我們身邊玩耍。沒錯，三胞胎！不是單胞胎，也不是雙胞胎。雖然當初驗血結果顯示雯敏只懷了一個，後續的產前檢查卻檢測到兩個胎兒的心跳。在她懷孕三

---

[1] 除了公眾人物之外，本書所有提及之受訪者姓名皆為化名。為了達成匿名，有時我會修改部分受訪者的身分背景。

個月時，超音波檢查居然照到三個動來動去的胎兒。「我非常非常震驚，根本說不出話來。醫師是有說吃排卵藥可能會增加雙胞胎的機會，但我完全沒想到會是三胞胎。」

雯敏高潮迭起的歷程還沒結束。醫師建議她進行減胎手術（fetal reduction），在懷孕期間減少一個或兩個胎兒。她掙扎很久，努力釐清複雜的資訊和道德的困境，最終決定不做減胎。懷三胞胎期間她幾乎沒辦法走路，也無法上班，只能請假在家休息。三胞胎的早產機率很高，即使雯敏遵照醫囑，用了各種預防早產的措施，最後三胞胎還是早產。他們在保溫箱分別待了 20 天到 40 天不等，才得以出院回家。接受訪談那天，雯敏的三個兒子在咖啡廳裡嬉鬧跑跳，不時還會跑來打斷我們的談話，好奇地問：「什麼是減胎？」

我在一場台南舉辦的三胞胎家庭年度聚會上認識雯敏。參加這些聚會的三胞胎孩子都是透過不同方式孕產——有的是自然懷孕，有的透過排卵藥物，也有一些是透過俗稱試管嬰兒的體外受精（in vitro fertilization, IVF）與多胚胎植入（multiple embryo transfer,）來到這個世界。這些家長在疫情之前，約定每年 3 月第三個星期天定期聚會，並把這一天稱為「三胞胎日」。我跟研究助理去當了幾次志工，幫忙安排戶外野餐與遊戲活動。能跟這麼多可愛的小小朋友相處實在很開心。雯敏三

個胖嘟嘟的兒子超級可愛，令我看得目不轉睛。三胞胎年度團體大合照中的人們都有滿滿笑意，通常隔天照片就會登上媒體版面。然而，在這些歡樂喧鬧之間，不難注意到有一兩個孩子坐著輪椅，小小臉蛋上已經掛著眼鏡。實際上，舉辦這場年度聚會的目的之一，也是希望支持這些孩童有健康問題的家庭，尤其是處境極度艱難的家庭。雯敏說她之前在一場三胞胎活動中，曾幫忙將一位坐輪椅的孩子搬上樓梯。當時因為電梯故障，孩子的母親得抱著重度障礙的孩子上樓，雯敏則負責搬輪椅。「我忍不住哭了出來，那個媽媽實在太辛苦了。她一定累壞了。」那個需要坐輪椅的孩子患有腦性麻痺，也就是嬰兒疾病中最嚴重的肢體運動功能障礙。

出乎我意料之外，腦性麻痺成為 2021 年 11 月台灣生殖醫學會年會上的重要主題。在這場台灣最大型的生殖醫學專家集會現場，李國光醫師在主題演講中表示：「我們可能**創造了**幾百個腦麻家庭。」我定期參與台灣生殖醫學會年會，與會者時常報告、討論尖端研究和技術革新，但我鮮少聽到有醫師會自我定位為造成意外傷害的原因。聽眾間瀰漫一股不自在的沉默。李國光請學會成員試著想像，一個需要照顧嚴重腦麻子女的家庭，未來 40 年生活會是什麼樣子。他強調正是因為在台灣，人們普遍會為了提高懷孕成功率，而在試管嬰兒療程中植

導論　37

入多胚胎,才會造成多胞胎懷孕如此盛行。

當孕肚中的胎兒數量變多,母嬰的健康風險也會隨之增加,而早產就是多胞胎懷孕的主要併發症。有些早產兒不幸夭折,有些順利撐過、健康成長。有些雖然活了下來,卻罹患腦性麻痺。單胞胎的腦性麻痺比例大約是 0.2%,雙胞胎會上升至 1 到 2%,三胞胎則為 4 到 5%。[2] 李國光根據這些罹病比例,推估台灣施行試管嬰兒療程造成了多少腦麻兒童出生。為此,他向醫界同行發出警訊:「沒有理由為了治療不孕症而增加腦性麻痺風險。」藉由展示這些令人堪慮的數據,以及描繪腦麻家庭的艱辛生活,他呼籲在座醫事人員應有所改變。

而解方就是單一胚胎植入(single-embryo transfer, SET)。李國光指出,美國、日本等國的專業指引,其實都建議採行單一胚胎植入。他也進一步分享自己的實務經驗和臨床療效,顯示單一胚胎植入真的能維持台灣既有的成功率,同時避免多胞胎懷孕的問題,箇中技巧在於妥善挑選病患與胚胎。作為台灣生殖醫學會的前任理事長,李國光很清楚要醫師改採單一胚胎植入而非多胚胎植入,一開始可能引發一些不安。為了鼓勵同行,他在演講中自我揭露自己從滿腹懷疑,到例行採行單一胚

---

[2] 李國光醫師提供的腦麻患病數據並非台灣資料,而是一份常被引用的數據,來自 1980 到 1990 年代的英國與澳洲研究數據(可見 Pharoah 2005)。

胎植入的心路歷程，並在演講的最後一張投影片上，放了張運動品牌 NIKE 的照片，以及人們朗朗上口的口號：「Just Do It」。決定要植入幾個胚胎的議題很嚴肅，但李國光幽默的演講結尾，依然逗得我和全場聽眾哈哈大笑。「Just Do It」的鼓勵，是否真的奏效？有沒有醫師就此決定跟隨李國光的腳步？如果這種勸說無效，台灣生殖醫學會是否打算對會員發布新的單一胚胎植入指引？

對雯敏和李國光來說，多胞胎懷孕是場五味雜陳的旅程：既期待新生命降臨，又得面臨致命的威脅。對於人們來說，懷上雙胞胎或三胞胎可能是最棒的回報，也可能是一場恐怖的惡夢。人工協助生殖科技（assisted reproductive technologies，ARTs）雖然為渴望生兒育女的人們帶來一線希望，但正因為要透過醫學介入以極大化成功率，患者罹患嚴重疾病甚至死亡的風險也進一步擴大。人們該如何處理這兩者之間的緊張關係？應該透過哪些機制促成最好的未來？那又是屬於誰的未來？在本書中，我將分析自 1980 年代以降，全球與台灣透過助孕科技持續增加多胞胎孕產，所引發的爭論、挑戰與治理。這個困境在過去幾十年間就一直困擾著家長（例如雯敏）、醫師（例如李國光），以及世界各地的科學家、倡議者與政策制定者。多胞胎孕產在全球的普遍程度可說是史無前例，而解決這個困

擾,迄今依然是當務之急。

世界最高的雙胞胎率

在當代,人類前所未有地孕產出更多雙胞胎、三胞胎與四胞胎。自 1980 年代以來,全世界的雙胞胎比例增加將近三成（Monden et al. 2021）。自然懷孕出現三胞胎的比例大約是萬分之一;但到了 1990 年代末期,受到助孕科技發展影響,英國、澳洲、新加坡等國的三胞胎比例增加了四倍（Macfarlane Blondel 2005; Umstad and Lancaster 2005; Imaizumi 2005）。多胞胎孕產比例的增長是人工生殖發展的產物,幾項誕下三胞胎以上的高胎數孕產（higher-order multiple births）驚人事件,更在在提醒我們助孕科技可能帶來的極端發展。近年來最廣為人知的例子,莫過於加州的「八胞胎媽」娜蒂亞·蘇萊曼（Nadya Suleman）。在蘇萊曼的試管嬰兒療程中,醫師植入了 12 個胚胎,最後她產下八胞胎。這些在人類生殖史上極其不尋常的案例,逐漸成為電視螢幕上的常客。2016 年,旅遊生活頻道播出真人實境節目《六千金在我家》（*OutDaughtered*）,主角是來自美國的五胞胎家庭。節目中的媽媽為了治療不孕症,使用刺激排卵藥物而成功懷孕,產下了五胞胎女嬰。加上原有的單胞

胎姊姊,這一家人就有了六千金。在 2021 年,我看到台灣播出最新一集「五胞胎的隔離生活」(*Quints in Quarantine*)。看著那對父母在疫情期間照顧五名在家上學的女兒真的蠻有趣,但我也不禁探問,多胞胎孕產是否已不值得大驚小怪,甚至成為人們茶餘飯後的娛樂話題?希望不是如此。

這些五胞胎、八胞胎可能轟動一時,相對更常見的雙胞胎則已是國際間長期監測的重要對象。為了更周全評估新興助孕科技的安全性,從 1990 年代後期起,國際監督人工協助生殖科技委員會(International Committee for Monitoring Assisted Reproductive Technologies, ICMART)持續蒐集世界各地相關數據,並定期發表報告。其中,雙胞胎懷孕率被視為關鍵的測量指標。在醫學文獻中,多胞胎懷孕(包括雙胞胎懷孕)一直都被視為助孕科技的主要併發症。當我們聽到加州八胞胎歡欣慶祝 10 歲生日,或在電視上看到五胞胎女孩抱怨幼稚園班上的男生時,可能不會認為有什麼高風險健康議題;但當照顧腦麻兒童的家長或醫事人員看到這些健康統計數據時,腦中應該會警鈴大作。統計資料清楚顯示,多胞胎孕產帶來嚴重母嬰健康風險。懷上多胞胎的女性容易出現各種併發症,產婦死亡率也高於懷孕單胞胎的母親。通常多胞胎都有早產或出生體重不足的問題,他們患有腦性麻痺等嚴重殘疾以及早夭的機會,也比

單胎產下的孩子高十倍。

助孕科技創造的雙胞胎和三胞胎在世界各地出現狀況差異甚大。根據 ICMART 的國際資料，在 2011 年時，「若以使用自己的新鮮精卵施行 IVF 與 ICSI 來計算，⋯⋯出現雙胞胎比例最高的國家是台灣（35.4％），最低的是日本（4.2％）」（Adamson and Norman, 2020: 681）。[3] 換句話說，在使用自己的精卵，於新鮮週期成功懷上試管嬰兒的台灣女性中，就有超過 1/3 是懷雙胞胎。如果我們不是以母親的生產次數來算，而是算嬰兒人數，那麼 2011 年台灣出生的試管嬰兒有一半以上是雙胞胎。我從 ICMART 調查的 65 個國家中選出 20 個，以展示各國差異（見圖表 0.1）。在圖中，我列出每 100 次分娩中的雙胞胎、三胞胎率（以母親分娩作為統計的分母），以及每 100 名新生兒中的多胞胎率（以嬰兒數做為統計的分母）。從圖中可以看到，台灣排名第一，日本則位於最末。為什麼台灣的多胞胎率會超過 35％、美國接近 30％，但日本和瑞典卻不到 5％？我們要如何解釋這些差異？各國的生殖醫學界因應多胞胎率的發展軌跡是什麼？

3　ICSI 為 intracytoplasmic sperm injection 的縮寫，指的是卵細胞質內精子顯微注射的技術，常簡稱為單一精子顯微注射。ICSI 跟 IVF 一樣，都需要取得精子與卵子，在實驗室形成胚胎。只是相較於 IVF 是讓精子與卵子在培養皿自然受精，ICSI 會透過顯微鏡，挑選一個精子，注入卵子中。

圖表 0.1：2011 年，非捐贈精卵、新鮮週期的 IVF 與 ICSI 中，部分國家的雙胞胎、三胞胎，以及多胞胎比例

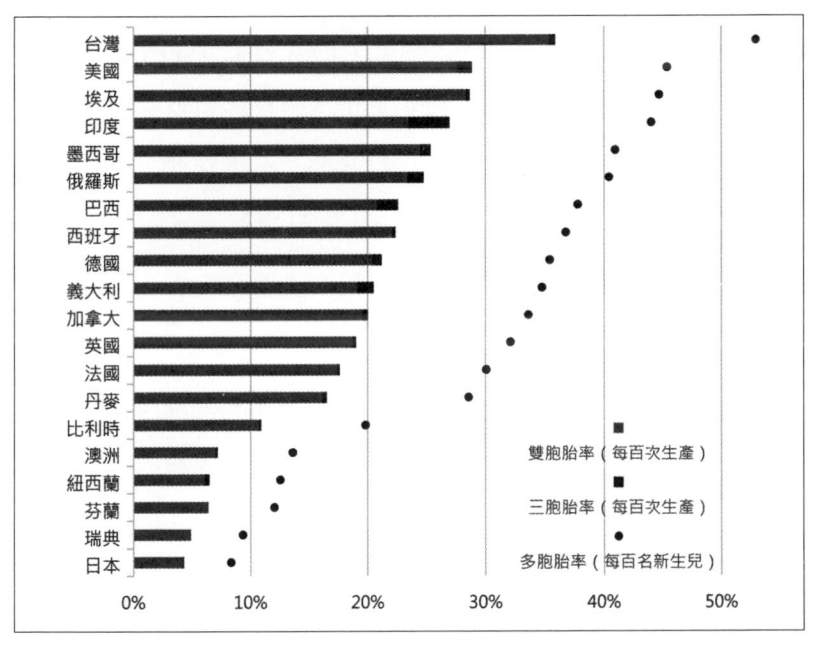

資料來源：Adamson et al. 2018a

　　試管嬰兒療程這類助孕科技不只是治療不孕的方法，更是催生全世界雙胞胎、三胞胎與超級多胞胎的最主要機制。自人類史上第一名試管嬰兒露易絲・布朗（Louise Brown）於 1978 年問世至今，全球估計已有約 800 萬名試管嬰兒呱呱墜地（De Geyter 2018）。在這 800 萬名試管嬰兒中，至少有 200 至 300 萬名是雙胞胎，有些國家（例如台灣）更在某些時期，有超過

半數的試管嬰兒是雙胞胎。這項估計還不包括較為傳統的助孕科技造成的多胞胎，例如採用刺激排卵藥物，或再搭配人工授精（interuterine insemination, IUI），也就是雯敏採取的做法。[4] 由於多數國家的登錄數據系統只看 IVF，往往會遺漏其他助孕科技所致的多胞胎率（Bardis et al. 2005）。但無論是新是舊，助孕科技在當代已是促成多胞胎誕生的最主要途徑。

由於多胎孕產被視為是助孕科技的主要併發症，國際醫學界對此一直密切關注。從 1980 年代以來，《人類生殖》（*Human Reproduction*）和《生殖與不孕》（*Fertility and Sterility*）等關心助孕技術發展的頂尖醫學期刊，都持續發布許多探討多胞胎孕產的論壇與研究論文。國內外的生殖醫學組織也紛紛創立智庫、提供建議與制訂指引，以因應此迫切問題。醫界為了降低多胎妊娠發生率投入的最大努力，就是規範植入胚胎數目。在1990 年，英國和德國通過限制試管嬰兒療程植入胚胎數目的法案，1996 年日本則透過醫學會發布指引，成為東亞第一個對胚胎植入數目設下限制的國家。在 2003 年，比利時則推行了公

4　使用刺激排卵藥物，可能導致排出不只一個卵，因此增加多胞胎懷孕的機率。婦女使用排卵藥物，之後可以透過性行為，或是人工授精的方式來懷孕。人工授精的步驟，是男方將精液取出，醫事人員透過去除雜質等程序，將品質較好的精子，在女性排卵期間，以導管注射到子宮腔內。

費補助方案，要求使用國家不孕治療補助的民眾，基本上要以單胚胎植入為原則。2004 年，義大利更試圖透過公投，決定限制植入胚胎的數量。上述措施中有的成功奏效，有的影響有限。在 2021 年的疫情中，ICMART 的理事長大衛·艾德森（David Adamson）曾在一場對台灣生殖醫學會會員進行的線上演講中強調，多胎孕產是全世界（當然也包括台灣）亟需認真看待的迫切議題：「為什麼助孕科技的多胎率這麼高？為什麼國際之間的差異如此懸殊？我們能做些什麼？」

　　生殖醫學界長年致力於探究降低多胎率的方法，相較之下，社會人文研究對此議題卻甚少著墨。長久以來，社會人文領域對助孕科技的研究甚豐，包括醫療社會學／人類學、性別研究、科技與社會研究（science, technology and society, STS）等領域，都投入探討這個牽動社會神經的科技現象，但多胞胎孕產的健康風險卻鮮少成為研究焦點。醫療人類學家瑪西亞·殷虹（Marcia Inhorn）與醫療社會學家達芙娜·彼倫鮑姆—卡梅利（Daphna Birenbaum-Carmeli）就曾指出，既有文獻鮮少關心人工生殖造成的多胞胎議題，並主張這項議題應該要有更多社會研究投入關心（Inhorn and Birenbaum-Carmeli 2008）。這本書就是希望能填補這個空白。如果社會人文研究對此議題有所觸及，大都是把多胞胎孕產當成例子，說明助孕科技可能導致

的風險（例如：Ferber et al. 2020:131-34；Franklin 1997:110；Wu 2012）。「風險」確實是重要議題，但多胞胎孕產涉及的面向遠比風險來的更廣。例如，凱瑞絲・湯普森（Charis Thompson）（Thompson 2005：260-62）曾指出，植入多個胚胎以增加成功率的做法，其實是健康經濟（health economy）的特徵之一；而安竺雅・惠特克（Andrea Whittaker）（Whittaker 2015：30-31）的研究則顯示，懷上多胞胎在泰國會獲得正面評價，這與試管嬰兒科技被視為國家光榮有關。

依循瑪西亞・殷虹（Inhorn, 2020）「一併思考」（think with）的取徑，本書將說明孕產多胞胎的議題能成為重要的透鏡，協助我們理解社會如何與這個難纏的科技搏鬥。這之中的拉扯涵蓋社會生活各個面向，包括科學與創新、專業與反思性、醫療市場與管制、家庭建立與再生產勞動、道德與責任。本書也會呈現上述這些面向的性別化歷程。儘管迄今助孕科技的社會研究，鮮少以多胞胎為主要的研究對象，但過往豐富的文獻，依然能協助我們理解助孕科技和社會如何相互形塑，讓我們能創造新的理論概念和分析工具。這些文獻也是本書立足的基石，讓我們得以檢視助孕科技的臨床過程是什麼、人們如何管理持續增長的多胞胎率，以及實際孕產多胞胎女性的生命經驗。我將使用「預想體制」（anticipatory regime）的概念，作

為分析孕產多胞胎的理論框架。

預想體制：希望科技或風險醫療？

近年來，學界提出看重「預想」作為分析社會的重要性。從個人的生涯渴望、國家提出的經濟願景，到國際面對新興傳染病的防治策略，人們如何想像未來常是影響社會運作的重要動力（Beckert 2016；Mische 2009；Oomen et al. 2022）。社會學研究過去重視「歷史」與「社會結構」如何促成當今社會的發展，而這些研究主張「未來」也是形塑當下的重要動力。一些學者提出「預想體制」的概念，以期捕捉描繪當代生活的重要特性。預想體制指的是「朝著未來思考與生活」的權力裝置，主要由三部分所組成：新的知識生產、即時行動、情感動員（Adams et al. 2009）。氣候變遷可謂為預想體制的經典案例。人類開發複雜的模型，預測未來可能發生災難性後果，並進一步提升干預的急迫程度，這從《對抗全球暖化要趁現在》（*Fight Global Warming Now*）這類的書名可見一斑（McKibben 2007）。一些科技與社會文獻側重以知識為基礎的新興科技，例如電動車、奈米科技與人工智慧，考察社會如何評估未來發展的特性，以進行投資或管制的決策（可參 Guston 2014 的

回顧文章；亦見 Brown 2005; Brown et al. 2005）。生物醫療化（biomedicalization）的相關研究也提供許多豐富見解。醫學已經從治療疾病逐漸轉變成治療風險——羅伯·艾洛諾維茲（Robert Aronowitz）（Aronowitz 2015）稱此為「風險醫療」（risky medicine）。機率計算的能力不斷精進，再加上健康產業持續將正常予以「風險化」（riskize），以創造更多「病人」，人們對於降低恐懼與不確定性的追求更勝以往（Clarke et al. 2010; Aronowitz 2015; Tseng 2017）。學者提出「預想醫療化」（anticipatory medicalization）的現象，也就是「在問題或狀況出現之前，就將其醫療化」（Conrad and Waggoner 2017: 95）。即使沒有出現任何症狀，人們也可能會覺得有風險而展開侵入性治療，反倒因此成為病人。為了降低罹患乳癌的風險，會有人直接動手術切除可能還很健康的乳房，就是一例（Basu et al.2021）。這種為了未來的福祉，感覺必須要做點什麼的急切感，會促成人們在當下採取行動。無論是出於對理想未來的期待，還是出於對於可預見危機的恐懼感，人們的情感會被動員，形塑出一種應該即刻行動的感受：未雨綢繆，刻不容緩。

《多胞胎共和國》便聚焦於「預想」這個概念。在助孕科技的爭議中，從臨床醫療創新、規範制定，到孕育多胞胎女性

的實際生活經驗，不同層次都存有「預想」。以助孕科技為題的社會研究鮮少直接將「預想」作為主要概念，但實際上常有相關的討論出現，只是切入視角與用語略有不同。先驅科學家會「展望」（envision）IVF的技術革新，及其所涉及的倫理問題（Johnson 2019）。IVF市場會運用所謂的「承諾資本」（promissory capital），向渴望生育的人保證，新興醫療介入會為家庭帶來新成員（Thompson 2005）。為了推動管制與制度改革，立法者與倡議者會「評估」（estimate）助孕科技的效益與成本（Wagner and Stephenson 1993)。無法生育的伴侶會將新興助孕科技視為一種「希望科技」（hope technology），用以回應他們對生育的渴望，只不過在實際過程中往往會遭遇諸多不確定性與挑戰，許多嘗試也將以失敗告終（Franklin 1997）。當女性為了回應「預想不孕」而採取社會性凍卵時，更具體展現了女性未來的生育，是如何被預先處理（Martin 2010; Brown and Patrick 2018）。上述這些主張其實都和「預想」的相關文獻密切相關。

　　我認為，孕產多胞胎的過程，是展現預想實作的最佳研究場域。助孕科技所導致的多胎孕產，會同時帶來兩種類型的預想：成功與失敗、希望與風險。有些助孕科技的程序不只是要治療不孕，也想要提高成功率。多胚胎植入就是個主要的例子。

IVF專家在1980年代初期發現，植入的胚胎愈多，成功率就愈高。而誠如社會學家莎拉・富蘭克林（Sarah Franklin）（Franklin 1997：110）所說，這個結果實在「成功過頭」，使得許多女性意外懷上了雙胞胎與三胞胎。增加成功率的作為同時也創造更高的風險，要如何處理這個兩難，一直是生殖科技領域中最具挑戰的任務之一。能夠帶來理想結果的醫療介入，反而可能引發可怕的惡夢，人們該如何應對？

為了進一步分析助孕科技的預想體制，我區分出兩個面向：「預想治理」（anticipatory governance）與「預想勞動」（anticipatory labor）。

預想治理

本書所稱的「預想治理」，是指集結所有可能影響行動者、規則、過程、機制，在面對未來時應該思考什麼、現在又該如何行動的綜合體。預想治理的最重要特徵在於擁有多元的利害關係人、不斷演進的科技、涉及深刻的情緒感受。我所提出的這個概念，主要是受到著眼於科技治理與生育治理的STS文獻帶給我的啟發（詳可參Fisher et al. 2006; Irvin 2008; Jasanoff 2005; Morgan 2012; and Stilgoe et al. 2013），也

包括同樣使用「預想治理」一詞的相關研究（例如：Barben et al.2008；Guston 2014）。根據學者大衛‧H‧加斯頓（David H. Guston）（Guston 2014：218）的定義，預想治理是「一種具有廣泛基礎、透過社會擴張的能力，讓人能夠依照多元的資訊加以行動，運用當下可行的方法，來管理以知識為基礎的新興科技」。他以奈米科技的研究為基礎提出的理念型，是牽涉到公共參與的審議式民主；而奈米科技的發展過程跟助孕科技相當類似，兩者的發展同時激起人們的希望與焦慮。這種取徑跟其他關心新興科技發展過程的參與式民主治理研究相似，著眼於公民在科技創新階段時的參與。但我希望能夠把「預想治理」這個概念，拓展到新興階段以外的現象。在「要不要」投資新興科技的是非題之後（例如，要不要發展試管嬰兒技術？），後續的「怎麼進行」問題（例如，要植入哪個胚胎？要植入多少胚胎？）依然可能會產生許多爭議，也會有許多政策制定者、實務工作者與一般大眾持續關注介入。[5] 相較於傳統的政策研究，「預想治理」的觀點能納入更多利害關係人。除了正式的政策制定者，例如政府、國會、專家和公民團體等在正式立法場域活動的行動者，預想治理也關心實務工作者、市場、倡議者與一般大眾，如何形塑關於科技應用所涉及的倫理與道德面向。因此，除了國會辯論、公聽會、行政協商等正式治理活動，

發生在臨床現場或民眾家中的非正式倫理思辨,也應該納入分析之中。正如本書第一章到第四章所示,在討論要如何面對助孕科技導致多胞胎增加的議題時,先驅科學家、人工生殖專家、醫學會、國際管制組織、政府官員、小兒科醫師、女性主義陣營、渴望生育的家長、公民團體、媒體等等,全都涉入其中。

為了掌握利害關係人之間的爭辯,構框(framing)的概念能協助我們釐清不同行動者在追求特定需求時,究竟如何選擇預想的方式——是看重生育權的保障,還是擔憂對社會秩序的破壞?是力圖提升臨床懷孕率,還是掛念承擔健康風險?關心臨床流程的人工生殖專家、處理多胎妊娠所致的重症早產兒的兒科醫師,以及仰賴效益與風險模型來評估醫療規範的公衛行政官僚之間,常常產生許多專業衝突。就連人工生殖專家社群內部也存在許多歧見,有人主張要建立指引,嚴格控管實務的運作,但也有人持反對見解,認為強加制定標準程序,會傷害醫師的專業與自主性。女性作為 IVF 的關鍵參與者,各方可能

5　舉例來說,英國自詡為世界上第一個有試管嬰兒的國家,已經建立最為完整的 IVF 管制規範(Jasanoff 2005),但治理活動並未停歇。為了因應 IVF 導致高多胎率的問題,科學家、醫界、公民團體共同撰寫一份名為《一次一個孩子》(*One Child at a Time*,Braude 2006)的報告書。從那以後,促進選擇性單一胚胎植入(elective single embryo transfer,eSET)的新指引,儼然成為重要的預想治理。

提出不同預想,光譜很大,從再現女性有多渴望成為母親、多胎懷孕期間出現併發症的狀況有多普遍、女性對減胎的矛盾感受,到計算多胞胎分娩產婦的死亡率。公共討論為什麼特別看重某些預想,並淡化其他可能的未來,這攸關眾多行動者之間的權力關係。包括醫療專業的主導程度、國家干預的強度、市民社會的動能,都會影響特定的構框成為主流,別種界定方式卻不受重視。

全球多胞胎孕產的管制措施為什麼如此分歧,是個重要的謎題,值得我們提出理論予以解釋。儘管醫學臨床研究與部分國際組織(例如 ICMART)都長期推廣單一胚胎植入的做法,認為最能有效降低助孕科技帶來多胞胎孕產問題,但並不是所有國家都積極推行。北歐率先採行,美國相當晚施行,而在台灣,法律明文規定最高可以植入 4 個胚胎。社會人文學者在研究助孕科技時,很早就注意到全球差異的存在。早期文獻指出由於各國的助孕科技管制規範,是在特定的文化、社會與政治背景下形成,因此歧異甚大。舉例來說,過往文獻指出以色列的鼓勵生育文化(Kahn 2000;Birenbaum-Carmeli 2004)、穆斯林世界的宗教觀(Inhorn 2006)、英國、德國與美國的政治文化(Jasanoff 2005)、丹麥和瑞典的助孕科技敘事(Adrian 2010),都可能是形塑助孕科技治理樣貌的重要脈絡。因此,

我們必須同時考量這些政治經濟社會文化，以及利害關係人之間的動態關係，才可能解釋這種全球差異性。

此外，我也想強調國家的社會技術想像（national sociotechnical imaginations）的重要性。根據 STS 學者席拉・賈瑟諾夫（Sheila Jasanoff）與金湘顯（Sang-Hyun Kim）（Jasanoff and Kim 2009:120）的定義，國家的社會技術想像是指「國家推動或設計特定科技計畫中，反映出一種針對社會生活與社會秩序的集體想像」。常見一些國家以試管嬰兒技術來顯示國力，競逐世界排行（Ferber et al.2020）。在此同時，批評這些技術可能造成社會混亂的聲音也從未間斷。換言之，無論是被視為國家光榮的醫學突破，還是後果難料的未知科技，助孕科技往往都會促使利害關係人頻頻「預想」未來。

在現行的主流框架下，許多「預想工作」（anticipatory work）不斷發展。愛黛兒・克拉克（Adele Clarke）（Clarke 2016）極具說服力的研究，呼籲我們該重視、探索「預想工作」的多種面向——希望工作（hope work）、溯因推理（abduction）、簡化工作（simplification）。這些概念為研究預想治理提供有效指引，包含情感面向（希望工作）、科技的製造與測試（溯因推理）、有效策略的應用（簡化工作）等諸多細節（台灣採用此概念的研究成果請見王安琪 2021）。克

拉克筆下的預想工作和治理研究取徑相似,不是把科技視為固定不變、需要被治理的對象,而是強調科技會隨著治理的發展一起變動。例如,為了滿足新的規範要求,新興知識與新技術應運而生。在生殖科技領域中,面對試管嬰兒療程導致多胎率提高的問題,醫師社群與國家會跟著調整胚胎植入數目指引或發展新的醫療科技,例如在實驗室培養胚胎到第 5 天再植入子宮,以及為胚胎進行染色體檢測,以確保植入胚胎的品質。在流行病學與醫療經濟學等領域,人們會持續發展新的測量指標與模型,以估算最符合成本效益的模型。國內外專業社群如 ICMART 和台灣生殖醫學會,會透過「科技的中游調節」（midstream modulation of technology）,在專業社群中執行與實現內部治理（Fisher et al. 2006）。在生殖醫學領域中,不少成員也投入「負責任創新」（responsible innovation）的工作（像是李國光醫師）,也就是「透過當下對科學與創新的集體盡責治理,以好好照護未來」（Stilgoe et al. 2013：1570）,是改革的重要動力。

　　預想治理勢必涉及情感層面。因此我想對克拉克提出的「希望工作」做出調整,進一步納入「恐懼工作」（fear work）,或者說「戳破錯誤的期待」的概念。在探討新興技術的文獻中,預想通常會被分成兩種看似涇渭分明的情境:不是憧憬光明未

來的「好」預想，就是預示淒慘下場的「壞」預想。當預見到氣候變遷、遺傳性癌症、新冠疫情可能帶來的糟糕後果時，人們會起身行動、防範未然；當預見疫苗、時光機器、奈米科技可能帶來的美好生活時，人們則會選擇投資、表達期待，儘管知道必然會碰到反對聲浪。然而，人工生殖技術本身就是一種好壞兼具的預想案例。生殖科技領域固然是個美麗新世界，身在其中的科學家勇於挑戰各種生物實驗，對於渴望孕育下一代的人來說，生殖技術更是一種帶來希望的科技。不過，「這些療程除了可能緩解不孕症狀，也可能提高多胎妊娠的風險」（Callahan et al. 1994: 244）。對於滿心期盼的家長來說，多胞胎孕產可能是驚喜，也可能是驚嚇。第一線醫療工作者的辦公室牆上可能貼滿許多可愛的雙胞胎照片，但他們也可能像英國婦產科醫師彼得・布勞迪（Peter Braude）（Braude 2006:3）一般，沮喪地坦承：「看到這麼多孩子打從出生之初，就因為生殖科技活得如此艱辛，實在讓我感到很悲傷與挫折。」布勞迪曾率領專案工作小組解決英國多胎妊娠問題，並在專案報告中誠實表達感嘆。如何運用這股悲傷和挫敗感，作為發展後續行動的情感動力，將會是預想治理研究的重要部分。預想治理包含與數據緊密交織的強烈情感、與眾多利害關係人相關的正式與非正式激辯，以及為了實現更美好未來做出的改變措施。

預想勞動

對於人工協助生殖科技的預想體制,我想強調另一個重要面向,那就是女性所做的各種「預想勞動」(anticipatory labor)。在此脈絡,我將這個概念界定為「女性基於設想的理想未來,在求孕、懷孕、生產過程期間進行的各種思考與行動」。同前面所述,孕產多胞胎的歷程,是展現預想勞動的最佳場域。第一,孕產多胞胎的決策過程與照護管理,時常面臨母嬰之間的衝突。透過助孕科技來達成受孕,會對婦女身體進行許多醫療介入。為了提高成功率,女性有時會被植入多個胚胎,這也提高發生多胞胎的風險。為了降低母親或胎兒風險所採取的手段,又往往帶來不安與疑慮,減胎就是一個最能展現這種拉扯的經典案例。在雯敏的例子中,儘管當初醫師建議懷了三胞胎的雯敏減掉一胎,因為雙胞胎的孕產風險比三胞胎來得低,對媽媽跟孩子都比較好,但雯敏擔心減胎會導致流產,對於可能被「減掉」的孩子也有罪惡感。過往有關墮胎與胚胎手術的文獻,已經細緻描繪過這種矛盾情感(例如:Casper 1998; Hardacre 1997)。我希望能把孕產多胞胎的經驗案例,帶入這些女性主義研究中,以彰顯女性在自身福祉與殷切期盼的孩子之間,如何權衡優先順序,而這個讓女性陷入兩難境地

的預想體制，究竟出了什麼問題。

　　第二，孕產多胞胎的過程，能讓我們看見各階段生殖歷程的挑戰與困難，從受孕、懷孕、決定是否減胎，到面臨流產與早產的風險，每個階段都已經有許多女性主義的文獻加以著墨，並提出重要見解。例如，莎拉・富蘭克林（1997）曾強調女性在嘗試受孕期間進行的各種「生殖勞動」（reproductive labor），以抗衡過往只看見人工生殖專家的研究視角（亦可參考 Inhorn 2003 對「體現」的討論，以及 Thompson 2005 對「異化」的討論）。女性主義文獻也指出應該重視女性在懷孕時的具體經歷，包括她們與胎兒之間的生理、心理與社會關係（Rothman 1989; Ivry 2009; Neiterman and Fox 2017; L.-W. Shih 2018）。正如美國女性主義學者芭芭拉・茹斯曼（Barbara Rothman）（Rothman 1989:90）所言：「懷孕只被視為母親**等待**孩子誕生的時期，懷孕的成果才是一切，這讓當下的意義彷彿只與未來相關。」為了呼籲人們重視懷孕**當下**的意義，卡洛琳・加特崔爾（Caroline Gatrell）（Gatrell 2011, 2013）創造了「孕產身體工作」（maternal body work）一詞，以彰顯懷孕女性在職場進行的各種身體工作。我將進一步拓展這個概念，因為產婦的身體工作不僅限於職場，也常在家庭與醫療院所等場所進行。雷內・阿爾梅林（Rene Almeling）

（Almeling 2015）指出，生殖醫學的研究者常常專注於特定生殖事件（像是墮胎、產檢、分娩），而鮮少將生殖視為一個連續性的過程加以探索（亦可見 Ginsburg and Rapp 1995）。研究孕產多胞胎的歷程，將有機會讓我們把所有相關事件（包括求孕、減胎、安胎）視為彼此相互關聯的整體看待，像是在前期為了提升成功率植入大量胚胎，可能會讓產婦後期更需要注意避免流產。總而言之，對於孕產多胞胎的關注，有助於我們看見女性在人工受孕、減胎、懷孕期間，進行的各種預想勞動細節。

預想勞動也能帶領我們看見統計數字無法呈現的內容。生物醫學研究傾向透過活產率、罹病率和死亡率等指標，計算多胞胎的成功與風險，並傾向採取風險／效益的模型作為框架，運用量化方法作為評估工具。本書將透過呈現女性在這些醫療數據背後做出的種種預想勞動，呈現出人們究竟如何詮釋成敗、如何加以行動，又如何參與進入助孕科技的預想體制。在這個過程中，女性與其家庭必須面對一連串生理、心理與社會性的理想結果與未知風險。我想要把她們做出的諸多探索與協商，放回到具體的社會文化脈絡，彰顯出她們的經濟資源、社會福利、宗教信仰和性別規範帶來的影響為何。以台灣來說，由於多數助孕科技沒有健保給付，加上晚婚、晚生的趨勢，以

及育兒工作的性別分工，這些都可能形塑女性對多胞胎孕產的界定與行動。為什麼雯敏會在某個時間點，決定不再採用醫療介入？為什麼當初她會想要雙胞胎？又何以擔心懷上三胞胎？這些都必須放在更宏觀的社會脈絡來思考，特別是台灣對生育、性別、照顧等等面向的社會安排。我希望透過預想勞動概念，讓人們更能看見女性在面臨種種限制與機會之際，如何在希望和恐懼、生命和死亡環伺中，協調安排包括技術、法律、經濟、情緒、道德、政治和性別等異質元素。

全球比較與台灣案例

　　本書將追溯國際管制規範的爭辯、探查東亞助孕科技的政治，並以台灣作為預想助孕科技體制的極端案例。儘管多數研究人工生殖的民族誌與歷史文獻以國家為單位，但已經有不少著作開始綜合整理全球的人工生殖發展歷史（例如：Ferber et al. 2020），並提倡全球性的比較方法（詳可參 Franklin and Inhorn 2016）。國際上頗有一些想解決多胞胎孕產議題的群策群力，包括國際生殖學會聯合會（International Federation of Fertility Societies，IFFS）進行的人工生殖國際實務狀況調查、前面提及的 ICMART 國際數據與報告，以及企圖釐清人工生

殖導致多胞胎孕產成因與解方的臨床醫學研究。即使如此，由於在地情境複雜多變，各國仍有重大歧異。因此，為了充分掌握全球所面臨的多胞胎挑戰，我將整合多層次的分析，包括全球治理、跨國比較與一個示範性的經驗個案。

就預想治理的部分，我特別聚焦於臨床醫療中的一個關鍵程序——IVF療程中的胚胎植入數目。雖然使用排卵藥物也可能出現多胞胎，但在預想治理過程中，能見度最高的行動就是拿捏IVF療程中的胚胎植入數目。從1978年第一名試管嬰兒問世以來，全世界就一直殷殷期盼第二、第三或更多名試管嬰兒出現，卻赫然發現過程沒有想像中容易。原本IVF的效力已透過單次的成功「事件」獲得證明；然而面對滿懷希望的求診者，以及群起競爭的IVF產業，大家追求的目標逐漸變成合理的成功率。人工生殖專家開始尋找新的成功秘方。當醫界發現多胚胎植入能大幅提升成功率，那彷彿成為救星。但隨著多胚胎植入造成的多胞胎孕產現象持續攀升，歐洲、澳洲與美國等地出現的幾起母嬰死傷悲劇事件，以及令人警醒的統計數據，讓政府、具有反思性的專家社群、國際規範組織與女性主義運動者紛紛提出風險的構框。無論是透過法律強制規定，或透過自願性的專業指引，他們都試圖將胚胎植入的建議數目明訂為3個、2個或1個。數字治理（number governance）從來都不是

易事。資料數據、新興技術、道德責任、金錢,以及每一個被捲入的家庭感受到的悲歡離合全都被纏繞在一起,匯聚成一項看似只是決定了數字的行動(例如是否要減胎、要減掉一個、兩個,還是什麼都不做?)。正如本書第一、二章顯示,全球差異(包含東亞國家之間的鮮明對比)展現的,其實正是在地生殖政治如何與全球臨床醫學和政策制定互動的結果。

台灣豐富而獨特的案例能同時帶來理論上與經驗上的貢獻。人工協助生殖科技最早的國際比較數據來自1998年全球蒐集的統計資料。這份資料在2002年首度公布,當時就顯現出台灣是全球植入多胚胎數目最高的國家,其次為美國和南韓(IWGRAR 2002)。2007年,台灣立法三讀通過《人工生殖法》,將植入胚胎數目限制在5個以下,這是全球最寬鬆的管制政策。這麼極端的案例,能提供我們非常豐富的管制規範與政策爭論資料。相比於其他國,台灣很晚才開始管制胚胎植入數目。為什麼會採行如此寬鬆的管制政策,並造成全世界最高的多胞胎率(如圖表0.1所示)?台灣的極端狀況必須被放在全球脈絡下理解。在本書第三章與第四章,我將根據台灣經驗,提出三個彼此互相關聯的面向,開啟研究「全球遁入在地」(global in the local)的分析框架:(1)利害關係人之間的權力關係,(2)參與行動者挑選的全球模式,以及(3)在地網絡的重新組裝。

說來有點心酸，有鑒於台灣的多胞胎率長年位居世界第一，台灣女性在這個多胞胎共和國的孕產經驗，能充分展現預想勞動涵蓋的各種面向。1985 年 4 月，台灣第一名試管嬰兒誕生，並受到全國注目與歡慶。當時，台灣醫界積極投入試管嬰兒技術，將之作為治療不孕的重要突破，但幾波規範都限制已婚夫妻才能使用此項技術。在試管嬰兒之前，台灣婦女時常透過服用刺激排卵藥物治療不孕，讓懷上多胞胎的比例已然提高。IVF 在台灣長年屬於自費項目，民眾必須自掏腰包接受療程。儘管如此，受到晚婚、晚生趨勢影響，從 1998 年到 2019 年之間，台灣的治療週期還是從 7000 次暴增到 58000 次（衛生福利部國民健康署 2024）。2000 年以降，台灣的生育率在全球一直都是吊車尾，女性首次生產的平均年齡則愈來愈高。同時，晚生的趨勢讓不孕機率增高，也致使助孕科技的使用一直攀升。在 IVF 出現後，透過助孕科技孕產多胞胎的婦女人數相應增加。圖表 0.2 的資料就顯示，有愈來愈多使用 IVF 受孕的婦女（見黑色長條圖）產下雙胞胎、三胞胎或四胞胎。參考目前最早的統計數據，在 1998 年時，已經有超過四成女性產下雙胞胎或三胞胎，如果當初一些女性未使用減胎措施，這個數字絕對只會更高。2008 年開始，台灣的多胞胎出生率開始緩緩下降，但 2019 年的數據顯示在採用 IVF 生出小孩的女性中，

大約有 1/4 會生下雙胞胎。這個數字遠遠高於某些國家設定的政策目標，例如英國（低於 10%）與日本（3%）。而在 2021 年 7 月，台灣開始施行公費補助試管嬰兒計畫後，2022 年台灣的多胞胎率則下降到有史以來最低的 15%。這反映出什麼樣的治理成效？本書亦將透過跨國比較來討論。

圖表 0.2：台灣藉由 IVF 而產下多胞胎的女性人數、多胞胎比例、早產比例

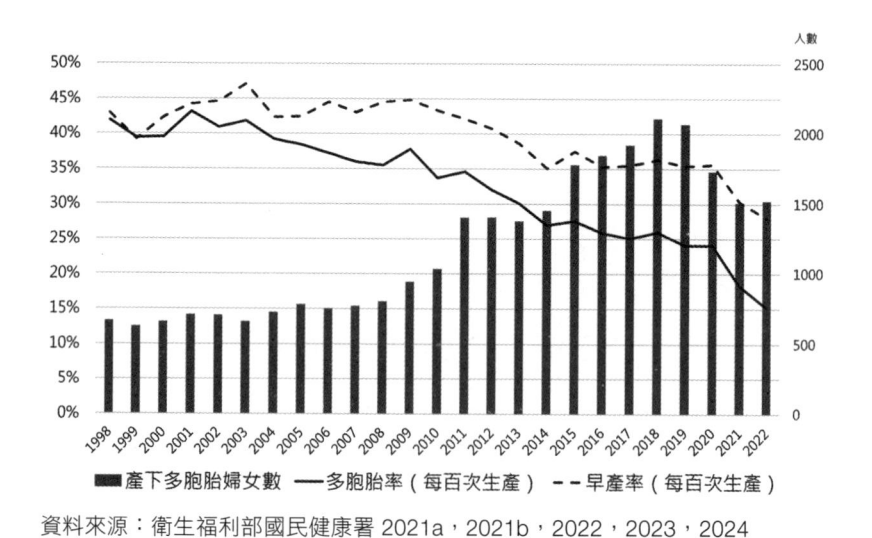

資料來源：衛生福利部國民健康署 2021a，2021b，2022，2023，2024

另一項警訊是，在 2019 年之前，透過 IVF 懷孕的台灣女性有四成以上會面臨早產（在 37 週前分娩），其中多數屬於

多胞胎懷孕。這段過程中，女性必須面對一層又一層難關。儘管助孕科技帶來希望，這群女性卻可能因為胚胎植入失敗而受挫、因為接受減胎手術而全部流產，或因為多胎妊娠導致早產。台灣經驗能提供我們豐富的資料，細究女性在不同階段付出的種種勞動。

資料與研究方法

　　本書的資料蒐集，來自我針對人工協助生殖科技進行的幾項研究計畫。從 1999 年到 2021 年間，我陸續在台灣與其他東亞國家進行助孕科技發展的研究（期程分別是 1999 年到 2001 年、2006 年到 2008 年、2010 年到 2012 年、2015 年到 2021 年間）。在第一次（1999 年到 2001 年）與第二次（2006 年到 2008 年）研究中，我主要探究助孕科技中的性別政治，尤其著眼於不孕治療與捐贈精子的社會技術網絡，如何形塑在地的性別秩序；在第三次（2010 年到 2012 年）與第四次（2015 年到 2021 年間）研究期間，我則專注於孕產多胞胎的科技爭議，並且比較東亞各國之間的管制差異。本書所使用的經驗資料，主要來自我在 2010 年後展開的研究計畫，但先前進行的研究形塑了我對人工協助生殖科技的整體性理解，包括利害關係群體

間的互動與變遷,以及助孕科技的不同使用族群,例如異性戀伴侶、單身女性和同志伴侶。

　　本書的資料包括檔案資料、統計數據,以及我進行參與觀察、深度訪談所取得的資料。我結合歷史資料與田野工作的資料,在多個地點進行民族誌研究,記錄不同利害關係群體進行的治理與勞動。針對預想治理,我收集的資料包含各種企圖建立規範、標準化胚胎植入做法的努力,例如公聽會上的發言、立法與政策制定的公共討論、行動者之間的協商、相關的媒體報導、大眾教育內容,以及民間團體建議的解決方案等等。這些規範性活動在不同場域發生,我便以多元方法加以追蹤、記錄。在檔案資料部分,我蒐集國際與東亞等相關組織發布的會訊、研究報告、會議紀錄、學術研究、政府資料以及新聞報導。本書的訪談與田野工作主要在台灣、部分在日本與南韓進行,總共進行上百次的深度訪談與觀察,對象包括政府官員、人工生殖專家、醫事人員、非營利組織倡議者、立法者、新聞工作者和生物倫理學者。我請他們分享關於多胚胎植入的實務經驗與參與的政策倡議。從 1999 年迄今,我持續參與台灣醫學社群舉辦的年會與在職進修課程,也先後進行大約 20 次的公開演講,以此跟與會的實務工作者交換意見。而跨國比較的資料,則有助於剖析各國預想治理模式的異同之處。本書的全球治理

分析主要根據既有資料與數據，並輔以 2015 年以來我在日本進行的訪談與田野工作。

有關預想勞動的資料，主要來自於我對超過 100 位台灣女性（與數名男性）進行的深度訪談，這些受訪者在 1999 年到 2021 年期間，都曾有使用助孕科技、減胎或多胞胎孕產的實際經驗。我主要運用滾雪球的方式尋找受訪者。有些受訪者來自雙胞胎與三胞胎的家長團體，有些則來自需要時常出國使用人工生殖技術的同志社群或單身女性社群。本書主要有兩個彼此有些重疊的受訪族群。第一群受訪者包含利用人工協助生殖科技懷孕的女性（及其家人）、像雯敏一般透過人工授精懷上三胞胎的女性，以及一些曾經數度嘗試人工生殖但後來放棄的女性。這群人的生育歷程，展現出人們嘗試為人父母而採取的多元預想軌跡。我將分析台灣的社會、文化、經濟和法律制度，如何形塑他們對人工協助生殖科技與多胞胎孕產的想像構框。第二群受訪者則包括實際經歷多胞胎孕產的女性。不管是「自然」懷孕，還是透過服用刺激排卵藥物、人工授精、體外受精等技術懷孕，這些多胞胎孕產女性與單胞胎產婦不同，都會被視為高風險族群。她們在懷孕的第二或第三個月常得面臨是否減胎的決定，在後續第二孕期與第三孕期也往往得付出諸多努力，以避免早產。本書結合這兩群受訪者的經驗，將充分展現

女性進行的各種不同預想勞動——這些勞動從受孕前就已經展開，歷經懷胎數個月，直至生產才暫時告結。

本書章節概覽

本書第一部分，將以人工協助生殖科技的全球預想治理為核心。第一章勾勒出從 1970 年代以來，關於 IVF 的預想實踐，並聚焦於多胚胎植入的臨床程序。我回溯歷史，檢視不同行動者如何選擇特定的預想面向，並發展出相應的預想工具。在 IVF 技術發展之初，單一的成功事件（例如露易絲・布朗在英國出生，或者其他國家追求國內第一名試管嬰兒），就足以滿足醫學技術突破的期待。英國團隊透過女性的「自然週期」，在排卵週期成功取出一顆卵，讓它在實驗室發育成胚胎，最後促成懷孕。這些成功事件廣受媒體報導，也讓尖端的人工生殖團隊面臨下一個預想：如何為想要使用 IVF 生育的民眾，建立可接受的成功率？這項新的目標讓多胚胎植入成為新解方，而這種解方不僅大幅提高多胞胎懷孕的發生率，也為孕產婦與新生兒帶來許多新的健康風險，因此引來女性主義陣營、公衛專家、小兒科醫師以及一些具有反思性的人工生殖專家抨擊。從 1980 年代末以來，減胎措施逐漸成為因應多胞胎孕產危機的新

型技術方案,但此舉又進一步帶來新的生理、心理與道德爭議。對此,人工生殖的國際社群決定透過臨床指引,限制植入胚胎的數目,然而各國標準不一。例如在 1998 年時,英國建議最多只能植入 2 顆胚胎,美國卻允許植入高達 5 顆。

之後,開始有人倡議「選擇性單一胚胎植入」(elective single embryo transfer, eSET),讓數字治理進入了新境地。本書第二章進一步描繪 eSET 的預想實作,有論者主張 eSET 是處理多胞胎孕產激增的唯一有效解方。醫界內部出現的反思聲浪,批評多胞胎植入造成的超高臨床成功率其實充滿誤導,並創造出**虛假的希望**。他們主張家長需要的**真切希望**,應該是能夠**帶一名健康寶寶回家**的機率。在本章中,我將會比較比利時和日本如何整合來自國家、醫界、國際社群與公民社會的資源,成功打造出 eSET 的技術網絡,並指出 IVF 的全球預想治理涉及國際間的齊力合作,以及高度異質性的在地實踐。

第三章轉而討論台灣的預想治理。台灣第一位試管嬰兒在 1985 年誕生,這項成就普遍被視為國家之光,而這種觀點進一步削弱了國家對醫界所做的嚴格管控。透過台灣和日本的經驗,我將在本章中說明,不同的國家社會技術想像如何影響新興的 IVF 技術。為什麼台灣如此追求成功,日本則致力於降低風險?在台灣,將多胞胎懷孕界定為公共性議題的行動者,主

要是關心助孕科技導致早產兒劇增的民間團體,以及關心孕產婦健康的婦女健康運動。但這些著眼於健康風險的行動,並未帶來有效的解決方案。

第四章把分析焦點轉移到世界上最寬鬆的胚胎植入律法,也就是台灣在 2007 年制定的《人工生殖法》。該項法規規範每次療程不得植入「5 個以上」的胚胎。儘管有部分醫師、政府單位與倡議者開始嘗試管制臨床行為,以處理多胞胎帶來的健康問題,但零星的措施並未造成太多實質改變。本章指出台灣作為人工生殖管制的後進國,如何選擇特定的全球規範,以符合在地的預想。儘管有些國家會選擇英國、日本和北歐國家的管制規範作為典範,但台灣的在地醫學會卻主要以美國作為參考對象。

接下來,本書轉而探索台灣女性的預想勞動,探討她們在求孕與懷孕期間,為了實現生育目標進行的各種實作。第五章將呈現女性(與幾名男性)利用助孕科技追求生育目標時,採取哪些極大化效益的策略。先進的人工生殖已經成為人們追求最佳理想未來的工具,但每個人對未來的預想卻截然不同。在本章中,我將勾勒出四種不同的預想生育軌跡,說明為什麼有些人認為懷上多胞胎是「中樂透」,有人認為那是快速有效成家的方法,有人對多胞胎感到焦慮不安,有人則認為是在追求

生殖正義。要理解女性在屢屢受挫的生育歷程中何以採取某些預想勞動，我主張要探究台灣晚婚、晚生的社會人口趨勢、性別秩序的特性，以及再生產勞動的社會安排。

第一孕期中的減胎與第二、三孕期中的安胎，是多胞胎產婦在懷孕期間面臨的兩大挑戰。懷孕女性在評估減胎與預防早產的思考與行動中，進行各種懷孕管理實作。本書第六章、第七章主要呈現女性的三大孕產預想勞動，包含：探索與釐清減胎資訊、進行孕產身體工作、協商再生產與生產勞動。我提出隨著生育旅程進入不同階段，女性面臨不同的難關，承擔的工作與責任也日趨繁重。

孕產多胞胎是個重要場域，多元異質的行動者包括人工生殖專家、立法者、倡議者、渴望生育的家長，都會提出不同的理想未來、爭取不同介入方案。在本書結論中，我將回到預想治理的理論架構，強調預想作為思考框架的重要性。最後，我也將根據本書研究發現提出政策建言，並特別針對台灣這個多胞胎共和國，提出看重婦女預想勞動的建言，作為改革藍圖的支點。

第一章

多胚胎植入：

寄望成功、預想風險

1978 年，世界上第一名試管嬰兒露易絲・布朗誕生後，作為重要推手之一的英國婦產科醫師帕翠克・斯特普托（Patrick Steptoe），在記者會上提出美麗的願景：「**很快**，每年就能有數千名婦女從 IVF 受益。」（Beresford 1978；強調處為本文所加）。實際上，沒那麼快。第一名試管嬰兒誕生半年後，這個先驅團隊才又成功培育出第二名試管嬰兒。另一名領軍團隊的生理學家羅伯特・愛德華茲（Robert Edwards）深知，科學家對於成功的期望和病人的期待不同：

> 坦白說，我認為我們已為成千上萬的夫妻帶來希望，也引起數百萬名旁觀者的興趣。就不孕治療來說，我們目前的**進展本身就已足夠，足以回報我們所付出的一切努力**。但現在，我們必須繼續**提高成功率**，讓我們更能回應等待清單上那好幾百位病患的實際需求。（Edwards and Steptoe 1980:185；強調處為本文所加）

對於科學家來說，露易絲・布朗成功問世其實已經很足夠，那不僅證明體外受精這項技術研發和理論確實有效，也證實科學的努力有其意義。成功懷上試管嬰兒的單一事件本身，就能算是技術革新的早期突破。但對真正渴望成為父母的人來說，他

們寄望的不只是一次的成功事件,而是一種可以接受的成功率。如此一來,他們才能真正利用這項醫學技術的突破,實現對生兒育女的渴望。面對新的期待,頂尖科學家和醫師該如何回應?其中一種回應就是本章焦點——多胚胎植入。

本章探討自 1960 年代以來 IVF 預想實作的發展軌跡。多胚胎植入的出現是為了滿足 IVF 轉換的期望,但同時也帶來新的風險,亦即多胞胎孕產的增加。當人們預知到潛在危險,勢必得提出新的預想。在希望、成功與風險的夾擊下,更多相關行動者加入醫界行列,企圖構框出一套特定預想模式。他們應該重視成功、風險,抑或重視二者之間的平衡?行動者陸續提出新的概念、臨床行為與監管規範。

常常人工協助生殖科技的頂尖科學家是最先提出未來願景的關鍵人物(Hilgartner 2015)。以下分析先從這批試管嬰兒專家的「預想實作」出發,包括他們在科學期刊、研討會、公聽會、媒體論述中運用的詞語、照片與圖表,以及他們安排臨床措施、組織醫學會、對外說明科學成果的方式。許多行動者很快就跟上,試圖呼應、挑戰、對抗或改變這些對 IVF 的預想。無論是關心婦女健康的公共衛生專家、採取其他種方法治療不孕的醫師、負責照顧 IVF 早產兒的小兒科醫師,或者調解科技爭議的政府官員,這些人都一一參與,重新構框、再次組裝社

會對 IVF 的預想。人們很快意識到如果要徹底改變對 IVF 既有的預想，就得對整個 IVF 的技術網絡進行大規模重組。

預想成為世界第一

實驗室大成功，懷孕大失敗

從發展 IVF 技術最初，**希望**就是最重要的元素之一。1960年代晚期開始，羅伯特・愛德華茲領導的英國試管嬰兒團隊不斷創下科學突破的里程碑。他們在體外培養人類卵母細胞的成功經驗，曾登上重量級科學期刊《自然》（*Nature*；Edwards, Bavister, and Steptoe 1969）；愛德華茲與斯特普托在後續記者會上表示，這項技術革新是為了協助一些罹患不孕症的女性。後來，這番言論一躍成為各大媒體新聞標題，且全都不脫「**希望**」這個關鍵字，例如《泰晤士報》頭版寫著「試管生育將成為女性的希望」（*The Times* 1969. 2. 15: 1），《衛報》下的標題則是「不孕人士的新希望」（*The Guardian* 1969. 2. 14: 1）。

希望萌生，不安也隨之而來。新聞報導揭露「試管受精首度成功」（1969. 2. 15: 8）的消息，下一步要如何發展也引發焦慮。儘管媒體預期 IVF 技術會穩步向前，但有些人擔心 IVF

技術距離真正達成生育目標，仍有相當大距離。《衛報》就刊出一篇名為〈試管嬰兒的限制〉的文章（Ezard 1969），強調一些科學家判斷這項技術要能突破，「讓沒有小孩的女性生出寶寶，恐怕還有很長很長一段路要走」。其中一大問題在於科學家對於生命的操縱與介入。《自然》期刊同一期「編者的話」，則以「在受精之後的下一步？」為題，直指這項技術可能引發反對聲浪：

> 這並不是由一群穿著白袍的怪咖男子進行的糟糕人體實驗，而是一場由理性科學家執行的完美、合理研究。這項研究的可能好處之一是能用來治療特定類型的不孕症⋯⋯這種研究尤其需要向大眾解釋，強調它的科學目的跟喬治・歐威爾（George Orwell）《一九八四》筆下的老大哥是截然不同的，否則我們就可能**面臨大眾對科學失去信任的危險**。（作者不詳 1969: 613；強調處為本文所加）

這類研究的「危險」之處在於科學家發展出操控生命的新方法，這在英國與其他國家的生殖科技領域一向是爭議話題（Clarke 1988; Mulkay 1997）。

隨著技術發展日新月異，人們對生殖科技依然寄與厚望，《自然》也不斷刊出各種生殖科技領域的突破與發現。例如精卵結合與體外分裂（Edwards et al. 1970）、成功透過腹腔鏡取卵（Steptoe and Edwards 1970）、成功在實驗室將胚胎培養至囊胚階段（Steptoe et al. 1971）。根據羅伯特・愛德華茲在他回憶錄中的用字遣詞，例如「神奇培養液」（magic culture fluid）、「美麗囊胚」（beautiful blastocysts），不難看出科學家對這些技術革新流露的興奮之情（Edwards and Steptoe 1980）。由於懷抱希望，科學家成功動員最關鍵的資源，讓愈來愈多女性自願投入、參與實踐。當實驗失敗時，科學家深感挫敗；若胚胎在實驗室好好長大，科學家便滿懷喜悅。

　　時間來到1970年代中期，科學家已長達五年在實驗室中成功製造人類胚胎，但仍未讓任何一名女性成功透過IVF技術懷孕。這種停滯帶來極大焦慮感。如今人們對成功的預想，不再是在女性體外形成胚胎（體外受精），而是將胚胎植入女性體內，創造真正的孕產（試管嬰兒）。儘管實驗團隊不斷將一個或多個分裂中的胚胎植入女性子宮，這些體外受精的胚胎卻一直無法成功著床。[1]「子宮內懷孕」遲遲沒發生，挫敗感也持

1　儘管在1976年有一起成功懷孕案例，但當時是透過「輸卵管懷孕」的做法，而這種方法有時會帶給產婦致命結果（Steptoe and Edwards 1976）。

第一章　多胚胎植入　79

續累積。

　　後來，實驗團隊發現用來刺激排卵的荷爾蒙藥物可能是阻礙胚胎著床的原因。早期科學家常使用卵子刺激藥物，期望一次取得足夠卵子，以收集充分資源在實驗室形成胚胎。此外，團隊會利用人工授精方式治療排卵異常女性的不孕症狀，期間也常使用刺激排卵藥物。如果搭配荷爾蒙藥物，科學家就能掌控排卵時間點，以更精確決定何時請婦女來診所取卵，亦即「使用排卵藥物，讓療程安排變得比較容易」（Wood and Westmore 1984: 60）。不過使用人類停經期促性腺激素（human Menopausal Gonadotropins，hMG）或類絨毛膜性腺激素（human Chorionic gonadotropin，hCG）等荷爾蒙藥物，似乎會「**打亂卵巢和子宮的正常節奏**」（Edwards et al. 1980: 743；強調處為本文所加）。為了恢復節奏，實驗團隊決定另闢新徑，「回歸自然」（Edwards and Steptoe 1980: 134–40）。

遵循自然週期

　　IVF 技術的新嘗試是要遵循女性月經的自然週期，也就是不使用刺激排卵藥物，搭配每次月經週期，一次只取一個卵。當初科學家預想創造胚胎（而非嬰兒）時，並不需要考慮自然

週期的問題;但現在預想轉變為創造懷孕,塑造理想的子宮環境就成為關鍵,「回歸自然」的理念也隨之浮現。當然,取卵還是必要步驟,只是新任務是要找出排卵的時間點(也就是看黃體素何時會激增),並在對的時間取卵。當時,日本開發了一種檢測方法 Hi-Gonavis,可以透過簡單的尿液檢測確定排卵時間點。斯特普托醫師以腹腔鏡取卵的精湛技術著稱,就算一次只有一顆卵子可取,經驗豐富的他不認為有什麼問題。

萊斯莉・布朗(Leslie Brown)是嘗試「回歸自然」的第二名受術者。根據實驗團隊在研究中的描述,她的卵子相當「美麗」、「良好」(Edwards and Steptoe 1980: 148)。當萊斯莉・布朗從麻醉中醒來時,跟醫師有過這樣一段對話(頁149):

「你取到卵了嗎?」她輕聲問我。
「有的,是一顆很棒的卵。妳可以繼續睡了。」

這段話的重點在於「一顆卵」,由於醫師是採用自然週期,一次只會有一顆卵。布朗太太因為輸卵管阻塞,無法透過性行為懷孕。透過取卵程序,那顆卵子後來與布朗先生的精子在實驗室培養皿進行體外受精。當胚胎發展到 8 個細胞階段時,斯特普托醫師描繪它「具有 8 個完美的圓形細胞,相當美麗」(頁

150）。這顆胚胎接著被植入萊斯莉・布朗子宮內，這個步驟被稱為「胚胎植入」（embryo transfer，ET）。當萊斯莉的尿檢與血檢結果顯示懷孕激素出現時，愛德華茲寫道：「我熱血沸騰」（頁154），萊斯莉・布朗懷孕了。當時在自願參與IVF療程的79人中，另外有3人懷孕，但最後都沒能持續，只有萊斯莉表現良好（Edwards, Steptoe, and Purdy 1980）。[2] 媒體得訊後，馬上開始追蹤報導布朗一家與皇家奧爾德姆醫院（Royal Oldham Hospital）的一舉一動。到了1978年7月25日，露易絲・喬伊・布朗誕生，這劃時代的創舉震撼了全世界。能走到這一步，科學家得克服許多技術挑戰。他們得先成功利用腹腔鏡取卵、在實驗室成功受精，再將分裂中的單胚胎植回子宮。這群科學家也很清楚，他們打造的是一個結合研究經費、實驗原料、工作人員付出的勞動力、女性參與、倫理考量、道德爭辯的社會技術網絡。難怪2001年愛德華茲獲得拉斯克臨床醫學研究獎（Lasker Clinical Medical Research Award）

---

[2] 翻閱早期討論IVF技術的文獻，可以發現關鍵字往往是「失敗」，而非「成功」。舉例來說，在1977年至1980年間住進皇家奧爾德姆醫院的79名女性中，有11人「未能透過腹腔鏡取卵」、23人「排卵前取卵失敗」、10人「受孕失敗」、3人「胚胎分裂失敗」、28人「胚胎植入失敗」，總共只有4人成功來到「懷孕」階段（Edwards, et al. 1980：表格九）。這些無法走完完整孕期的接連失敗，跟IVF自1960年代起在實驗室中頻頻創造「奇蹟」科學進展的媒體形象，對比鮮明。

時，會以「坎坷之路」回顧他研究 IVF 的心路歷程（Edwards 2001）。2010 年，他也獲得了諾貝爾生理學獎的肯定。

英國遵循自然週期的成功經驗啟發了澳洲的實驗團隊，並促使澳洲成為全球第二個成功誕下試管嬰兒的國家。[3] 蒙納許大學（Monash University）位於墨爾本，該校的試管嬰兒團隊「自願上鉤，在多數案例中都改採自然週期的方式」（Leeton 2004: 496）。如同伊恩・約翰斯頓（Ian Johnston）醫師坦承，「雖然就行政上來說」使用刺激排卵的藥物很方便，也更容易「安排女性的排卵時點，配合醫院日常工作時程」，但「用這種方法是永遠不可能成功懷孕的」（*The Canberra Times* 1980. 4. 26: 2）。

有鑑於此，他們改採自然週期的做法。澳洲最早的臨床研究結果顯示，在改採自然週期後總共進行十四次胚胎植入，其中有兩人懷孕（Lopata et al. 1980）。1980 年 6 月在澳洲問世的第一個試管嬰兒坎蒂絲・伊莉莎白・里德（Candice Elizabeth Reed）也是單胞胎。當時坎蒂絲的母親琳達・里德（Linda Reed）被譽為「奇蹟媽媽」，負責接生這名嬰兒的約

---

3 在露易絲・布朗誕生幾個月後，印度加爾各答的蘇巴斯・穆克帕迪亞醫師（Dr. Subhas Mukerji）也宣稱，世上第二個試管嬰兒已呱呱墜地。不過此事引發不少爭論，其中一個理由在於，此次誕生缺乏有威信的科學社群認可的學術報告。細節可參考 Bärnreuther（2016）、Bharadwaj（2016）。

翰斯頓醫師也如此跟媒體報告喜訊：「這真是個奇蹟！」（*The Australian Women's Weekly* 1980. 7. 9: 2）。

儘管對早期的試管嬰兒技術來說，「自然週期」是促成懷孕的重要功臣，但媒體對自然週期的關心明顯少於其他技術。[4] 正如斯特普托醫師所說：「我們對新方法（即自然週期）信心滿滿，這種感覺很好。儘管因此增加額外的工作與麻煩，我真心覺得要是當初能早點停止使用排卵藥物就好了」（Edwards and Steptoe 1980: 163）。然而，如同上述提及的「額外工作」、「麻煩」以及人們對 IVF 產生新預想，自然週期法很快退位。如今新的預想是要追求更高成功率，這使排卵藥物再度受到青睞，多胚胎植入成為主流做法。

計算成功率

成功事件與成功率是很不同的預想。過去科學家看重的是找出正確的科學理論、實踐成功的孕產，現在則轉變成要讓不

---

[4] 舉例來說，英國科學和工業博物館（Science and Industry Museum）舉辦的 IVF 的 40 週年紀念特展中，就完全並未提及「自然週期」方法。見：https:// blog.scienceandindus trymuseum.org.uk/baby-launched-test-tube-revolution/（上次檢索日期：2020 年 12 月 4 日）。

孕夫妻能夠「帶寶寶回家」。成功事件讓一些飽受生育困擾的夫妻眼睛一亮、滿懷期望。儘管一直以來 IVF 在媒體上的形象宛如神話，但多數 IVF 案例都是以失敗告終，不孕夫妻仍無法順利生出小孩，他們面對的現實跟科學突破帶來的希望存在巨大鴻溝。從 1980 年代末到 1990 年代初期，學者莎拉・富蘭克林進行田野調查，她指出：「雖然 IVF 被形塑成一系列漸進的發展過程，但（多數夫妻）的實際經驗卻像是經歷一系列失敗」（1997: 10）。這種差距在 1980 年代初期更是懸殊。

1980 年代後，計算「成功率」逐漸成為 IVF 頂尖團隊的新任務，他們首先從懷孕率開始計算。醫療團隊是在醫療院所進行 IVF，故第一批跟成效有關的數據都是以單一醫院施術結果為基礎來公布。早年科學家要呈現的是技術程序的成功，例如「取卵率」或「胚胎植入率」。對科學家來說這些「成功率」是重要指標，可以用來衡量程序的完美程度。但那些數據對愛德華茲掛念的那「好幾百名等待清單上的病患」（Edwards and Steptoe 1980: 185）來說，並不是最重要的指標。如果看重病患的期待，起碼要能呈現「懷孕率」。

計算懷孕率本身是奢侈的，因為實驗團隊勢必得先達成多個成功懷孕案例，才可能計算懷孕率。在技術發展之初，光是出現一個懷孕成功案例就堪稱一樁大事。在計算懷孕率時，

第一章　多胚胎植入　85

由於分子是懷孕數量,因此如果數字只有1,那計算出懷孕率根本沒有意義。以英國團隊為例,1979年他們的第二名試管嬰兒在另一間醫院誕生。最早他們報告的IVF「成功率」,是79名女性中有4名成功懷孕(Edwards et al. 1980)。可能因為懷孕個數實在太少,當時甚至連百分比都沒呈現。這個世界聞名的團隊認為如果「這種技術要成為緩解人類不孕的實際方法⋯⋯它的成功率顯然需要提高。」(Edwards et al. 1980: 751-752)。至於澳洲團隊在提出首批成功案例時是一一表列,而不是用「比率」這種統計形式呈現(見 Lopata et al. 1980; Wood et al. 1985)。當1980年伊恩・約翰斯頓醫師告訴媒體說「現在的成功率是1%」時(*The Canberra Time* 1980年12月8日:8),那1%可能不是基於臨床數據計算,而是更象徵性表示機率真的非常低。約翰斯頓作為澳洲數一數二的IVF專家,公開承諾如果能有更多研究,未來二到三年內成功率將有望提升到10%至15%。

一直要到1983年,英國團隊才首度在醫學期刊《刺胳針》(*The Lancet*)上以百分比形式報告懷孕率。那已經是在露易斯・布朗誕生五年後(Edwards and Steptoe 1983)。在這五年間,超過1200名女性參與胚胎植入手術,數據顯示「臨床懷孕率」已經從初期的16.5％上升到1983年的30％(1983年)。雖然

30％乍聽之下似乎不錯，但這個成功率的計算方式卻需要被仔細檢視。這項成功率的分母是胚胎置入（embryo replacement）數目，換言之，唯有抵達植入階段的個案才會被納入計算。假如團隊是選擇以「治療週期」當作分母，也就是把所有進行刺激排卵的個案納入，那成功率會變更低。畢竟誘導排卵未必成功，取卵後的胚胎培養也可能失敗。換言之，能來到胚胎植入這一步代表這群人已經突破層層關卡，堪稱前階段的「勝利組」。同時，這項數據的分子是「臨床懷孕」而非「活產」。早期出現懷孕跡象的產婦，後來會有相當比例流產。因此即使有所謂的臨床懷孕，女性未必能持續懷孕，更不見得走到當初盼望的活產。針對IVF社群慣用的成功率計算方法，公衛專家就提出如下挑戰：

> 醫師對成功的定義是懷孕，但不孕女性追求的是一名健康寶寶。對她來說，成功結果應該是一名活產嬰兒，而且最好還是能「帶回家」的寶寶。由於IVF之後流產發生率很高，這兩種成功率可說是截然不同。（Wagner and Stephenson 1993: 8）

每個治療週期的活產率為何，應該是女性做出各種決定時需要知道的資訊。在眾多計算方法中，每次治療週期的活產率一定

是最低的;英國醫療團隊當年使用的算法,也就是每次胚胎植入的臨床懷孕率,絕對是最高的。

早期一些研究確實會呈現出每次治療週期的活產率,並把它當成另一種衡量成功的指標,而結果顯示數字多半低於10%。以1987年進行的大型調查為例,該調查收錄86間來自不同國家的IVF中心,彙整5萬多次治療週期資料,結果顯示每次治療週期的懷孕率為11.6%,活產率則為7.5%(Schenker 1993: 28)。這兩個數字之間的差距顯示流產率也非常高。英國的數據也差不多,根據英國「自願認證組織」(Voluntary Licensing Authority, VLA)資料顯示,1986年時治療週期的活產率為8.5%。有些婦產科醫師就認為IVF的活產率如此之低,簡直是「最令人失望又最貴的」不孕療法(Winston and Margara 1987: 608)。而我重新計算美國所發表的數據,得出美國治療週期活產率在1985年是6.6%,1986年則是7.8%。[5]

---

[5] 在眾多計算方法中,治療週期的活產率或許是最不受多數IVF中心與醫學學會青睞的算法,因此當他們對外呈現成果時,有時不會選擇這些數據。例如,美國醫界從1985年開始收集IVF的成果數據,即使有治療週期和活產率等資料,卻一直沒有將它們用來計算成功率。反而,美國醫界採取愛德華茲和斯特普托的做法,呈現每個胚胎植入週期的臨床懷孕率,計算出1985年為14.1%、1986年為16.9%的數據(Medical Research International and the American Fertility Social Interest Group 1988)。我根據公布數據重新計算後發現,1985年每次治療週期的活產率為6.6%,1986年則為7.8%。很明顯的這些數據最能展現此項科技的成效,並顧及使用者利益,但卻沒有被選擇對外公布。

不管是全球的 7.5％，美國的 7.8％，還是英國的 8.5％，醫療社群普遍認為這些成功率都太低。如何找到能提升成功率的做法成為生殖醫學界的當務之急，畢竟這項新技術被眾人寄與厚望。領銜的醫療團隊因此積極尋找影響成功率的主要因素，「多胚胎植入」很快脫穎而出。

尋找成功配方：多胚胎植入

在摸索 IVF 技術發展初期，醫療團隊一次只會有 1 個胚胎能用。假設他們採取自然週期的方式，那一次只能取 1 個卵；如果使用藥物刺激排卵，通常刺激排卵、受精培養與胚胎分裂的情況不怎麼理想，後續治療週期就只會有 1 個胚胎可供植入。但隨著技術持續革新，可用的胚胎數量逐漸增加，IVF 專家開始放棄自然週期做法，改採多胚胎植入的方式。這種轉向的其中一個理由，在於要配合女性的自然排卵週期對醫院管理作業來說並不容易。像澳洲團隊就曾表示由於每位女性排卵週期各異，要遵循每個人的自然週期，團隊等於得要「全年無休」（*The Canberra Times*, 1980. 12. 8: 8）。不過，更重要的理由或許是多數團隊認為自然週期法並不管用，必須另謀他法（Seppala 1985）。[6] 愈來愈多團隊開始改採刺激排卵藥物，成功取得並

植入 1 個或多個胚胎。以美國為例，有別於英國、澳洲做法，美國就是利用排卵藥物增加取得卵子數量，成功促成第一名試管嬰兒誕生。[7] 當時主責的醫師霍華德·瓊斯（Howard Jones）如此和媒體形容：「我想今天是充滿希望的一天」（Cohn 1981）。美國團隊強調刺激排卵的做法，讓醫事人員更能預測適合植入胚胎的最佳時點，也較能預先做好萬全準備（Sullivan 1981）。

後來英國、澳洲也沒有繼續堅持自然週期做法。從 1980 年 10 月到 1982 年 12 月，這段期間愛德華茲與史帝普托醫師的團隊進行的 833 次手術，只有 30% 是遵循自然週期（Edwards and Steptoe 1983），其他則使用 hCG 等觸發排卵藥物。由於取卵成功機率提高，可用的受精胚胎數量持續增加，醫師也開始把 2 個、3 個甚至 4 個胚胎植入女性子宮內。在此同時，隨著使用藥物、培養基、取卵針、導管、超音波偵測技術與實驗

6　有一份報告在 1984 年收集了全球 65 個團隊的 IVF 數據，其中共有 7 個團隊試行自然週期法，但只有英國伯恩霍爾中心（Bourne Hall Clinic）的團隊成功，另外 6 個團隊皆以失敗收場（Seppala 1985）。

7　霍華德·瓊斯（Howard Jones）與喬治安娜·瓊斯（Georgeanna Jones）兩位醫師領導的團隊，本來遵循英國的自然週期法，但他們在 1980 年間嘗試了 41 次全都失敗（Garcia et al. 1983）。自然週期法在美國並不管用。在此之後，他們改採澳洲的新做法，於 1981 年開始嘗試使用刺激排卵藥物，最後帶來美國首例成功案例。

室人員管理的品質逐步提升,多胚胎植入的做法越來越普遍。

醫師很快發現,在 IVF 療程中植入的胚胎數量愈多,成功懷孕的機率就愈高。英國團隊就指出:「如果在子宮內植入 2 個胚胎,甚至 3 個……懷孕率會提高」(Edwards and Steptoe 1983: 1266)。以自然週期執行單一胚胎植入的懷孕率為 15%,但如果使用排卵藥物,搭配植入 2 個或 3 個胚胎,成功率就會高於 30%。大約在同一時期,美國團隊也發現一個明確規律:「改善 IVF 成效的最佳做法是取得更多利於受精的卵子,並在一次週期中植入更多胚胎」(Jones et al. 1983: 732)。根據 1979 年至 1983 年間澳洲團隊執行的 1530 次治療,他們發現「植入的胚胎數量愈多,懷孕率就會**大幅**提高。植入單一胚胎的懷孕率為 7.4%,植入 3 個胚胎將提高到 28%」(Wood et al. 1984: 978-979;強調處為本文所加)。墨爾本的實驗團隊則發現許多因素都可能左右結果,例如女性的年齡,但他們的結論仍強調:「**決定**懷孕率的最關鍵因子是取得卵母細胞的數量,以及植入的胚胎數量」(Wood et al. 1985:245;強調處為本文所加)。所有團隊都發現多胚胎植入是增加成功率的關鍵因素。一些針對 IVF 的跨國調查(例如:Henahan 1984; Seppala 1985)與各國的統計數據(例如:Stanley and Webb 1993)也都顯示植入的胚胎數量愈多,懷孕率就愈高。

為了提高成功率而採取多胚胎植入的做法，幾乎已成為常態。美國數據就顯示，1987 年時植入胚胎的數目最普遍是 4 個，有些案例甚至植入高達 7 至 9 個胚胎（Medical Research International and the Society of Assisted Reproductive Technology of the American Fertility Society 1989）。澳洲和紐西蘭數據也顯示，1985 年，IVF 若成功懷孕，其中 68% 是當初植入至少 3 個胚胎（Stanley and Webb 1993: 66）。澳洲團隊甚至主張單胚胎植入的成功率如此低落，可能反而讓受術者承受風險和傷害：「如果單胚胎植入的成功率只有多胚胎植入的 1/3，病患經歷腹腔鏡、全身麻醉、住院要付的費用與風險是否合理？」（Wood et al. 1985:250）。成功率應該要夠高，才可能彌補這群準爸媽所需承擔的成本與健康風險。有鑒於此，多胚胎植入成為解方，而且是以女性利益為出發點。但很快地人們就發現事情沒那麼簡單。這種成功配方帶來的不只是懷孕，還是多胞胎懷孕。

世上第一的試管雙胞胎、三胞胎、四胞胎與五胞胎

　　1981 年 6 月 7 日，《坎培拉時報》的頭版標題為〈雙胞胎試管嬰兒執行心臟手術〉。一位名叫史蒂芬的寶寶，是世界上第一對試管雙胞胎的其中一員。他出生在澳洲墨爾本的維多

利亞女王醫院（Queen Victoria Hospital），與雙胞胎妹妹亞曼達，分別是世界上第七名與第八名試管嬰兒。在記者會上，醫師強調兩人並非同卵雙胞胎，而是由兩個不同的胚胎植入到母親子宮內而長成。這對雙胞胎早產了三到四週，這種現象對雙胞胎而言相當普遍。亞曼達出生時體重只有約 2500 克，屬於「低出生體重」，但根據報導記載相當健康。史蒂芬則屬於血氧過低而身體青紫的「藍寶寶」（blue baby），因為「狀況不佳」被送進保溫箱。當日稍晚，史蒂芬就接受了心臟手術，後來才逐漸康復。這對澳洲試管雙胞胎的「不佳狀況」，彷彿揭示 IVF 後續面臨的嚴峻挑戰──多胞胎孕產。

多胞胎孕產在不孕症治療中並非罕見。早自 1950 年代末期以降，由於排卵藥物的使用（尤其是針對排卵異常的女性），多胞胎孕產變得更常出現。根據 1958 年到 1980 年間約 25 份醫學報告，使用不同刺激排卵藥物導致的多胎妊娠率，大約是在 2% 到 54% 間不等（Schenker et al. 1981）。這份報告並列出屬於「超多胞胎產」（high plural births）的 18 個案例，從四胞胎、五胞胎、六胞胎，到七胞胎、八胞胎，甚至九胞胎都有，產婦大多數是使用 hMG 和 hCG 等刺激排卵藥物。這些統計數據與案例來自英國、美國、澳洲、紐西蘭、德國、以色列等國，有的案例實在令人心碎。例如美國有一家的七胞胎，在出生後

12 小時內全部夭折。有的案例則被視為「成功案例」，例如醫學期刊《刺胳針》曾發表一篇文章討論紐西蘭一名婦女「孕產五胞胎的成功案例」（Liggins and Ibbertson 1966）。早在 IVF 問世之前，醫界就已經在面對與處理不孕治療帶來的種種不良後果。

刺激排卵藥物導致的「超多胞胎產」吸引大批媒體報導。1969 年，倫敦大學學院附設醫院（University College Hospital）的醫師，在《英國醫學雜誌》（*British Medical Journal*）上發表一篇討論六胞胎孕產的案例報告。除了詳細記錄該案經歷的療程與孕產情況，也提到醫事人員如何努力「維持必要的保密狀態，以避免病患引起外界注目與騷擾」（Lachelin et al. 1972: 789）。醫院用的策略，是告訴其他病患與多數工作人員即將要誕生的是三胞胎（而非六胞胎）。文末醫師宣稱，他們在生產前「成功避免曝光」，但生產完後還是有上百名記者強行要闖入婦產科醫院採訪（Lachelin et al. 1972: 790）。以英語為主的國際期刊顯少刊載東亞案例，但東亞確實有幾起轟動一時的多胎孕產案例。例如在 1976 年，日本全國各地媒體都曾大幅報導鹿兒島誕生的五胞胎（《読売新聞》，1976 年 2 月 2 日：19）。這名母親使用了刺激排卵藥物順利產下兩男三女。當時日本社會對這種新型態的不孕療法還有些疑慮，但多數媒體的

報導都是帶著喜悅、充滿好奇。

多胚胎植入導致的多胞胎孕產開啟人們對 IVF 的新一波關注。世界各國第一個試管嬰兒雙胞胎、三胞胎、四胞胎和五胞胎案例紛紛登上媒體版面。1983 年 6 月，世界上第一對試管嬰兒三胞胎在澳洲誕生，其中一名寶寶還被命名為「陳娜蘭」（Chenara），以感念執行 IVF 的陳醫師。當時媒體將此視為一樁好事：

> 蓋爾太太（Mrs. Guare）將第一個出生的女兒取名為「陳娜蘭・潔德・伊莉莎白」（Chenara Jade Elizabeth），以紀念陳醫師的付出：「能夠看著他們誕生，我只感到無盡的喜悅。」望著她的寶貝三胞胎，蓋爾太太滿臉笑容。[8]

1984 年 1 月，世界上第一組試管嬰兒四胞胎誕生，地點也是在澳洲。當時醫療團隊植入 4 個胚胎，這四名新生兒的體重都低於 2500 克，但資料顯示他們全都非常健康，不需要特別醫療

8　〈迎接首位試管嬰兒出生的醫師……〉，合眾國際社（United Press International）歷史資料，1983 年 6 月 9 日，https://www.upi.com/Archives/1983/06/09/The-doctor-who-delivered-the-worlds-first-test-tube-triplets/3659423979200/（上次檢索日期：2021 年 1 月 10 日）。

照護。世界上第一組試管嬰兒五胞胎則是在 1986 年 3 月於英國倫敦出生。各式各樣第一對試管多胞胎的「成功案例」時常成為頭條新聞，媒體除了報導世界第一例，也會特別追蹤各國第一例。例如，1984 年 5 月英國第一組四胞胎出生，當時團隊取了 4 個卵子、培養出 4 個胚胎，全部植入後產下 4 個寶寶。又如 1985 年 10 月，南韓宣布的第一起成功試管嬰兒案例就已是一對雙胞胎。國立首爾大學的團隊採用美國模式，也就是使用刺激排卵藥物，植入不只 1 個胚胎。那對雙胞胎是一男一女，體重都高於低出生體重標準的 2500 克，醫師也向媒體宣布兩個孩子非常健康（《朝鮮日報》1985 年 10 月 13 日：1）。確實，各國也有不少健康的 IVF 雙胞胎出生，為一家人帶來新生命的喜悅。

如同羅伯特・愛德華茲所言，面對多胎孕產已經成為「例行工作的一部分」（轉引自 Price 1988: 161）。早在 1984 年，當生殖醫學界首次嘗試建立全球性資料時，人們就已經「產生一種印象，在經驗豐富的團隊操作下，多胚胎植入將會提高多胎妊娠的發生率」（Seppala 1985: 562）。隨著資料逐漸齊備，這種「印象」轉換成確切的統計數據。1985 年的全球數據調查結果顯示，在 1195 次 IVF 孕產中，有 19.3% 屬於多胎妊娠（Cohen et al. 1988）。澳洲的數據則顯示 1986 年有 25%

的 IVF 懷孕屬於多胎妊娠，其中又有 15% 是三胞胎或四胞胎（Bartels 1993: 79）。而 1988 年在澳洲、法國和英國的所有 IVF 孕產中，約有 20% 為雙胞胎，3% 至 5% 為三胞胎以上的多胞胎孕產（Cohen 1991）。在世界上第一個試管嬰兒誕生十年之後，約有 1/5 透過 IVF 懷孕的女性會生下雙胞胎或多胞胎。長期以來，醫界都認為多胞胎懷孕對母嬰的健康風險非常高。生殖醫學界的主力本來是要解決不孕問題，現在還得面對懷上太多胎兒的新挑戰。

面對危害

多胞胎孕產的後果令人相當憂慮。全球數據顯示，早年 IVF 導致的多胎妊娠帶來很高的流產率、早產率和低出生體重（小於 2500 克）等問題（Cohen et al. 1988）。各國數據也顯示，雙胞胎、三胞胎或更多胞胎的早產率、活產率、新生兒與周產期死亡率，都遠遠高於單胞胎生產。舉例來說，澳洲、法國和英國的資料顯示，有 55 至 60% 的雙胞胎體重不足 2500 克，至於三胞胎（及更多胎者）甚至高達 95% 都有低出生體重的問題（Cohen 1991: 表格 VII）。有些 IVF 雙胞胎足月生產、健康誕生，但也有些狀況不佳，直接送進加護病房，住在保溫箱。

試管嬰兒技術愈來愈普及,各種不良後果與健康風險也引起關注,其中包括醫界本就不陌生的多胎孕產問題(Ozturk and Templeton 2002)。[9]無論是自然懷孕或人工生殖所致,過往研究都已清楚顯示多胞胎孕產的健康後果。自從1980年代以來多胚胎植入成為不孕療程常用的步驟,多胞胎孕產的發生率就大幅提高(Botting et al. 1990)。懷有多胞胎的女性罹患子癇前症、產前出血、妊娠高血壓、妊娠糖尿病、產後大出血甚至死亡的機率,都大幅提高(Wennerholm 2009)。不孕治療帶來許多心理挑戰,多胞胎孕產更是如此。早期研究指出,新興醫療科技帶來超高期盼,實際上成功率卻超低。面對這種懸殊對比,許多女性與家人歷經強烈痛苦的感受(Johnston et al. 1987;Koch 1993)。由於媒體鮮少報導失敗案例,每個程

9　研究已證實,刺激排卵藥物是導致多胎妊娠的主要因素。公衛專家派翠西亞・史蒂芬森(Patricia Stephenson)曾回顧將近200份科學文獻後,系統性呈現誘導排卵帶來的風險。有別於其他主流臨床研究會將排卵藥物、人工授精、IVF分別處理的做法,該文獻主要將這三者全部整合,歸為同一類型的「生殖藥物」(fertility drugs;Stephenson 1993)。實際上,諸如可洛米分或hMG等刺激排卵藥物,可能會在治療不孕症中被使用(對排卵有問題的女性),在人工授精或試管嬰兒準備程序中也可能使用(針對精子不足的男性或對輸卵管阻塞的女性)。許多文獻與資料已證實,目前「已知的不良反應」包括多胎妊娠、流產(周產期死亡)、過度刺激排卵症候群(OHSS)。法國首份IVF併發症的報告顯示,有23.4%的IVF治療週期中出現OHSS(Cohen 1991: 617-18)。

序中的高度不確定性也讓受術女性與家人倍感煎熬（Johnston et al. 1987）。通常，雙胞胎或三胞胎試管嬰兒比單胞胎更容易住進新生兒加護病房（Natal Intensive Care Unit, NICU），出院後往往也需要額外照顧。有別於主流媒體形容的「奇蹟」光景，這些寶寶的母親感受到的更常是焦慮、不安與照護負擔。

漸漸地，多胞胎新生兒面臨的各種健康後果開始吸引外界目光。有些照片呈現出超小的嬰兒在保溫箱中努力求生的圖像，傳遞生死攸關的的強烈印象。教科書開始強調「多胞胎新生兒的死亡率、發病率，以及長期神經系統受損率遠高於單胞胎」（Wennerholm 2009: 13），而「極低出生體重」（低於1500 克）更被視為相當嚴重的危險徵兆。澳洲早期數據顯示有11.6％的試管嬰兒屬於極低出生體重，一般嬰兒通常只會有1％的機率（Bartels 1993）。

在新生兒加護病房，第一線醫護人員對需要照料的試管嬰兒數量急速上升相當有感。巴黎一間醫院的小兒科醫師就發現，在1987年到1989年間，進入新生兒加護病房照顧的試管嬰兒比例已經從7％上升至17％，醫師進而呼籲醫院投入更多人力和資源，以處理激增的新生兒照顧業務（Relier et al. 1993）。部分多胞胎個案也讓大眾開始關心照顧家庭所承受的痛苦與負擔，例如，1987年在英國赫爾頓（Halton）誕生的七

胞胎，全都沒能撐過出生後第一個月。[10]小兒科醫師和試管嬰兒專家間的專業衝突，讓此爭議愈演愈烈。試管嬰兒專家一手促成多胞胎懷孕，但照顧超小嬰兒的責任，卻落在新生兒加護病房第一線的工作人員。在英國正是因為有小兒科醫師群起批評 IVF 創造太多高風險新生嬰兒，才促使英國加快建立人工協助生殖科技的管制規範（Price 1990）。

　　政策制定者高度關切多胞胎孕產，不只因為女性、家庭與醫護人員必須承受沉重照顧負擔，更因為這些照顧成本十分高昂。由於多胞胎孕產女性屬於高風險族群，產前檢查、實驗室檢驗、超音波檢查、藥品與醫療人員等相關醫療成本勢必大幅增加。雙胞胎與三胞胎時常需要的新生兒密集照顧也所費不貲。根據研究指出，1980 年代中期英國國民保健署（National Health Service，NHS）在每對雙胞胎孕產及新生照護的支出，平均為 5000 英鎊，用於三胞胎則高達 12000 英鎊，其中有六成都是用於新生兒照護（Mugford 1990）。[11]在 IVF 技術發展初期，受術者需要自行負擔手術費用。醫療社群之所以透過多胚胎植入手段提高成功率，部份原因也是避免讓不孕夫妻的自

---

10 〈最後一位七胞胎過世〉，合眾國際社（United Press International）歷史資料，1987 年 8 月 31 日，https://www.upi.com/Archives/1987/08/31/Last-septuplet-dies/3109557380800/（上次檢索日：2025 年 3 月 14 日）。

費負擔變得太過沉重。然而，多胚胎植入帶來的多胞胎照顧成本其實不減反增。有些國家（例如英國）是透過公部門吸收這些成本，但在其他地方，這些沉重的經濟負擔卻是由個別家庭自行承擔。

多胞胎孕產帶來的困擾，主要是發病率、死亡率、照護負擔與財務成本的增加。有些醫師不是很重視經濟負擔，而是強調多胞胎孕產所帶來的健康問題與致死風險：

> 人工生殖治療可能帶來許多相當**危險的併發症**⋯⋯很多人可能考量的是人工生殖科技的成本。我們認為主要問題並非成本，而是這種治療模式帶來的併發症，可能對本來非常健康的病人帶來**永久損傷、甚至死亡的**結果。
> （Schenker and Ezra 1994: 418；強調處為本文所加）

此時人們對試管嬰兒的預想已經開始從成功和「奇蹟」，逐漸轉變為風險和危險。有些人預想種種不良後果，甚至提議直接放棄這項技術。

---

11 另一份研究根據一間位於波士頓的醫院帳務記錄，顯示出雙胞胎的醫療費用超過 3 萬美元，三胞胎的醫療費用則超過 10 萬美元（Callahan et al. 1994）。

消除危害:預想去醫療化

公衛專家與女性主義者也針對這些不良後果提出解方。世界衛生組織歐洲辦公室代表馬斯登・瓦格納(Marsden G. Wagner)等知名公衛專家主張,應該從「只關注個人的臨床模式,轉變為重視集體的公共衛生模式」(Wagner and Stephenson 1993: 10;另見 Wagner and St. Clair 1989)。女性主義陣營則認為,既然人工協助生殖科技會對女性及兒童創造無謂的危險,那麼根本就不該被使用,特別是 IVF。接下來,我將著重於女性主義者提出的批評,以更完整呈現預想實作的光譜。

從 1970 年代以來,女性主義運動對生育的醫療化,包括孕產的面向提出許多批評。女性主義者以「不孕的醫療化」(medicalization of infertility),表達批判觀點和介入行動,主張不能僅把日新月異的科學突破當作是解決女性不孕問題的唯一解方。1984 年,澳洲、英國與美國的婦運人士創立了「女性主義抵抗生殖與基因工程國際網絡」(Feminist International Network for Resistance to Reproductive and Genetic Engineering,FINRRAGE),成為集結發聲的重要陣營(其歷史發展與主張,見 Mottier 2013)。舉例來說,女性主義者珍妮斯・G・

雷蒙（Janice G. Raymond）就曾指出，「多數生殖科技看似用來治療，實際上是殘忍暴行」（Raymond 1993: xix）。她列舉諸多針對女性的「**醫療暴力**」，包括卵巢過度刺激排卵症候群（Ovarian Hyperstimulation Syndrome, OHSS）、減胎、產婦死亡、多胞胎孕產等等，清單非常長。雷蒙更進一步以 1985 年在洛杉磯出生的「弗魯斯塔奇七胞胎」（Frustaci septuplets）為例，說明生殖藥物如何可能帶來可怕後果。弗魯斯塔奇七胞胎中的四個寶寶在出生幾個月內相繼死亡，剩下三名寶寶雖然倖存，但全都患有嚴重殘疾。弗魯斯塔奇後來向生殖中心提起訴訟，主張該醫療院所有醫療疏失，最後雙方以 600 萬美元和解收場（Hill-Hoitzman 1990）。

除了健康風險，公共衛生專家和女性主義者也抨擊治療的實際成效。首先，這兩個陣營都把效用當成評估人工協助生殖科技的關鍵指標。早在 1985 年，女性主義記者吉娜・科瑞亞（Gena Corea）與蘇珊・因斯（Susan Ince）就報導過，美國 IVF 中心與醫院在呈現成功率時會在數字上動手腳（Corea 1988）。她們總共調查了 54 間 IVF 中心，其中有半數機構連一次活產紀錄都沒有，卻全都宣稱自己能提供 IVF 的服務。其他中心的確有幾筆活產紀錄，但往往採用化學懷孕率或胚胎植入率而非活產率，作為成功指標。也有學者批評計算成功率的

方法大有問題,如果臨床懷孕就算成功,即使後續出現自然流產、死產或早產,也全都會被醫療團隊列為「成功案例」,而這並不合理(Stanley and Webb 1993)。通常在評估療效時,不免會和另一種「治療」方式進行比較,例如透過手術重建女性輸卵管功能,使其恢復生育能力並順利懷孕的治療。早年 IVF 專家多半只會以完全失去輸卵管的女性作為案例(例如萊斯莉・布朗),以凸顯透過 IVF 生產的必要性。然而,隨著 IVF 的目標族群持續擴大,開始有人爭辯是否有部分的 IVF 受術者透過其他既存治療方法,像是執行輸卵管重建手術,就能自行懷孕?如此她們還應該跳過重建手術、直接進行 IVF 嗎?

　　增加植入胚胎數目的初衷,是為了能提高成功率。但這種用來強化成效的方法也會帶來新的安全問題。女性主義者認為,醫療措施難免有副作用,但有些併發症是由臨床措施製造而成,格外值得警醒。所謂的「醫源性多胞胎懷孕」(iatrogenic multiple pregnancy),就是指這種為了追求成功率,選擇多胚胎植入的醫療做法。它造成了多胞胎懷孕,並常犧牲母嬰健康。

　　女性主義者也強調,女性對不孕感到困擾有其社會根源。追根究底,其實是異性戀婚姻體制對理想母職的社會想像,以及若不符合規範便會伴隨而生的社會壓力,促使一些女性去尋求不孕治療。報章雜誌與坊間書籍鮮少提及其他選項,例如收

養，或自願不生小孩（Franklin 1990; Laborie 1993）。一些公共衛生專家也提出類似觀點，例如瓦格納和史蒂芬森就指出IVF 的成功率有限，多胚胎植入的健康風險卻很高，不如考量收養、寄養或不生養孩子等社會方案（Stephenson and Wagner 1993:12）。此外，也有論者主張與其推動人工生殖，不如防患於未然，好好預防可能造成不孕後果的疾病，例如對男女生育功能都有害的性傳染病，並加強推動一般性的生殖健康保健工作。

人工協助生殖科技對女性帶來的風險與低成功率，以及經歷侵入性醫療可能受到的尊嚴傷害，女性主義陣營將人工生殖科技視為一種「對女性的暴力」（Raymond 1993: xix），並主張既然 IVF 的潛在傷害如此飽受爭議，不如乾脆揚棄這種新興生殖技術：

> 我認為，針對諸如 IVF 及其衍生技術、捐卵、預選性別（sex predetermination）、減胎等嚴重侵犯女性身體完整性的生殖科技，最好的法律途徑是予以廢止，而非立法管制。（Raymond, 1993:208；強調處為本文所加）

我將這種呼籲揚棄科技的提案稱為「預想去醫療化」（anticipatory

de-medicalization）。彼得・康拉德（Peter Conrad）和米蘭達・瓦格納（Miranda Waggoner）將預想醫療化定義為「因為擔心未來可能發生風險，而先以醫療介入來定義、處理假設會發生的問題」（Conrad and Waggoner 2017: 98）。其中最具代表性的案例，莫過於為了「降低（未來）出現早產、低出生體重和死產等不良後果的風險」，而提前進行的「備孕照護」（Conrad and Waggoner 2017: 99；亦可見 Waggoner 2017）。出於完全相同的目標，一些基進女性主義者如珍妮絲・雷蒙提出另一種因應措施，那就是徹底「廢止」生殖科技。這種主張可被稱為「預想去醫療化」，也就是將特定問題界定為非醫療問題，甚至認為該問題本身是由醫療所致，因此透過徹底消除醫療介入來解決。

權衡益處與風險

然而，全面揚棄的方案並沒有在現實中被採納，最終真正稱霸生殖醫學界的是風險管理模型。堅守揚棄立場的雷蒙對風險管理模型持保留態度。她認為，風險管理模型「只是想**管理**女性所承受的風險，而非徹底**消除風險**」（Raymond 1993: 208；強調處為本文所加）。整體而言，從 1970 年代開始，在

環境與科技爭議中就出現要利用「風險管理」、「風險評估」等方法，估算危害、危險與威脅的相關論述與模型（Winner 1996; Lupton 1999）。批評者主張，當社會論述與行動開始從「具體危害」轉向「風險」時，將會同時帶來以下三種變化（Winner 1986; Lupton 1999）：第一，風險評估對「因果關係」的辨認，會開始從明確的來源轉向可能性。比起辨認具體的威脅來源，風險模型更仰賴的是以研究計算可能產生負面後果的機率，帶入不確定性的概念。第二，風險評估會跟「益處」相關聯。比起彰顯特定行動的負面後果，評估還會提出可能的好處，讓人們變得需要權衡利弊得失。第三，就行動而言，具體危害模型關心的是如何消除危險，但風險模型在意的是如何計算並保留個人選擇空間。而正是這種新興的風險模型，而非危害模型，主導了生殖科技增加多胞胎孕產的相關討論。

　　早年醫界對多胞胎植入進行的評估，就是採取這種風險模型。回顧 IVF 開拓者早期發表的論文，可看出從 1980 年代開始，IVF 專家就一直運用「權衡效益與風險」的方式評估多胞胎孕產的問題，而且往往將效益排在優先，風險次之。正如登於《生殖與不孕》（*Fertility and Sterility*）的論文〈多胚胎植入的益處與風險〉所揭示：益處是高懷孕率，風險則是多胞胎生

產（Speirs et al. 1983）。澳洲蒙納許大學的維多利亞女王醫院 IVF 團隊，或許因為促成世界上第一對試管雙胞胎（前述的史蒂芬與亞曼達），早年發布了一系列的多胚胎植入健康風險評估報告。報告中特別標舉植入胚胎數目對提高成功率的關鍵影響。數據指出，在 1983 年時，單胚胎植入的懷孕率為 7.4%，遠低於植入 2 個胚胎的懷孕率 21.1%，以及植入 3 個胚胎的 28.1%。團隊因此提出：「植入 1 個胚胎的懷孕率，遠低於植入 2 個胚胎的懷孕率（7% v.s. 21%），光是這點也許就**足以讓我們接受雙胞胎的風險**」（Wood et al. 1984: 979；強調處為本文所加）。

「可接受的風險」成為一種新的理解方式。在獲得更多數據後，澳洲的 IVF 專家社群蒐集更多資料，進一步得出結論。他們認為雙胞胎造成的風險，「遠遠比不上植入單胚胎後的效果不彰」（Wood et al. 1984: 978）。這份臨床報告中呈現受術夫妻的說法，強調：「**本研究的受術夫妻很快就接受雙胞胎的風險**，畢竟體外受孕、胚胎植入的多次受孕機率很有限，年齡增長也可能降低生育的成功率」（Wood et al. 1984: 979；強調處為本文所加）。這裡被拿來跟多胞胎風險相權衡的，其實就是 IVF 的失敗，而且還是多次的失敗，以及錯失最佳時機的可能性。對於渴望生育的夫妻來說，雙胞胎聽起來還算可以接受，

那三胞胎呢？這份報告記錄了1983年的多胞胎，除了13對雙胞胎外，還有4個家庭最後產下三胞胎。團隊提出，基於「多胞胎孕產的風險，包括對母親與胎兒的身心併發症，目前**我們會建議受術夫妻**植入的胚胎數目應限制在2到3個。」（Wood et al. 1984: 979；強調處為本文所加）。這段文字暗指受術夫妻對植入的胚胎數目有一定決定權，有些還會要求過多的植入數量。

IVF的效益與風險模型聚焦於植入胚胎數目，但當時醫學界還不知道如何透過排卵藥物這種會導致多胞胎的傳統方法達到成功，同時避免風險。1980年代早期，由約瑟夫・G・申克醫師（Joseph G. Schenker）領導的以色列團隊，曾對誘導排卵藥物的健康後果加以評估，他們的結論是：「沒有任何方法能既避免多胞胎，又實現合理的懷孕率」（Schenker et al. 1981：118）。併發症的嚴重性顯而易見，但諸如降低藥物劑量的預防措施都被證明無效。申克醫師的研究回顧只列出一些方法，例如監測受術者的雌激素變化，用以判斷是否適合使用排卵藥。

相較之下，IVF則是另一種情況。IVF需要的胚胎數量似乎相當明確：如果只植入1個胚胎，那幾乎就不可能生出雙胞胎。因此，限制胚胎數量成為一種簡單且可行的策略。但對於

IVF 專家來說，他們運用此項技術的目標不只是要減少多胞胎孕產風險，最根本的目的仍是要能成功懷孕。如前所述，為了提高懷孕率，一次只能取得 1 個卵、創造 1 個胚胎的「自然週期」法，很快就被多胚胎植入所取代。儘管自然週期方法曾再次被提起，形容為一種「極具吸引力的替代選擇，因為它對產婦與胎兒的風險比較小」（Schenker 1993: 27；亦可參 Wagner and Stephenson 1993: 8）。但由於試管嬰兒技術在發展初期成功率較低，自然週期實際上很少被使用。那麼，還有哪些方法能消減生殖技術帶來的風險？

減胎手術的出現

大約在 1980 年代中期，「減胎」漸漸成為因應多胞胎孕產風險的新方法。減胎手術如同其名，是在女性懷孕期間施行以減少腹中胎兒數目的手術。起初，減胎**並不是**要解決人工協助生殖科技帶來的多胞胎問題，而是被用來處理雙胞胎的產前基因檢測。[12] 當醫師發現雙胞胎其中一位有嚴重的基因異

---

12 舉例來說，從 1970 年代末開始，羊膜穿刺和絨毛膜取樣（chorionic villus sampling）已經不再是實驗，而是部分歐美國家的標準例行程序 (Cowan 1993)。為了讓正常健康的胎兒能存活，當發現胚胎出現嚴重基因異常時，醫

常、另一位正常時，為了讓正常健康的胎兒得以存活，會實施減胎。減胎的案例包括瑞典隆德團隊處理過的第一型黏多醣症（Hurler syndrome）（Aberg et al. 1978）、美國紐約團隊的唐氏症（Kerenyi and Chitkara 1981）、維吉尼亞州團隊的戴薩克斯症（Tay-Sachs disease）（Redwine and Petres 1984）等。個案報告常提及，這種實驗性手術之所以能發展，主要出於懷產婦女極力想保住另一名健康胎兒的堅持。[13] 為了解決這種「雙生不同調」的問題，醫師們開發出一種新的臨床技術，可以「選擇性終止異常胎兒的妊娠」，而不用像傳統做法將兩胎都

師就會實施減胎。
13 第一份研究是由瑞典隆德的醫療團隊所進行，文章刊載於《刺胳針》上（Aberg et al. 1978）。案例中的女性之前的孩子出生後患有第一型黏多醣症，因此在產檢時進行基因檢測，結果羊膜穿刺發現她懷的雙胞胎中有一胎正常，另一胎出現異常症狀。研究報告中顯示，醫療團隊在這名母親要求下，開發了這項「不需終止未受影響孿生胎兒」的手術（Aberg et al. 1978: 990）。正如文章標題所示，醫療團隊在懷孕24週時，對其中一個被診斷患有嚴重遺傳疾病的胎兒，以「心臟穿刺」方式終止胎兒的心臟跳動。懷孕第33週時，這名母親開始陣痛，從陰道分娩排出死胎，另一名健康胎兒則因為胎位不正，改以剖腹產出生。這份報告最後指出：「母親與嬰兒的健康狀況極其完美」。丹麥與美國也曾進行類似手術（Kerenyi and Chitkara 1981）。瑞典的案例明顯啟發另一名美國紐約的母親，她尋求不孕治療而懷上雙胞胎，在第15週時，其中一胎被診斷患有唐氏症，另一胎則健康正常。這名母親同樣要求「選擇性終止異常胎兒的妊娠」，而非同時終止兩胎妊娠（Kerenyi and Chitkara 1981）。這項手術被視為母親們的新選擇，有別於過去他們只能選擇全部終止或全部繼續生下胎兒。

墮掉。[14]

在 1980 年代中期,減胎手術漸漸被用在「高產多胎妊娠」(grand multiple gestation)。這裡提到的「高產」包含三胞胎到八胞胎(Evans et al. 1988: 289)。減胎手術有好幾種做法,大致可分成「子宮頸吸引術」(transcervical suction aspiration)、「腹部減胎術」(transabdominal reduction)與「陰道減胎術」(transvaginal reduction)(詳可見 Berkowitz et al. 1996)。這三種類型分別跟不同臨床醫療程序較親近,例如真空吸引流產術、羊膜穿刺術、取卵手術等。許多熟稔於超音波、羊膜穿刺等專門技術的醫事人員,也開始加入不孕治療團隊,共同面對多胞胎懷孕帶來的嚴重問題。

早期有關減胎的文獻討論了「子宮頸吸引術」的進行方式。做法跟抽吸流產術(也稱真空吸引術)的流程相當類似。有一篇由法國醫療團隊發表的文章納入 15 起多胎妊娠案例,這些案例中的產婦都因為刺激排卵藥物,而懷了 3 至 6 個不等的多胞胎。該團隊主要透過超音波技術協助,把最靠近子宮頸的胎

---

14 這個手術的名稱幾經變動,從起初的「選擇性墮胎」(selective abortion)、「選擇性終止」(selective termination)或「選擇性殺胎」(selective feticide),到「選擇性生存」(selective survival)與「選擇性生育」(selective birth)。

兒抽吸出來（Dumez and Oury 1986）。[15] 美國的醫療團隊隨後跟進，但在第三起施術案例中出現嚴重的併發症，之後他們就不再使用此方法（Berkowitz et al. 1988）。[16] 英文醫學文獻並未提及的是，在 1986 年間，日本的婦產科醫師根津八紘也執行過減胎手術，成功將四胎減成兩胎，那對雙胞胎後來也順利誕生（根津八紘 1998）。[17]

另有一批團隊開始嘗試透過腹部執行減胎手術，這種做法跟羊水穿刺術比較類似。1986 年，荷蘭的醫療團隊在《刺胳針》上刊出他們為五胞胎執行選擇性終止妊娠術的首例（Kanhai et al. 1986）。隔年，以色列的醫療團隊也發表案例，表示他們成功將五胞胎減為三胞胎。在以色列的個案中，由於醫療團隊缺乏胚胎冷凍保存技術，又涉及宗教與倫理因素爭議，為了不銷毀未經使用的胚胎，團隊最初在產婦體內植入 6 個胚胎

---

15 由於手術過程與抽吸流產手術類似，法國團隊在文章標題中是將其稱為「選擇性流產」（Dumez and Oury 1986）。
16 這個美國紐約的團隊從 1986 年開始總共發表過 15 起案例，且都以「選擇性減胎」（selective reduction）一語稱呼這個手術（Berkowitz et al. 1988）。在最初 3 個案例中，他們是採取法國的做法利用抽吸流產術，但其中有一名女性因為失血過多，最後只好終止妊娠。在此之後，團隊改採經腹部減胎的做法，利用細針向胎兒心臟注射致命的氯化鉀，多數案例都成功減至兩胎，其中約有一半女性成功產下雙胞胎。
17 根津一開始也是透過子宮頸減胎，因而引起熱議。我將在第二章進一步討論這點。

（Brandes et al. 1987）。這種透過腹部進行的減胎術，有點類似於面對嚴重遺傳疾病胎兒採取的傳統手術。醫師會利用細針從腹部穿刺進入胚胎的胸腔，再將氯化鉀（KCl）或其他物質注入胎兒心臟（Evans et al. 1988；Berkowitz et al. 1988）。日本最先採用減胎手術的根津醫師表示，當年他就是因為在醫學期刊上看到馬克・I・伊凡斯醫師（Mark I. Evans）的團隊採取腹部減胎術成功後，才從子宮頸減胎術換成腹部減胎術（根津八紘 2015）。

除了前述兩種方法，隨著陰道超音波技術發展，也有團隊選擇從陰道執行減胎手術（例如，Itskovitz et al. 1989; Shalev et al. 1989）。他們認為相較於腹部超音波，陰道超音波的探頭成像品質較好，插針進入胚胎的路徑也比較短，而且在更早期的孕期就能執行減胎手術（Timor-Tritsch et al. 1993）。對習於透過陰道取卵的 IVF 醫師來說，陰道減胎術的程序與技巧也相對類似（Shalev et al. 1989: 419; Berkowitz et al. 1996: 1267）。不過，有幾篇歐美的研究發現，醫師所選擇的方法會受到個人偏好與過往經驗影響，而且愈來愈少人選擇透過陰道執行減胎手術（Evans et al. 1994, 1996）。後續研究亦指出，陰道減胎術的失敗率較高，所以除非因為過度肥胖或腹部有疤痕無法經由腹部減胎，否則不應輕易選擇從陰道減胎（Timor-Tritsch et al.

2004）。整體而言，腹部減胎術逐漸成為最為普遍、常用的減胎方法（Malik and Sherwal 2012）。

早年的醫師意識到，減胎手術其實可以說是「第三條路」（Berkowitz et al. 1988: 1045; Evans et al. 1988: 292）。如果產前基因檢測後發現腹中胎兒有一個健康、一個異常，女性往往陷入要全部墮掉或全部保留的兩難。同樣地，當女性發現自己實際懷的是三胞胎、四胞胎、五胞胎……甚至懷上八胞胎時，往往也會陷入這種「全有全無」的困境。懷著超多胞胎意味著「極差的預後（prognosis）」（Evans et al. 1988: 291）。但對於飽受不孕所苦的女性來說，要她們選擇把胎兒全部墮掉再繼續求孕，實在是件「格外艱難、哀傷」的事（Berkowitz et al. 1988: 1405）。此外，醫師們也提及，前來接受不孕治療的女性年齡多半較大，她們也會擔心假如這次全部流掉胎兒，未來是否真的有機會再懷孕。

是「最後手段」，還是「安全網」？

面對減胎手術，醫界再次使用效益和風險模型作為評估工具。進行減胎的目的是為了要「增加健康嬰兒（們）出生的機率」（Wapner et al. 1990: 90），尤其避免多胎妊娠導致早產，

這是好處。然而,減胎也涉及好幾個不同風險層次。根據美國知名婦產科醫師馬克・I・伊凡斯和相關單位針對減胎術結果進行的研究,其中最令人關切的結果是減胎後發生的流產(Evans et al. 1994; Evans et al. 1996)。有上千起減胎案例的數據顯示,從80年代晚期到90年代初期,從減胎後到懷孕24週前的流產率,已經從16.5%,逐漸下降到11.7%;在2000年代,儘管流產風險仍然存在,但在多年的技術改良與經驗累積下,伊凡斯醫師的團隊有信心讓整體懷孕失敗率降到10%以下(Evans et al. 2004)。

此外,減胎牽涉道德風險。研究顯示,一些女性在面臨減胎與否的決定時會出現情緒困擾(Collopy 2002、2004)。有的人會感到後悔,埋怨自己當初不該讓醫師植入過多胚胎,造成多胎妊娠,即使有時那是經過屢次失敗後的最後手段。她們還沒能感受到懷孕帶來的喜悅,就得面對是否減胎的困難決定。對於相信受精卵就是「生命」的人來說,減胎的決定更是煎熬(Britt and Evans 2007a)。當減胎手術被視為墮胎,甚至扯上與墮胎權利相關的法律爭議時,減胎的道德風險也進一步增加。媒體時常報導這類道德兩難。早在1988年,《紐約時報》就以標題為〈多胞胎引發墮胎相關的新議題〉的文章報導減胎爭議(Kolata 1988)。根據《時代雜誌》報導,在《新英格蘭

醫學雜誌》（*New England Journal of Medicine*）刊出一篇收錄 12 起減胎案例的文章後，反墮胎人士群起攻之，批評「減胎的行為無異於掩蓋殺掉不想要的孩子」（Grady 1988）。當時針對減胎是否符合墮胎相關法律規範也掀起一波辯論（Brahams 1987）。儘管論者主張，減胎手術是為了保護女性的最佳利益（至少在英美是如此論述），這個爭議依然未能平息（Pinchuk 2000）。

減胎手術逐漸成為「不孕治療的重要成分」（Evans et al. 2004: 609）。從 1988 年至 1998 年間，伊凡斯醫師團隊發表了超過 3000 例個案的研究報告，顯示減胎手術相當普遍。為了掌握臨床實務狀況，有些國家開始在統計資訊中納入減胎手術的施行情況。例如歐洲人類生殖與胚胎學學會（European Society of Human Reproduction and Embryology，ESHRE，以下簡稱歐洲生殖醫學會）公布的第一份年度報告，是 1997 年的資料。當時報告就指出減胎手術作為人工生殖衍生問題的一環，很需要仔細記錄（Nydren & Andersen 2001）。不過一直要到 2000 年公布的資料，減胎的實質數據才真正出現。該年度的報告表格首度納入減胎手術的執行數量，將之與其他不良後果，如卵巢過度刺激排卵症候群（OHSS）、取卵手術所致併發症、妊娠出血、感染和產婦死亡等數據並列。在 21 個歐

洲國家中，有 8 個國家回報相關數據，並共計執行了 256 次減胎手術；有 4 個國家表示沒有相關數據，剩餘 9 個國家則宣稱完全有沒有進行減胎手術（Nyboe Andersen et al. 2004）。各國使用減胎手術的次數持續增加。根據統計，從 2000 年開始，歐洲各國每年至少進行上百起減胎手術。目前最新數據則指出，為了避免多胎妊娠，每一年歐洲 35 個國家共計進行超過 500 次減胎手術，且歐洲體外受精監測聯盟（European IVF-Monitoring, EIM）認為這個數字應該明顯低於實際狀況（Wyns et al. 2020）。

不過，有了減胎手術後，**並不表示**人工生殖導致的多胞胎孕產就會大幅減少。如前所述，減胎手術可能涉及許多複雜風險，不是每位多胞胎母親都會願意選擇這項「最後手段」。美國生殖醫學會（American Society for Reproductive Medicine, ASRM）就認為減胎手術有其侷限，並舉出三個理由解釋為什麼減胎「**無法完全消除**多胎妊娠造成的風險」（Practice Committee of SART and Practice Committee of ASRM 2004；強調處為本文所加）：第一，減胎可能會失去所有胎兒；第二，減胎可能造成心理負擔；第三，許多女性並不認為這是個可行選項。減胎並不是理想解方，IVF 造成的多胞胎懷孕仍持續存在。

有些論者主張與其說減胎是最後手段，倒不如說是醫師們

的「避難路徑」或「安全網」（Murdoch 1998）。有的醫師認為要**先**透過多胚胎植入成功懷孕，**再**透過減胎手術避免多胎懷孕。但這張「安全網」實際上並不真的可靠。減胎的出現是為了處理多胎妊娠帶來的風險，最終卻帶來其他更多風險。相形之下，另一個強調防範未然的提案逐漸出線，管制植入胚胎數目成為重要焦點。

數字治理

面對「追求懷孕成功率與增加多胞胎孕產風險兩者的緊張關係」（Katz et al.2002: S31），在植入胚胎前限制胚胎數目成為最主要的處理方法。儘管人們重視風險，但也不會輕易放棄成功率。有鑑於此，醫療團隊、醫學學會與各國政府開始提出一個理想數值，作為當地生殖中心、全國乃至國際社群的指導規範。換言之，應該在女性體內放入幾個胚胎的臨床問題，不再只是個人判斷，而是一個集體的決策結果。

醫界的數字治理以「3」為起始。早期，有些醫療團隊會自己設立原則，例如英國伯恩霍爾中心（Bourne Hall Clinic）的團隊就曾對國際同行分享，他們立下的限制是「每次週期不植入超過 3 個胚胎，除非有特殊狀況」（Henahan 1984:878；

另見 Edwards and Steptoe 1983）。有些醫學學會也根據登錄資料的施術成果，開始公布建議植入胚胎數目。例如英國最早與 IVF 施術跟研究有關的自願登錄組織，在 1987 年 5 月就對外公告 IVF 植入的胚胎不應該超過 3 個，即使有特殊的臨床原因，也只能以 4 個為上限。

有的國家則透過法律納入對胚胎植入數目的限制，數字一樣是「3」。德國是最早立法管制的國家，在 1990 年規定植入胚胎數目必須少於 3（Federal Law Gazette 1990）。英國在 1990 年通過《人類受精與胚胎研究法》（*Human Fertilisation and Embryology Act, HFE Act*），第一版實務準則也明定植入胚胎數目必須少於 3 個。日本產科婦人科學會（Japan Society of Obstetrics and Gynecology, JSOG）在 1996 年公布的多胞胎倫理守則提出，應該要謹慎使用刺激排卵藥物，而且植入胚胎數目要少於 3 個。這是東亞最早出現的限制規範，一部分原因與日本當時出現的減胎爭議有關（矢內原巧 1998），另一部分則是希望跟上國際趨勢。根據國際生殖學會總會（IFFS）在 1998 年進行的調查，當時至少已經有 9 個國家訂立法律規範，管制植入胚胎數目（Jones and Cohen 1999）。

針對特定年齡的相關指引也很快出現。研究相繼指出，女性的生理年齡會左右 IVF 的成功率，受術婦女愈年長，成功率

就愈渺茫。為了維持一定成功率，懷孕成功率較高的族群（例如年輕女性），才需要將胚胎數目限制為 2 個。1990 年，法國根據登錄資料建議 35 歲以下的女性可植入 **2 個**胚胎，39 歲以上的女性最高則可植入 **4 個**。相關數據似乎顯示，如果遵循這項建議，這兩個女性群體「將能獲得相同的最終懷孕成功率，而無須面對懷上三胞胎的風險，懷雙胞胎的風險也會下降 50%」（Cohen 1991:617）。儘管「必須避免多胎妊娠」，成功率也不容妥協（Cohen 1991: 617）。

醫學學會或政府在設定這類標準時，會利用科學證據予以支持，特別是有臨床數據為基礎的實證醫學資料庫，像是考科藍圖書館（Cochran Library）。直到 2005 年，考科藍文獻回顧（*Cochrane Review*）才出現第一篇比較雙胚胎與單胚胎植入成效的實證醫學論文（Pandian et al. 2005）。實證醫學已有成果，但這不代表全球就會出現標準一致的做法。

2 個為上限（英國）vs. 至多可 5 個（美國）

為了說明科學證據如何被用來形塑規範，以下我將比較英國與美國兩地的醫學學會制定的指引。在 1998 年，英國生殖學會（British Fertility Society, BFS）發布了胚胎植入的「最

佳實務操作建議」,指出「每次治療週期**植入的胚胎最多應為 2 個**」(強調處為本文所加)。研究人員透過英國「人類受精與胚胎研究管理局」(Human Fertilisation and Embryology Authority, HFEA)收集的國家登錄資料,發現如果女性擁有多個可植入的胚胎,並從中挑選品質良好的胚胎植入,那即使只植入 2 個,實際上也不會降低最終的活產率(Templeton and Morris 1998)。這個重要發現成為支持「選擇性雙胚胎植入」(elective double-embryo transfer, eDET)做法的強力證據。成功率不容犧牲,也確實沒有被犧牲:「只植入 2 個胚胎,不會削弱女性懷孕的機率」(Templeton and Morris 1998: 577)。真正的關鍵在於要知道「怎麼選」,才能夠選到品質優良的胚胎。這篇研究進一步強調,植入 3 個胚胎不僅無助於提高成功率,還會增加多胞胎懷孕機率。因此,他們明確建議:如果同時有 4 個以上的胚胎可供植入,從中選擇 2 個胚胎植入的成功率,不但跟植入 3 或 4 個胚胎的成功率差不多,還能有效降低多胞胎孕產的風險,這樣才是皆大歡喜的雙贏局面。

相較於英國,美國的生殖醫學會在 1998 年也公布第一份胚胎植入臨床指引,允許最多植入 5 個胚胎。美國的指引並非直接給出具體數字(例如 2 個或 3 個胚胎),而是區分受術者

的年齡與預後狀況。1998 年的準則指出,在「受術者預後高於平均」的狀況下,最高可植入的分裂期胚胎數量分別為:35 歲以下的女性至多 3 個、35 歲至 40 歲的女性至多 4 個、40 歲以上的女性至多 5 個。不管是哪一組的可植入數量其實都比英國多。2004 年,美國修訂了這份準則的內容,其中「預後高於平均」一語被調整為「預後格外良好」,像是正在進行首次 IVF 療程、過往曾經成功接受 IVF,或者擁有許多良好胚胎的女性。[18] 1998 年的美國準則也說明自己與其他國家的規範方式有所不同:

> 如果採取嚴格限制的做法……,就會無法允許個別夫妻存在的差異。每個人的臨床條件各異,諸如年齡、胚胎品質、保存冷凍機會等等,都可能會改變前述的準則(ASRM 1998)

所謂的「嚴格限制」代表兩件事情:第一,它具有法律拘束力,

---

18 根據美國 2004 年的指引,病患可以依照年齡分成四組,每組再依照不同預後狀況,區分最適的胚胎植入數目範圍如下:小於 35 歲者(建議植入 1 至 2 個胚胎);35 歲至 37 歲者(建議植入 2 至 3 個胚胎);38 歲至 40 歲者(建議植入 3 至 4 個胚胎);40 歲以上(建議不超過 5 個胚胎)。

例如有些國家法律會規定胚胎植入數目的法定上限。第二，它明確給出一個具體數字，例如 3 個。相較之下，美國的指引僅是自願性的，而且建議數字是只要預後良好，那「至多可到 5 個」。美國當年的標準無疑是世界上最寬鬆的規範。

寬鬆規範的背後是希望能「允許個別差異」。這裡的個別差異包含兩部分：其一是考量每個病患個體的殊異情況；其二則是考慮個別醫療院所的差異數據。美國在 1998 年、1999 年與 2004 年的指引中，都提及要「鼓勵個別醫療院所產生與運用自己的資料，包括病患個人特徵與植入胚胎數目」。美國從 1992 年開始就在蒐集全國資料，而這些數據一直都反映多胞胎孕產會增加母嬰健康風險。儘管如此，美國還是給予個別診所自行決定的空間。有一份評估 1998 年自願性指引影響力的研究發現，即使胚胎植入的數目略有下降，還是無法消弭多胞胎孕產的問題（Stern et al. 2007）。而美國生殖醫學會 2006 年的指引更進一步建議，除了參考女性的年齡與預後狀況，植入胚胎的最高數目也應該依照分裂期胚胎與囊胚胚胎的不同，而採用不同做法。儘管如此，美國生殖醫學會依然維持 40 歲以上女性最多可植入 5 個胚胎的上限。很快問題就浮現了，如果統計 2006 年指引之後的 IVF 雙胞胎與三胞胎，有超過九成的胚胎植入數目其實都符合指引（Kissin et al. 2015）。這顯示美國

生殖醫學會發布的寬鬆指引實際上並沒有發揮功效,解決他們想處理的問題。

為什麼各國管制胚胎植入的方式如此不同?社會人文研究已經指出,標準化(standardization)是個相當複雜的社會行為(Clarke and Fujimura 1992; Timmermans and Berg 2003; Timmermans and Epstein 2010)。施行多年的實證醫學主張要「善意、明確、明智地運用當前最佳證據,為個別病人做出照護決策」(Sackett et al. 1996: 71),但即使存在堅實的科學證據,不代表全球標準一致的胚胎植入數目規範就會出現。

生殖醫學界也十分了解這種現象。一些生殖醫學界專家就曾指出,1998 年英國與美國指引之間的差異「似乎並非出於科學事實,而是反映不同國家間相異的文化與政治環境」(Murdoch 1998: 2669)。也有美國醫界提到,要解決多胞胎孕產的問題「同時需要考量到社會經濟面,因為正是這些壓力,促使病人與醫師選擇植入更多胚胎」(Stern et al. 2007: 282)。醫界深知社會、文化和政治因素影響極大。我將在第二章進一步討論,各國為何制訂出截然不同的指引。即便胚胎數目的規範以「3」為起始,但不僅沒有止步於「2」,還持續邁向「1」,也就是單胚胎植入。

小結：預想風險，但不能犧牲成功率

　　本章分析聚焦於「多胚胎植入」在 IVF 預想歷史中的角色。在技術發展早期，人們對科技突破的預想就是能讓試管嬰兒成功問世。遵循女性的「自然週期」搭配單胚胎植入的做法，成功克服始終未能懷孕的問題。隨著媒體大幅報導，對於試管嬰兒技術的預想也從科學界擴散到民間。試管嬰兒不再只是令人驚嘆的科學發現，而是解決不孕困擾的治療方法。新的期望變成要持續提高成功率。很快地，IVF 專家發現多胚胎植入是提升成功率的絕佳秘方，卻也會讓多胞胎孕產的發生率急劇上升。這不僅大幅提升母嬰健康風險，還導致一些災難性後果。對此醫界研發出減胎手術，希望利用這種新興醫療介入手段，來管理多胞胎孕產的風險，然而，減胎手術進一步帶來額外的生理、心理與道德風險。面對批評聲浪，醫學會與政府轉而發展另一種預想目標──在不降低 IVF 成功率的情況下，同時降低多胞胎懷孕的風險。限制胚胎植入數目成為新一波預想治理的努力方向。表 1.1 摘要了 IVF 預想構框的變化歷程，以及各個階段對應到的預想工具。

表 1.1：界定 IVF 的多重預想

預想面向	主要界定行動者	實踐預想的典型工具
成功事件	先驅科學家；媒體	女性的自然週期
成功率	人工生殖診所；不孕夫婦	多胚胎植入
多胞胎懷孕風險	公衛專家；女性主義者；小兒科醫師	減胎；減少胚胎植入數目
不犧牲成功率，同時降低風險	反思醫學社群；政府	胚胎植入數目指引

如果「預想」的方向同時有兩種——成功與失敗，希望與風險，那將有助於我們看見行動者究竟採取哪種預想構框，以及為何選擇特定的工具實踐在乎的未來。如表 1.1 所示，不同行動者對 IVF 預想著重的面向各有不同。女性主義健康運動重視婦女的健康風險，市場激烈競爭的試管嬰兒醫療團隊則更重視人工生殖的活產率有多高。另一些醫學會積極主動管制同儕，制定指引限制胚胎植入數目以減少風險；但也有些醫療社群採取自由放任立場，致使大家仍以追求成功率為優先，降低風險為後。一些政府決定立法加以管制，一些則選擇坐視不管。綜合而言，分析預想的發展軌跡有助於我們看見特定社會的面貌。例如，為什麼北歐國家早自 2000 年代初期，就已採取選擇性單胚胎植入（eSET）的政策，但美國生殖醫學學會在其 2004 年的指引中，卻還是允許 40 歲以上婦女植入 5 個胚胎

（Practice Committee of SART and Practice Committee of ASRM 2004）。

在下一章中，我將進一步討論 eSET 在 IVF 領域如何出現，又遭遇到哪些阻力。一些歐洲國家採行的雙胚胎植入標準做法，雖然確實能降低三胞胎孕產，卻無助於降低雙胞胎孕產的出現。這讓許多核心行動者轉而推行 eSET 作為降低多胎妊娠風險的方法。然而，大家在乎的成功率會不會有所改變？面對這種新的預想，有哪些新的工具可以使用？

第二章

選擇性單一胚胎植入：

預想新成功、重塑 IVF 網絡

「誰害怕單一胚胎植入？」1998 年，兩位比利時醫師在歐洲人類生殖和胚胎學學會（ESHRE）官方期刊《人類繁殖》（*Human Reproduction*）的意見論壇中，拋出這個問題（Coetsier and Dhont 1998）。單一胚胎植入（SET）聽起來相當直觀：僅植入 1 個胚胎，理所當然只會帶來單胞胎孕產。這樣就能減少甚至消除 IVF 帶來的多胞胎孕產問題。所以，誰在害怕？

　　如第一章所述，IVF 的數字治理政策是從「3」開始。在 1980 年代末，人們建議不要植入 3 個以上的胚胎，接著才變成以「2」為標準，改採所謂的「雙胚胎植入」，以減少三胞胎或四胞胎孕產的機率。但到了 1990 年代末期，一些政策制定者與醫療社群發現改採「2」還是不夠。雙胚胎植入確實讓三胞胎比例下降，但雙胞胎孕產依然頻繁，甚至有所增長。由於技術逐步精進、懷孕率也提升，產下雙胞胎的比例愈來愈高。歐洲數據就顯示，在 1988 年共計有超過 3 萬名婦女是透過 IVF 與 ICSI 生產小孩，其中 26.3% 生了多胞胎，包含 23.9% 的雙胞胎、2.3% 的三胞胎與 0.1% 的四胞胎（Nygren et al.2001）。如果計算有多少比例的試管嬰兒來自多胞胎，那部分的國際數據更顯示這數字高達 50%（ESHRE Task Force on Ethics and Law 2003）。原本以「奇蹟」著稱的試管嬰兒如今幾乎等同於「多胞胎」。我們是否能以單一胚胎植入做為解方？

單一胚胎植入有幾種不同形式。世界上第一名試管嬰兒露易絲·布朗（詳參第一章）使用的自然週期法，就是一種單一胚胎移植。如果不使用排卵藥物，女性每個月通常只會產生一顆卵子，因此實驗室最多只能培養出 1 個胚胎。即使服用排卵藥物，有時依然可能只有 1 個胚胎可供移植，這一般被稱為「被迫性單一胚胎植入」（compulsory SET，或簡稱為 cSET；Gerris et al. 2009: 56–57）。被迫性單一胚胎植入的成因，往往與刺激排卵、取卵或形成受精卵的的結果不佳有關，因此只有培養出 1 個胚胎，是醫師與求診者都不樂見的狀況。而 1990 年代末開始 IVF 專家提倡的最佳風險預防做法，既不是自然週期，也不是 cSET，而是「選擇性單一胚胎植入」（eSET）。根據美國人工生殖技術協會（SART）的定義，eSET 是指「擁有多個品質良好胚胎可供移植，但決定只植入 1 個胚胎」的措施（Practice Committee of ASRM and the Practice Committee of SART, 2013），團隊可以從多個候選胚胎中挑選出一個狀況最好的植入。

　　究竟誰在害怕單一胚胎植入？1998 年時，兩名比利時醫師如此探問，反映當時人們仍有擔憂：

> 我們……應該考慮個人化的胚胎植入政策：對於存在多

胞胎風險的患者，就採取選擇性單一胚胎植入；對於預後較差的患者，則採取更寬鬆的態度。這種做法是否真能**顯著降低多胎妊娠的機率，同時不會大幅削弱整體成功率？我們是否能預測這種策略對 IVF 成效的影響，無論是整體懷孕率或多胎妊娠率？**（Coetsier and Dhont 1998: 2663；強調處為本文所加）

新的預想型態出現了。理想的未來不僅要能實現孕產，還要能避免多胞胎風險。醫界會提倡選擇性單一胚胎植入，明顯是為了降低多胞胎的風險，但主要也會擔憂這樣做可能危及「成功率」。延續第一章分析，風險與成功之間的難題並未消失。在當時的 IVF 領域中，明明手邊有多個可用胚胎，卻只植入 1 個的做法，可說是「前所未有」的實驗性嘗試。事實上，在 1998 年，歐洲只有 10% 的 IVF 治療週期是單胚胎移植（Nygren, Nyboe Andersen, and EIM 2001），而且多數都是不得已的 cSET（被迫如此），而非真正理想的 eSET（自行選擇）。

本章將聚焦於選擇性單一胚胎植入的預想實作內涵。為了落實這項新方法，各方如何行動？選擇性單一胚胎植入如何成為 IVF 的例行措施？誰可能是領頭羊？我將以愛黛兒・克拉克（Clarke 2016）的「預想工作」（anticipatory work）概念作為分

析架構，其中包含「希望工作」、「溯因推理」與「簡化工作」三個層次，並具體說明推動單一胚胎植入需要哪些不同的預想工作。我認為要能付諸實行，勢必得重新打造全球與在地的 IVF 網絡。誠然，國際知識社群為選擇性單一胚胎植入建立重要基礎，但各國的脈絡情境也十分重要。國家、醫學社群與公民社會三者以不同方式相互交纏引繞，要促使選擇性單一胚胎植入從實驗性方案，轉變為診間的常規措施，各國的路徑也大不相同。

新的希望工作：重新定義成功

試管嬰兒技術常被當成一種「希望科技」（Inhorn 2020），主要的「希望」是讓不孕夫妻、單身女性或同性伴侶能生出和自己有血緣關係的下一代。達成這個希望的機率則被稱作「成功率」。多胚胎植入就是 IVF 專家為了提升成功率，所進行的「希望工作」。有時多胚胎植入造成的多胞胎孕產，對人來說彷彿喜從天降；然而，一旦母嬰出現嚴重甚至致死的併發症，奇蹟也可能成為災難。由於 IVF 帶來的多胞胎風險實在太高，各方開始發展一種新的希望工作：重新定義成功。他們的理想目標不只是成功懷孕或「帶寶寶回家」，而是要能**帶一個健康的寶寶回家**。要實現 IVF 的最佳未來，勢必得先描繪

這個未來的具體內容,以及達成這項目標的方法。因此,新的希望工作包含兩部分:辨認出虛幻的希望、提倡新的理想未來。本章中,我將說明科學家、醫學社群、政策制定者如何共同刻劃出 IVF 新的未來,又如何塑造選擇性單一胚胎,這是實踐新未來的關鍵做法。

辨認虛假希望

要挑戰主流對「成功」的定義,第一步就是要辨認虛假希望。正如第一章所示,在評估 IVF 成效時,成功率是最主要的指標。在 IVF 發展之初,成功率是化學和臨床的懷孕率。這代表只要懷孕檢測為陽性,或超音波有照出胎兒的心跳都算成功,即使後來很可能流產或死產。有一句關於手術的古老俗諺是這樣說的:「手術相當成功。只可惜,病人死了。」比利時學者吉多・彭寧斯(Guido Pennings)(Pennings 2000:2466)將其稍加改寫,以彰顯 IVF 這種極其弔詭的「成功」觀點:「手術相當成功。只可惜,孩子有重大缺陷,而母親得了憂鬱症。」成功的定義顯然需要加以調整。

我們不難想像如果臨床醫學界偏好呈現 IVF 的懷孕率,因為這數值遠比活產率來得高,那很容易創造出虛幻的希望。

國際監督人工協助生殖科技員會（ICMART）就發現，在技術發展早期，「無論國內、外的報告都很關心**成效的指標**，但不太在意技術的近用性與**安全性**議題」（Adamson et al. 2001a: 1284；強調處為本文所加）。報告中呈現（或不呈現）的指標，反映出整個監督系統的核心價值：我們應該關心什麼事？是成功（成效），還是風險（安全）？而要辨認出「虛幻希望」的典型做法，就是呈現與「成功」率同時出現的「不良後果」。

英國的獨立監管組織「人類受孕與胚胎發育管理局」（HFEA）從 1991 年開始製作年度報告，報告的第一個表格就是 IVF、ICSI、捐精的活產率和多胞胎率。以 1998 年為例，表格內的多胞胎率（約 27％）與活產率（約 15％）左右並陳，明確彰顯出科技帶來的弊（多胞胎）與利（活產）。此外，年報也呈現出植入胚胎數目（包含 1 個、2 個與 3 個以上）的活產率、多胞胎率、死產率、新生兒死亡率。雖然移植胚胎數目愈多，活產率就愈高，但其他的不良後果也隨之增加。這種將成功事件（活產）與悲劇事件（死產與併發症案例）並陳的做法，很能讓讀者有所警覺。英國監管機構這種呈現資料的方式，讓過往文獻確立的事實變得一目暸然：「成功所付出的**代價**，是多胎妊娠的發生率上升，以及伴隨而來的諸多妊娠、新生兒、小兒科併發症」（Stern et al. 2007: 275；強調處為本文所加）。

國際醫療組織常把「安全性」當作是希望的重要成分。他們會呈現各國的多胞胎率，以對比虛假希望的程度。自 1997 年開始，統整歐洲各國資料的歐洲生殖醫學會就會並陳懷孕率／生產率與多胞胎生產率（Nygren and Nyboe Andersen 2001）。數據顯示，歐洲整體的多胞胎生產率是 29.6%，低於美國和加拿大的 37%；報告中還強調，瑞典、丹麥已將三胞胎率降至 0.4%，英國仍為 3.3%，而西班牙為 11.9%。另一國際組織國際監督人工生殖委員會在報告全球趨勢時，也會納入安全性的相關數據。在國際人工協助生殖技術數據工作小組（International Working Group for Registers on Assisted Reproduction，IWGRAR；為 ICMART 的前身）所發布的首份全球報告中，台灣 IVF 的植入胚胎數目平均超過 4 顆，高居世界之冠，其次則是美國與南韓（Adamson et al. 2001b）。在呈現 2000 年全球數據時，這個國際組織也很快意識到多胞胎孕產在美國、中東與拉丁美洲可能帶來的嚴重後果。在這些地區，單胞胎孕產已經成為少數，「在拉丁美洲的〔IVF〕新生兒中，只有 48.7% 為單胞胎，中東地區更是只有 44.1%」（Adamson et al. 2006: 1606）。目前仍有部分國家會一次植入超過 4 個胚胎。國際監督人工生殖委員會的年報屢屢呈現，台灣和南韓持續在胚胎植入數目與多胞胎孕產率上居高不下，而日本的數值一直是東亞最低（Dyer et al. 2016）。

報告 IVF 新生兒的健康結果更能凸顯此項技術潛藏的虛假希望。雖然歐洲生殖醫學會一直都有呈現死胎和流產的相關數據，但卻未納入活產率與早產的詳細數據。要取得這些後續追蹤數據，有賴更強大的監管系統。少數國家在開始施行人工生殖登錄資料之初，就有把「低出生體重」的項目納入，台灣就是其中一員（Wu et al. 2020）。根據台灣政府登錄資料發布的第一份報告，這些低出生體重嬰兒中有極高比例為早產兒，而三胞胎尤其嚴重。年報中雖然有收錄這個關於低出生體重的警訊，但政府在官方報告中並未明白點出這是嚴重的健康問題，因此也沒採取什麼具體行動。接下來我將說明應該如何解讀這些與希望工作有關的數據，以及如何透過這些些數據來促進、改變 IVF 的實務運作。

再現真正的希望：「帶一個健康的寶寶回家」

面對 IVF 如何帶來健康寶寶的問題，醫界不只戳破希望的虛假圖像，也努力呈現希望的真實面貌。2001 年，為了解決 IVF 併發症的問題，歐洲生殖醫學會組成一個特別小組，列出十個理由，解釋何以 IVF 多胞胎問題迄今無法解決（ESHRE

Campus Course Report 2001）；以下這兩點尤其跟「成功」的定義與呈現方式有關：

1. 有關 IVF 的成功，太常只以每次週期懷孕數來評估，而非產下健康新生兒的數量。
2. 期刊編輯並未強制要求投稿人在呈現施術成果時，以單胞胎懷孕以及健康新生兒為指標。（ESHERE Campus Course Report 2001: 791）

這兩點理由對傳統的成功率算法提出挑戰，認為傳統算法無法準確反映人們真正的希望，也就是帶一個健康的寶寶回家。同時，這兩點也提出一種衡量成功的新指標：健康單胞胎。歐洲生殖醫學會時任主席約翰內斯・L・H・艾佛斯（Johannes L. H. Evers）在《刺胳針》發表文章，在回顧完 IVF 的效益與風險後，他指出：「所有衡量人工生殖結果的最佳結果變項……不是懷孕率，而是每週期的單胞胎活產率」（Evers 2002: 158）。幾個人工生殖領域的主要期刊也同意，臨床研究在報告成功率時使用的術語應予以統一（Barlow 2004）。有學者還在 142 份 IVF 隨機分派控制的臨床實驗論文中，發現成功率總共有超過 800 種分子分母的組合（Wilkinson et al. 2016）。指標這麼繁多，

到底要用哪一種？

　　學界與醫界提出最適合衡量人工生殖品質的指標。若以「帶健康寶寶回家」為目標，或許應該改用「單胞胎分娩」（Adamson et al. 2001a）或「單胞胎、正常出生體重、活產的分娩率」（Min et al. 2004）來計算成功率與技術成效。然而，由於診療過程的分工精細，人工生殖專家負責讓女性懷孕，產科醫師負責孕產照護，兒科醫師則負責照料出生後的試管嬰兒，要收集這些數據並不容易。在此分工下，人工生殖專家未必會完整知道後續孕產結果，因此受術女性未必會在人工生殖中心生產。要追蹤後續結果因此得另費一番功夫。歐洲生殖醫學會的報告（ESHRE Campus Course 2001）也指出，人工生殖專家多半只看懷孕率，不太關心多胚胎移植導致的不良結果，因此更難認為自己需要為此負責。總而言之，要計算活產率，有賴強制執行通報系統。各國政府在建立登錄資料系統時，也應該要把「活產率」與「單胞胎分娩率」列為評估成功率的例行計算指標。

　　在眾多新興的希望工作中，最具挑戰性的就是要優先使用「帶健康寶寶回家」作為施術結果指標。要做到這點不僅得考量活產，還得考量新生兒的健康狀況。為此，不少新創的術語相繼浮現。墨爾本蒙納許大學的試管嬰兒中心提出一套稱

為 BESST（Birth Emphasizing a Successful Singleton at Term）的標準，以「每週期的單胎、足月、活產率」作為指標（Min et al. 2004）；在這種算法中，分子是數個和「健康寶寶」有關的數值，分母則是從療程開始算起，而非從胚胎移植開始計算，因此更能忠實呈現受術父母經歷的整段療程。蒙納許團隊接著在報告中，利用 BESST 的方法呈現團隊的臨床結果──這可說是第一份以「健康寶寶」這項新希望作為價值判斷基準的報告。如果將計算出的成功率由高至低排列，分別為：臨床妊娠（24.8%）、可存活妊娠（19.6%）、活產（17.0%）、單胎活產（12.4%）和足月活產（11.1%）。這些數值代表在蒙納許試管嬰兒中心中的受術父母，每次週期開始會有 11.1% 的機率能產下一名單胎、足月、活產的嬰兒（Min et al. 2004: 7）。儘管 11.1% 遠遠低於傳統的成功率，但蒙納許團隊認為：「這才是不孕伴侶希望知道的資訊」（Min et al. 2004: 6）。美國可能是世界上唯一將成功率明文入法的國家。1992 年，美國國會通過《人工生殖診所成功率和認證法》（*Fertility Clinic Success Rate and Certification Act*, FCSRC），該法規定，疾病管制局（Centers for Disease Control and Prevention, CDC）與人工協助生殖科技學會（Society for Artificial Reproductive Technology, SART）要求所有人工生殖機構每年通報施術相關資料，並且每年公布個別

醫療機構的施術結果。2013年，年報中出現一個新的成功率指標：「足月、正常體重、單胞胎活產」比例（term, normal weight & singleton live births），特別凸顯出生並未早於37週（足月）、體重至少達2500克（正常體重）的單胞胎活產狀況。雖然這項指標並未如蒙納許團隊所建議以治療週期為分母，而是以胚胎植入為分母，但其計算結果已低於傳統使用的「單胎活產率」、「活產率」和「懷孕率」。以2013年發布的ART年報為例，如果是新鮮非捐贈卵子、年齡介於35歲至37歲的女性，她們能把一名健康單胞胎寶寶帶回家的機率是19.6%，不僅低於活產率（31.6%），其機率甚至不及懷孕率（38%）的一半（CDC et al.2015）。雖然醫師可能不會想呈現那麼慘淡的成功率，但美國透過強制規範要求以符合求診者真正期待的方式呈現數據。

要讓不良健康後果與新興指標得以被納入國家登錄制系統中並非易事。不同利害關係群體（醫師、諮詢員、立法者、求診者）重視的指標各有不同（Dancet et al. 2013; Thompson 2016），要建立更好的指標常常也涉及複雜的基礎設施變革。基於種種原因，女性接受手術與實際生產的機構可能不同，要追蹤嬰兒的健康結果也變得困難。要判斷單胚胎植入的成效是否真的比較好，就必須取得個別患者的整體資料（以治療週期

為基準），不能只有各機構自己的整合性資料。如果要改採「以照護為重」思維的數據報告方式，必須改革資訊技術、推動監管規範，有時可能還得進行動員、建立共識（Wu et al.2020）。各機構如何對外呈現成功率、會不會以誇大數據來宣傳也是一大問題。對此，澳洲與英國還製作指引，規範各機構在網站與社群媒體上如實呈現成功率的相關數據。[1]

溯因推理：檢測 eSET

人們要如何達成現在的新寄望——「帶一個健康寶寶回家」？這需要愛黛兒‧克拉克提出的第二種預想工作「溯因推理」（abduction work）。根據愛黛兒‧克拉克（Clarke 2016: 90-91）定義，溯因推理是指「反覆穿梭於收集實證資料與相關的新興理論之間，以產生新的概念，並為其賦予未來的實用性。」為了找出能達成「健康單胞胎」這個新希望的可行方法，科學界在 1990 年代末展開嘗試。2005 年，一篇發表在考科藍

---

[1] 2017 年，澳洲生殖科技認證委員會（Reproductive Technology Accreditation Committee of Australia）發布一份名為「公開資訊、宣傳、廣告」的指引，詳細說明應如何在網站與社群媒體上適切呈現成功率。儘管這份指引建議各院所應該根據「每次開始週期」計算成功率，但參與調查的 30 間機構並沒有完全遵守（Goodman et al. 2020）。

文獻回顧上的文章給出了答案。

這群作者建議，在 IVF 和 ICSI 的胚胎植入階段，關鍵原則是找到適當平衡：「雖然減少多胎妊娠的最好方法，就是限制植入胚胎的數量，但這種做法必須和降低 IVF 整體懷孕率的風險兩相權衡」（Pandian et al. 2005）。我們已經反覆看到這種模式：成功率是不容妥協的。要評估選擇性單一胚胎植入是否可行，就是要看它是否符合這項原則。這篇文章回顧來自比利時、芬蘭、荷蘭、瑞典的四個研究，比較單胚胎植入與雙胚胎植入的結果。在方法上，這四份研究都是隨機控制試驗，屬於品質最好的證據類型。作者群提出的結論是：「單胚胎植入（先新鮮胚胎、後冷凍胚胎）的做法，**既能降低多胎妊娠的風險，也能讓活產率維持相當於**植入兩個新鮮胚胎的水準（Pandian et al. 2005: 2682；強調處為本文所加）。在這裡，成功（活產率）與風險（多胎妊娠）兩者受到同等看重。作者根據實證醫學，建議若執行兩次單胚胎植入，不僅能達到與執行一次雙胚胎植入相同的活產率，還能顯著降低多胎妊娠發生率。一加一等於二，風險還可以降低。

這篇考科藍文獻回顧為 IVF 臨床界指點了一條全新的行動路徑。研究者為了檢測選擇性單一胚胎植入而收集的數據，帶來一種「面向未來的預想機率，促使人當下就採取行動」

（Adams et al. 2009: 255）。當然，一篇文獻回顧不可能全面翻轉整個人工生殖世界的運作。如同作者指出，如果真的要讓研究發揮效用，還必須確認哪些族群的雙胞胎懷孕機率比較高（例如年齡不到 35 歲、擁有良好胚胎可供未來使用）。此外，作者也坦承此結論僅限於臨床效用，成本效益與可接受度尚待評估（Pandian et al. 2005: 2686）。

為了持續提升選擇性單一胚胎植入的可行性，各界的溯因推理繼續進行，其中一項創新是「累積成功率」（cumulative success rate）。正如考科藍文獻回顧所述，兩次優質的「1」，成功率等同於一次的「2」。過往醫界都是計算「單次週期」的成功率，這種算法**無法反映**單胚胎植入的整體效用。「累積活產率」就可以把兩次、三次或更多次植入週期一起算入。在計算新興成功率時，分母就是整個取卵週期。[2] 考科藍那篇研究的算法，是累計兩次 eSET（一次植入新鮮胚胎，一次植入冷凍胚胎）的結果，無論是第一次就成功或第二次才成功，都算

2　舉例來說，手術可能一次取得 10 顆卵子，並培養出 8 個可用胚胎。醫師從中選擇狀況「最好」的新鮮胚胎進行植入，其餘冷凍保存。如果第一次植入並未成功，才選擇可用的冷凍胚胎進行下一次植入。無論是在前兩次就成功孕產，還是透過剩下 8 個胚胎成功孕產，都會被視為成功。若該名女性是在第三次植入時懷孕，計算時為成功（1/1），成功率100%；若依照傳統算法，前兩次週期的植入會被列為失敗二次、成功一次（1/3），成功率 33%。。

是成功。這個結果跟一次植入 2 個胚胎的活產率相比，數值差距不高，甚至更高。由於冷凍保存技術發展成熟，通常臨床上會先選出品質最好的新鮮胚胎植入，剩下的胚胎（或卵子）才冷凍保存，以供未來所需。這種做法可以減少額外執行侵入性取卵手術，降低女性的健康風險。

選擇性單一胚胎植入的關鍵，在於要選出「最佳」胚胎，但何謂最佳？選出良胚的問題不僅開啟一股新興的研究潮流，同時也把焦點從「權衡成功與風險」轉到「追求最佳品質」身上。溯因推理的工作持續推展。IVF 專家社群一直推敲何以無法有效判斷胚胎的品質良莠。早年歐洲生殖醫學會針對人工生殖所致的多胞胎孕產問題，曾列出下列三大技術限制（ESHRE Campus Course Report 2001: 790–91）：

1. IVF 成效不彰，致使多胚胎植入成為必要。
2. 無法精準預測胚胎的存活率與著床潛力。
3. 冷凍保存措施效果不佳。

單胚胎植入要成為可行方案，IVF 領域勢必得發展許多新技術，包括要如何判斷哪些族群的預後最佳、適合執行單胚胎植入；精進實驗室操作技術，判斷要第 3 天植入胚胎，還是要等到囊

胚階段（第 5 或第 6 天）再行植入；要改良冷凍保存的技術，以確保在後續植入週期使用冷凍胚胎的安全性（亦可參 Gerris et al. 2009）。

科技日新月異，技術性的討論與檢驗也趨於細緻。有團隊開始運用縮時攝影的方式記錄胚胎的培育歷程，試圖用更精準的視覺資訊協助團隊選擇或淘汰植入胚胎（Herrero and Mesequer 2013）。亦有團隊引入人工智慧（artificial intelligence, AI）技術，以消弭不同研究者觀察胚胎時的個別差異（例如可見 Bormann et al. 2020）。大概自 2000 年代中期開始，選擇胚胎時也開始應用「胚胎植入前非整倍體染色體檢測」（preimplantation genetic testing for aneuploidy, PGT-A），以檢測胚胎染色體是否出現異常，這可能是最常辯論的新科技。非整倍體（aneuploidy）是最常見的染色體異常，同時也是造成移植失敗與 IVF 流產的主要原因。因此，IVF 團隊就能運用 PGT-A 的結果，選擇或排除特定胚胎，避免胚胎植入失敗或流產的機率，進而提升單胚胎植入的成效（Lee et al. 2015）。但也有論者持反對意見。例如，由於 PGT-A 檢測具有一定錯誤率，可能會錯誤排除良好的胚胎。根據國際生殖學會聯合會的最新調查，已有超過八成的國家允許使用 PGT-A（Horton et al. 2022），但如同英國管制機構 HFEA 所顯示，管制單位對於以

PGT-A 增加成功率給予紅燈（主要因為那會減損胚胎），但對降低流產率則給予綠燈（表示已有一定科學證據支持）。[3] 國際生殖學會聯合會和美國生殖醫學會都曾發表聲明，呼籲 PGT-A 的效用並無共識，尚需更多研究與檢驗，也不推薦把 PGT-A 當作是例行性使用的措施（IFFS 2019; Practice Committee of ASRM and Practice Committee of SART 2024；關於這些 IVF「附加技術」與其建立醫學實證基礎的困難，詳見 Perrotta and Geampana 2021）。目前溯因推理的工作仍繼續發展。

簡化工作：制定 SET 指引

要達到帶健康寶寶回家的目標，就有必要透過制訂選擇性單一胚胎植入的指引，進行簡化工作。愛黛兒・克拉克（2016：96）就指出：「簡化工作是不可或缺的，因為資訊過多的狀況愈來愈常見──資訊太多、數據量太大，有時連情緒也太過強烈。」無論是挑選胚胎還是挑選病患，其中往往涉及許多複雜狀況。為了有效落實減少多胞胎風險的政策，有些醫學會與國家性、區域性的監管單位會提供自願或強制性指引，控制 IVF

---

[3] https://www.hfea.gov.uk/treatments/treatment-add-ons/pre-implantation-genetic-testing-for-aneuploidy-pgt-a/（上次檢索日期：2025 年 3 月 15 日）。

療程中植入的胚胎數目。儘管各國指引內容各異，但多半以只植入 1 個胚胎為基調。

瑞典是世界上第一個提出單一胚胎植入指引的國家。瑞典的第一個試管嬰兒在 1982 年誕生，隨即該國就建立完整登錄制與資料，以監控助孕科技的施行情況，包括多胞胎孕產造成的不良健康後果。從 1990 年代以降，瑞典早已開始提倡雙胚胎植入的做法。1999 年，《刺胳針》一篇重要研究指出，施行試管嬰兒之後，多胞胎孕產、先天性畸形、低出生體重與高風險新生兒的數量都急遽增加（Bergh et al. 1999），瑞典醫界也很快回應，提出 eSET——亦即選擇最好的 1 個胚胎植入——才是降低這些風險的有效策略（Hazekamp et al. 2000）。2001 年時，瑞典有高達 81.6% 的 IVF 週期都是植入 2 個胚胎，為歐洲國家之冠（Nyboe Andersen et al. 2005）。儘管如此，瑞典雙胞胎率還是很高，例如在 2001 年時，瑞典全國依然有 23.3％ 的雙胞胎率。2002 年，南瑞典健康照護區（South Swedish Health Care Region）要求除非有例外狀況非使用雙胚胎植入不可，否則轄下所有公立醫院都必須採行單一胚胎植入（Saldeen and Sundstrom 2005）。瑞典將 IVF 列為公共醫療保健服務項目，風險預防與成本管理很容易成為重要考量。瑞典的監管機構是地區性的，相關改革也是由地方而生；不過這個地方性政策很

快就獲得國家跟進。2003 年，瑞典的主掌政府機關國家健康與福利委員會（National Board of Health and Welfare）宣布，除非評估懷雙胞胎的風險很低，否則所有獲公費補助的 IVF 療程必須一律採行單一胚胎植入。

瑞典的政策改革方向非常明確，就是要降低新生兒的健康風險，以及相關照護所耗費的成本（Bhalotra et al. 2019）。瑞典國內已有研究顯示，如果胚胎發展到囊胚期，單一胚胎植入的整體成功率並不亞於雙胚胎植入。此外，其他北歐國家的部分研究，也相繼證實了單一胚胎植入的可行性（Thurin et al. 2004）。這項溯因推理的工作持續進行。而瑞典經過評估，發現強制推行單一胚胎入的政策成效相當卓越。在推行一年後，全國的單胚胎植入率從 25% 上升到 73%，多胎妊娠比例從 23% 下降至 6%，而且臨床懷孕率並未改變（Saldeen and Sundstrom 2005）。換言之，風險確實下降了，但成功率維持不變。瑞典負責評估的團隊因此主張，單一胚胎植入政策是「解決 IVF 所致多胎妊娠問題的最合理方案」（Saldeen and Sundstrom 2005: 7）。

雖然瑞典的改革經驗在 IVF 國際社群廣為流傳，但這個經驗卻沒有輕易傳入其他國家。2007 年，國際生殖學會聯合會就發布報告，討論世界各國「對於 eSET 的抗拒」（Jones et al.

2007: S19）。根據他們調查，在針對胚胎植入數目立法或建立指引的 26 個國家中，大多數國家還是以 3 個胚胎為植入上限，少數國家為 2，全世界只有瑞典和比利時兩個國家，把「1」這個神奇數字列為法規要求。其中，芬蘭宣稱雖然沒有任何立法規範或指引，但是單一胚胎植入在芬蘭已是常態；有些國家（例如澳洲、美國）則只在特定情境下（例如受術者為年輕女性、胚胎品質極佳），才建議單胚胎植入。撰寫這份報告書的霍華德・瓊斯（Howard Jones）與珍・柯恩（Jean Cohen）表示，這次調查「最令人訝異的，就是發現各國法律與指引的差異竟如此之大」（Jones et al. 2007: S5）。就胚胎植入數目的管制來說確實如此。

目前為止我們提到的預想工作，無論是重新定義成功率的希望工作，還是不斷試驗各種臨床技巧的溯因推理，幾乎都是透過科學期刊發表、國際醫學學會建議、臨床醫學證據等方式在世界各地流通。然而，簡化工作（例如公布僅能植入 1 顆胚胎的指引作為）在不同國家的運作狀況卻差異甚大。要充分掌握單一胚胎植入如何落實，就必須要把注意力放在各國的脈絡上。不過，我們應該觀察哪些脈絡呢？

承諾資本與成本再分配

　　為什麼有些國家強力要求採行選擇性的單一胚胎植入，有些國家卻毫無作為？IVF 學界已經點出許多可能理由（Jones et al. 2007: S19–S22; Adamson 2009; Maheshwari et al. 2011; Ezugwu and Van der Burg 2015; Adamson and Norman 2020, Shoham 2025）。有人指出，畢竟實驗室在挑選胚胎與冷凍保存的技術參差不齊，要能達到一定數值的懷孕率才可能嘗試 eSET，特別是在競爭激烈的情況。也有人主張，民眾其實偏好雙胞胎以及三胞胎，因為那更有效率，因此對 eSET 的態度比較保留等等。然而，在眾多因素中，財務議題往往最為關鍵。

　　IVF 的財務型態與組織方式，會形塑出不同的預想面向。第一章中，我曾指出，同行動者界定的預想面向會有所不同——女性主義陣營重視 IVF 涉及的風險，先驅科學家則關切成功活產的機率。提倡 eSET 來降低風險的前提是不能減損成功率。公共醫療部門對於預知風險的需求往往最為強烈，因為多胞胎孕產會直接危及母嬰健康，醫療照護的費用也會大幅增加。因此只要 IVF 被納入國家健保，或是列為公共醫療服務的項目，衛生福利部門一觀察到多胎孕產比率增高，就會積極回應。

早年有研究者主張，eSET 政策只可能在歐洲付諸實現，因為歐洲有部分國家針對 IVF 提供公費補助（Pandian et al. 2005）。以英國為例，部分的 IVF 療程與大多數的新生兒照護服務，會獲得國民保健署（NHS）的公費補助。由於 IVF 讓多胞胎寶寶數量暴增，國民保健署在新生兒照護的財政負擔大幅增加。在 2007 年，英國的 IVF 監管機構 HFEA 便喊出「一次一個」的口號，開始推行 eSET 政策。2009 年時，當年的多胞胎率高達 26.6%，一次一個的指引更一度成為申請證照許可時的必備條件。但後來基於 eSET 可能降低成功率、增加患者情緒負擔等理由，這項規定又被拿掉。[4] HFEA 和醫學學會仍繼續推廣「一次一個」的做法，並持續產出許多臨床醫學證據，從胚胎篩選、患者篩選、數據報告與公眾溝通等各種面向多管齊下，以促成 eSET 的實踐目標——將多胞胎率降低到 10% 以下（Harbottle et al. 2015）。到了 2018 年，經過十年努力，英國的多胞胎率在不同年齡的組別首度全數降至 10% 以下（HFEA 2020）。

4　關於 eSET 在英國激起的辯論，可參考 Rajah（2009），以後英國人類受孕與胚胎發育管理局（HFEA）網頁上的說明：'One at a Time' Campaign," Centre for Public Impact, 7 January 2019。https://www.centreforpublicimpact.org/case-study/uk-human- fertilisation-embryology-authoritys-one-time-campaign.（上次檢索日期：2021 年 2 月 17 日）。

在其他國家，IVF 大多屬於私人醫療市場的範疇，**並未被**整合進公共醫療系統，或者**並未**獲得全民健康保險給付。如果要推動 eSET，往往就有賴於公費補助計畫配合。同前所述，基於財務考量，受術夫妻往往希望能速成，臨床醫師因此除了追求高成功率，也時常運用多胚胎植入的策略吸引客戶。人工生殖產業競爭激烈，再加上 IVF 使用者面臨情緒波瀾與財務負擔，透過多胚胎植入以求提高成功率的做法，聽起來再合理不過。有學者就認為，這種 IVF 市場的預想形同遵循一種「資本邏輯」（Adams et al. 2009: 260）——只要願意投資展開治療，IVF 就會承諾帶來新的家庭與孩子（們）。凱瑞絲・湯普森（Thompson 2005: 258）指出，當人們寄望於「某個未來會持續開展的事物」，像生殖醫學業界提供的這種「承諾性資本」（promissory capital）就會浮現。為了降低這筆投資的冒險性質，呈現過往的成功率有多高，就成為一項非常重要的擔保手段。如果 eSET 會降低成功率，或者會需要更多次的療程才能成功，那承諾的力道就會打折扣。值得注意的是，IVF 所賦予的寄望與其他承諾性生物經濟（bioeconomy）有別。舉例來說，雖然臍帶血銀行同樣也在這種承諾性經濟（promissory economy）中運作，會鼓勵家長預先存放新生兒的臍帶血、事先取得幹細胞，以確保未來面對各種難以預料到的狀況時，能有萬全準備

（Martin et al. 2008）。然而，就算這筆投資自始至終都沒用上，家長依然會心存感激，因為這代表他們的孩子一直都很健康。但試管嬰兒技術並非如此，如果患者自始至終都未能順利生子，那他們就會期望落空、白忙一場。就算失敗可以被歸咎到求診者自己身上，例如年紀太大、健康狀況不佳或太晚求診，但只要患者自始至終都沒能看到驗孕棒上的兩條線，都會覺得那是一場失敗的投資。

如果要落實 eSET，新的政治議程就是要推動 IVF 的公費補助方案，亦即透過重新分配成本，試圖重整 IVF。IVF 在多數國家都屬於自費項目，有的是部分自費、有的則完全自費。究竟 IVF 是否應該被列入公費補助，涉及許多複雜辯論，包括醫療服務的公平近用、降低健康風險、促進生育與增長人口等理由（Neumann 1997; Mladovsky and Sorenson 2010; Keane et al. 2017; 吳嘉苓等 2020）。雖然不是所有具有公費補助的國家都特別限定胚胎植入數目，但幾乎所有採行單一胚胎植入的國家，都有提供公共性的財務支持。如下頁表 2.1 所示，84% 提供公費財務支持的國家對植入胚胎數目有所管制，其中有 7 個國家要求 35 歲以下的女性，應一律採行單一胚胎植入。相反地，在完全不提供任何 IVF 公費支持的國家中，只有哥倫比亞要求年輕女性採行單一胚胎植入。

表 2.1：各國管制植入胚胎數目與公費補助 IVF 的狀況一覽表

國家		管制胚胎植入數目		小計	對 35 歲以下女性的指引				
		有	無		1 個胚胎	2 個胚胎	3 個胚胎	4 個胚胎	平均(N)
IVF 公費補助方案	有	27 (85%)	5 (16%)	32 (100%)	7	10	10	0	2.11 (27)
	無	16 (53%)	14 (47%)	30 (100%)	1	7	6	2	2.56 (16)
小計		43	19	62	8	17	16	2	43

資料來源：Keane et al. 2017；IFFS 2019

　　在美國，科學家建議採行選擇性單一胚胎植入，以降低多胎妊娠風險時，也常會提到要「改善保險給付」以增加誘因（Davis 2004: 2442），但國內實際上沒有什麼具體行動。[5] 舉

5　歷史資料顯示，IVF 在美國醫療保險的優先順序列表中並不太重要。以美國知名的奧瑞岡州實驗為例，經過公民參與所排出的 714 項納保醫療項目偏好清單中，IVF 列為第 701 項，排名極低（Dixon and Welch, 1991）。低出生體重（在此實驗中的定義為出生體重為 750 至 999 克）為第 123 項，為前 20% 名次，而極低出生體重（小於 500 克）為第 713 項，倒數第二名。這個結果顯示，民眾雖願意投注公共資源照護新生兒，卻不願意將其用來改善 IVF 技術，以減少需要密集照護的新生兒。1993 年，柯林頓政府提出《健康保險法案》（*Health Security Act*）時，也明確將 IVF 排除在標準醫療保險方案之外（Neumann 1997）。美國不孕團體是推動不孕治療納保的最主要力量，但降低健康風險一直不是他們的主要考量（King and Meyer 1997）。

例來說，根據 2004 年美國生殖醫學會（ASRM）的指引，只有 35 歲以下且胚胎達到分裂時期的女性，才會被建議植入 1 個或 2 個胚胎，其他年齡組都可植入更多胚胎。研究便指出，這種指引不僅與選擇性單一胚胎植入的理想標準相距甚遠，也根本無法降低多胞胎孕產的發生率（Stern et al. 2007）。

以下我將透過廣為人知的「比利時計畫」，以及較少為人知的「日本 JSOG 計畫」為案例，說明重新分配 IVF 成本將如何影響選擇性單一胚胎植入的實踐。這兩個案例都有助於我們看見預想工作有賴於財務上的重新分配，但方法可能截然不同。過往討論承諾資本或生物經濟的研究，往往僅聚焦於市場創立的過程（例如：Waldby and Mitchell 2006；Petersen and Krisjansen 2015; Krolokke 2018），但我將探討 IVF 市場在運作二十年後，如何可能產生變化。

比利時計畫：以成本—效益的思維進行預想

2003 年 7 月 1 日，比利時正式啟動對 IVF 的補助，並對胚胎植入數目設下嚴格限制。如表 2.2 所示，比利時提出補助六次治療週期的費用，但指引中要求，如果年輕女性希望獲得補助，第一次週期只能植入 1 個胚胎，第二次如果有 1 個以上

的良好胚胎,則還是必須採行單一胚胎植入。這個方案將臨床措施的管制與經濟補助綁在一起,在國際間被譽為減少多胞胎孕產的模範解方。當時,比利時佛拉蒙婦產科學會(Flemish Society of Obstetrics and Gynecology,VVOG)的主席威廉・翁布雷(Willem Ombelet,任職期間為 2001 年至 2004 年)就自豪地將此方案稱為「比利時計畫」(*The Belgian Project*)。這個計畫是如何誕生的?

表 2.2:比利時方案對胚胎植入數目的管制(2003 年)

年齡	胚胎植入數目		
	週期 1	週期 2	週期 3
<36	1	1 或 2*	最多 2 個
36-39	最多 2 個	最多 2 個	最多 3 個
40-42	沒有限制		

＊除非胚胎品質不足,才能例外植入 2 個胚胎

這場財務的重新分配始於 2001 年。當時,比利時政府希望調整助孕科技的補助方式,並尋求政策制定建議。在比利時,IVF 一直都是政府監管項目。1993 年,政府率先設立了數據通報系統,對國內人工生殖機構設下標準要求與品質管控措施,之後也從比利時生殖醫學專家學院(College of Physicians in Reproductive Medicine)中指派成員,協助監管國內人工協助生

殖科技的使用狀況。政府積極參與 IVF 管制的所有面向。降低多胞胎孕產的改革，主要是由比利時國內兩大醫學學會推動，其一是由政府任命的比利時生殖醫學專家學院，其二則是比利時生殖醫學學會（Belgian Society for Reproductive Medicin）。

這條促使比利時「付諸行動」的道路其實是由過往學術研究鋪設而成。從 1990 年代末開始，比利時生殖醫學界就非常積極進行各種選擇性單一胚胎（eSET）的測試（Coetsier and Dhont 1998; Gerris et al. 1999）。根特和安特衛普的研究團隊發表一系列研究報告，證實年輕女性採行 eSET 將能達到與雙胚胎植入相同的成功率。安特衛普的團隊就提到，「在臨床要相當大膽才會願意進行本研究」，因為這系列研究得將 eSET 的適用對象往上推進到 37 歲（ESHRE Campus Course Report 2001: 797）。比利時的生殖醫學界試圖證明，只要擁有良胚可供移植，選擇性單一胚胎植入的表現就跟雙胚胎植入（DET）一樣好，甚至可能更好，擁有更高的懷孕率與活產率。比利時這群勇於嘗試的科學家不僅成功破除「2 個胚胎比 1 個更有保障」的迷思，還積極將其科學發現轉為臨床實踐，呼籲同行應該將選擇性單一胚胎當成「我們該努力的理想，同時考量諸多客觀目標與主觀變數，這些工作賦予我們人性的深度」（ESHRE Campus Course Report 2001: 799）。

這次改革的預想目標也包括節省開支。在推動新補助方案之際，IVF療程所需的藥物、門診與治療等費用，已有五成到七成是由比利時國家健康保險系統所給付。沒有被列入的是實驗室的相關支出，民眾因此約需要自費負擔1000到1250歐元不等。生殖醫學界對政府的提案，將費用補助與臨床措施結合，他們透過提供高達最多六次的助孕科技療程（包含IVF與ICSI）補助，換取嚴格的胚胎植入數目指引，目標是將雙胞胎懷孕率減低一半。這項補助對象明確排除超過43歲的女性，也彰顯此次改革更看重的是成本效益考量，而非公平性。

　　醫學學會也提出簡單明瞭的前後對照圖表，凸顯降低照護成本的收益（Ombelet et al. 2005: 10）。這次的政策制定採用許多實證數據，包括實驗數據（用以展現eSET的成效）與長期建立的登錄資料（用以計算健康結果和成本）。在「短期效益」部分，1997年的IVF生產中有28%為雙胞胎、5%為三胞胎，而新生兒加護病房（NICU）的醫療費用為1187.5萬歐元。若採行新的補助方案，估計一年後能將雙胞胎的比例從28%降至14%，三胞胎的比例從5%降至0.5%，新生兒加護病房照護費用可減少725萬歐元。省下的費用大致跟補助超過7000次IVF療程的所需費用相當。換言之，政府在IVF花了相同的費用，但新生兒重症護理的需求將大幅減少。

就「長期效益」而言，學會是以多胞胎可能造成重度障礙的終生照顧醫療費用來計算，估計可省下高達 5250 到 7000 萬歐元。在此之前並沒有人用如此清楚明瞭的方式，來呈現創造生命（IVF）與照顧生命（新生兒護理）各自的經濟成本。像這樣把生殖視為一個連續性過程（Almeling 2015）並重新分配其中成本的做法，帶來一種三方共贏的局面：國家的財政預算降低、家庭的財政負擔減輕、母嬰健康狀況也獲得改善。在執行選擇性單一胚胎植入的預想工作時，比利時採取了「政府、學界、醫學社群」三螺旋鍊（triple helix）的整合性模式，承諾資本被轉為公共資金，並透過科學計算最大程度降低所需付出的健康醫療成本。我對比利時模式的概念化，請參考圖 2.1。

圖 2.1：IVF 的預想治理：比利時計畫

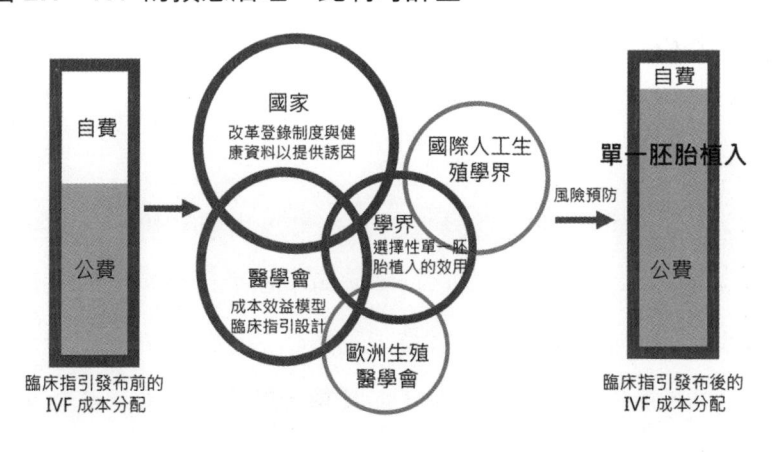

此管制方案的效果可說是立竿見影，誠如研究所發現：「多胎妊娠比例急遽下降」（Van Landuyt et al. 2006）。在短短十五個月內，36 歲以下女性的多胎妊娠率就從 28.9％ 降到 6.2％。整體多胎妊娠比例也從 29.1％ 大幅降至 9.5％。單一胚胎植入成為標準做法，比例也從 2000 年初期的 15％，一路成長到 2004 年的 50％（De Neubourg et al. 2013）。研究一致顯示，整體懷孕率沒有出現太大變化（Gordts 2005; Van Landuyt et al. 2006; De Neubourg et al. 2013）。就成本面而言，學界也透過實際醫療開銷的分析指出，比利時在推動單一胚胎植入政策三年後，多胞胎比例不僅降低一半，母嬰健康照護的花費也減少了 13％（Peeraer et al. 2017）。

　　比利時模式主要是透過重新分配政府經費的做法，成功降低多胞胎的健康風險。在回顧這段歷程時，比利時人工生殖權威威廉・翁布雷也將這場成果，歸功於政府推動的公費補助計畫：

> 雖然早在 2003 年補助政策之前，比利時的生殖醫學專家就已知道雙胞胎比例相當高，也很清楚單一胚胎植入可能帶來的好處，但直至 2004 年，雙胞胎比例才真正顯著地下降。這代表**只有財務誘因才真正有發揮作用**。

（Ombelet 2016: 190；強調處為本文所加）

除了強調經費補助所扮演的關鍵角色外，翁布雷在文中還特別提及日本這個特殊案例：

> 其中一個例外就是日本。日本的人工協助生殖科技管制，似乎全是透過醫界**規則與倫理規範**來推動，政府並未設有任何嚴格法令。但令人驚訝的是，2012年時日本單一胚胎植入比例高達86%，同年比利時卻僅有59.6%。（Ombelet 2016: 190；強調處為本文所加）

翁布雷所提及的規則與倫理規範，指的是什麼呢？相較於廣為稱頌的比利時計畫，英語文獻鮮少提及「日本計畫」。在日本，提倡單一胚胎植入的主要機構是「日本產科婦人科學會」（Japan Society of Obstetrics and Gynecology，JSOG），以下我將稱其為「JSOG計畫」。有別於比利時計畫，JSOG計畫展現出另一種風貌。日本主要是透過重整登錄資料、財務支出、專業指引三者之間的關係，為落實單一胚胎植入打下基礎。

JSOG 計畫：寄望避免爭議

　　2008 年 4 月，日本首度發表了單一胚胎植入的臨床指引，那是當時東亞國家中最為嚴格的規定。不同於瑞典、比利時以地方或中央政府立法管制，日本政府並未針對助孕科技建立相關法令，而是由醫療專業團體 JSOG 自行提出。根據 JSOG 的臨床指引，未滿 35 歲的女性要以單一胚胎植入為原則，只有 35 歲以上女性以單一胚胎植入失敗兩次後，第三次開始才能考慮採取植入 2 個胚胎（表 2.3）。若與比利時的法律相比，日本這樣的自願性遵守指引甚至更嚴格；比利時對年長女性並未限制胚胎植入數目。在這項指引的運作之下，日本的單胚胎植入比例不僅在國際上名列前茅，IVF 導致的多胎妊娠比例在世界上也是數一數二的低。

　　日本同樣推動 eSET 的預想工作，在經驗上卻呈現出一種迥異的社會脈絡與風貌。以下我將分析單一胚胎植入指引的具體內涵，如何受到各國社會政治背景與國家的社會技術想像影響（Jasonoff and Kim 2009），而有所不同。日本所打造出來的 eSET 網絡（也就是 JSOG 計畫），必須要透過以下這三波社會爭議來理解：其一為早期日本社會對 IVF 的反彈聲浪，其二是減胎紛爭，其三則是日本生殖醫學界與小兒科醫

學界之間產生的專業衝突。

日本社會對 IVF 的擔憂

自 1970 年代後期以來，社會對 IVF 抱持的諸多疑慮，讓日本醫學界對此新興科技展開積極管制（Wu et al. 2020）。早年的幾項調查與研究顯示，擔心生下異常胎兒是日本民眾對體外受精最主要的擔憂（岩城章等 1979；岩城章 et al 1983；鈴木雅洲 1983）。當時也有些婦產科醫師認為 IVF「不自然」（柘植あづみ 1999），部分醫師與政府官員則提及 IVF 出錯可能引發的各種隱憂，包括創造出「畸形兒」、引發高額賠償等，並強調醫療專業人員有責任確保嬰兒的健康（山口裕之 et al. 2005；森崇英 2010）。儘管各國也曾有類似爭議，但日本的質疑聲浪尤其顯著。IVF 在日本發展之初，各方抱持的懷疑論述跟日本經歷的許多公眾科技健康爭議有關，包括汞污染造成的水俁病、執行心臟移植造成腦死的和田移植事件等。這些事件全涉及訴訟與高額賠償，廣受媒體報導，讓日本在經濟奇蹟時代一度抱持的科技樂觀主義被搞得烏雲罩頂。

表 2.3：JSOG 指引對胚胎植入數目的建議（2008 年）

年齡	胚胎植入數目		
	週期 1	週期 2	週期 3-
<35	以 1 個為原則		
≧ 35	1	1	最多 2 個

　　為了回應公眾輿論與醫學同行提出的擔憂，由日本三大領銜 IVF 研發的團隊，為其實驗的新科技研發採取自律監管的措施。例如慶應大學建立了新的全國性生殖醫學會、德島大學設置了研究倫理委員會，東北大學則提出倫理綱領（Suzuki 2014；田中丹史 2015；由井秀樹 2016）。透過這些去中心化的倫理規範措施，醫療團隊紛紛展現自律以爭取社會信任。

　　這些個別醫療團隊的自律行動，後來逐漸轉為全國性的健康管控，並由日本產科婦人科學會（JSOG）統整。JSOG 創立於 1949 年，從 1980 年代初期，上述 IVF 研發領銜的團隊領袖就在 JSOG 擔任重要職務。他們對外發表 IVF 臨床指引，設置醫療院所的登錄系統，並正式開啟日本的自願登錄制度。日本的新生殖科技治理以 JSOG 為首，維持了極高的自主性，只有在 2000 年代中期時基於補助計畫，而受到日本政府的部分介入（柘植あづみ 2016）。日本政府一直沒有制定任何管制人工協助生殖科技的國家層級法律，直到 2020 年，國會才第一次

建立有關使用捐贈精卵的親子地位相關規定，但也不像英國、台灣等建立人工生殖全面性的專法。在日本絕大部分的 IVF 治理，一直以醫學會 JSOG 的指引為主。

風險預防與避免爭端是日本 IVF 治理高度重視的課題。早年在日本的 IVF 登錄報告中，「風險」一直都是重要項目。報告提出 IVF 的高流產率、高多胞胎率與胎兒異常機率，將其視為評估這項新興科技的重要指標，並時常列出 IVF 生產與一般生產的比較，而正常生產的流產率與多胞胎率明顯較低。日本在 1990 年公布的第一份年度報告，就明確強調母嬰健康的重要性：

> 人工協助生殖科技的流產率和**多胎妊娠比例**明顯高於自然受孕，這對母嬰來說都是風險。我們應該正視高風險懷孕……畸形兒、嬰兒後續健康發展等問題。此項科技的主要目的並非只有懷孕，而是要能生下健康的嬰兒，為此，我們未來應該要蒐集更完備的資料。（日本産科婦人科学会理事会内委員会 1990：397；強調處為本文所加）

所謂「更完備的資料」，是指追蹤嬰兒後續健康狀況的數據。

異常案例清單成為年報中的固定內容，JSOG 也呼籲應提高資料品質，以能充分評估風險的普遍程度與原因。

而減胎涉及爭議，又進一步強化日本社會對助孕科技的疑慮。1986 年，為了解決刺激排卵藥物所致的多胞胎妊娠問題，在長野執業的婦產科醫師根津八紘為一名懷有四胞胎的婦女執行減胎技術。醫師將四胎減為二胎，產婦最後順利產下健康的雙胞胎（根津八紘 1998）。根津醫師之所以會大膽執行減胎，跟他過往經驗有關。早在 1970 年代，由於刺激排卵藥物被廣為應用，日本的多胞胎孕產開始增加，當時媒體也多以喜訊、奇聞形式報導。1982 年，有一名服用排卵藥而懷上四胞胎的婦女曾前來尋求根津的意見。當時若要避免多胞胎孕產，只能選擇全數人工流產，別無他法。該名婦女不願全數流產，因此開始波折的孕產旅程。在經過密集的產前照護後，她順利產下四個寶寶，三個很健康，但是有一位不幸罹患重度腦性麻痺。在此不幸案例後，根津醫師面對下一位狀況雷同的四胞胎婦女，毅然決定要挑戰減胎手術，也順利帶來好的結果。

根津醫師在學術會議報告此個案，並召開記者會，隨即引起日本保護母親婦人產科學會（Japan Association of Obstetrics and Gynecology for Maternal Protection，JAOGMP，簡稱「日母」）的強烈攻擊。日母是由主責人工流產手術醫師組成的醫

學專業團體。儘管早在 1948 年,墮胎在日本就已合法化,但減胎手術依然引起激辯,部分原因也在於根津醫師的積極曝光行徑惹怒了主責的日母。日母與其他反對者舉出墮胎相關法規,宣稱根津醫師可能已經觸法。各方最終達成和解,但媒體的大幅報導讓減胎成為廣為人知的事件,甚至時常被以「醜聞」稱之。

在此之後,JSOG 為了掌握國內減胎施術的狀況展開一系列調查。最早的一次調查由矢內原巧(1998)主責。矢內原巧醫師是 JSOG 內部的倫理委員會成員,也是最早嚴厲批判根津醫師的人。調查結果顯示,1996 年時在 197 間人工生殖中,有 15 間曾執行減胎手術,總計共有 87 例。也就是說,減胎並非根津醫師獨有的行徑,其他醫師面對多胞胎懷孕情況也會採用減胎的措施。這份調查指出,懷有三胞胎以上的婦女有 30.3% 的人會選擇減胎,將胎兒減到 2 個或 1 個,而有七成婦女會選擇繼續多胞胎孕產,但其中有 10.9% 的女性出現過健康問題。預防出現多胞胎的需求趨於迫切。

1996 年,JSOG 宣布了第一份預防多胞胎孕產的倫理守則,要求成員謹慎使用刺激排卵藥物,並限制胚胎植入數目不得超過 3 個。這是東亞國家最早針對多胚胎孕育而建立的臨床指引。雖然這份指引成功降低四胞胎和三胞胎比例,但登錄通報的統

計顯示雙胞胎比例依然很高。日本醫界發現造成多胞胎妊娠的首要原因是刺激排卵藥物胎，次要原因則是多胚胎植入（苛原稔 2002）。JSOG 充分掌握國際趨勢後，清楚了解提出限制胚胎植入數目的指引，會是降低多胎孕產最有效的做法（苛原稔、桑原章 2003）。

值得注意的是，日本女性主義社群也成為促成管制 IVF 的一股重要民間力量。1991 年，受到國際女性主義團體 FINRRAGE 的啟發，日本分部「FINRRAGE 之會」（フィンレージの会）於東京正式成立。最初 FINRRAGE 之會僅是小規模的女性主義讀書會，隨後迅速擴張。1990 年代末期 FINRRAGE 之會達到全盛時期時，在全國擁有數千名成員，成為日本婦女經驗與聲音的重要代表。2000 年，FINRRAGE 之會發布調查報告《不孕症新報告：不孕治療和生殖技術的真實經歷調查》，呈現日本女性在尋求人工協助生殖科技時，面臨的健康風險、安全性與財務負擔等困擾（フィンレージの会，2000）。自 1990 年代開始，柘植あづみ（1999）等日本女性主義學者開始透過研究，挑戰不孕症治療當前的醫學模式。JSOG 等相關醫學專業團體有時也會邀請 FINRRAGE 之會幹部與女性主義學者共同研討 IVF 涉及的倫理問題，希望透過多元聲音，強化參與公共辯論的能量。

不過，真正促使 JSOG 採取下一步行動的主要動力，來自其他領域的醫療專業工作者。

跨專業衝突

我所訪談的日本醫師一致認為，迫使日本婦產科醫學界積極改變人工生殖的實作，是來自日本小兒科社群的強大壓力。一名 JSOG 意見領袖就在訪談中生動地說明：

> [大概從 2002 年到 2004 年間] 我們在很多會議上都會碰到新生兒科醫師的強烈抨擊，因為當時日本健保體系下的新生兒加護病房面臨人手嚴重不足的困境⋯⋯他們要我們推動改革，盡快減少製造早產兒以及低出生體重嬰兒的情況，否則新生兒加護病房根本無法運作⋯⋯我們 JSOG 代表也被邀請去參加產前照護學會辦的研討會，他們每次都譴責我們。**但這根本不是我們的錯啊，我們只是在收集資料而已。這就是為什麼我們要推動以週期為基礎的登錄資料**，因為當時我們還不能掌握到底為什麼多胞胎比例會這麼高。（J-K 醫師，訪談，台北，2018 年 4 月；強調處為本文所加）

JSOG 的登錄數據並未納入試管嬰兒低出生體重的比例等資料，因而難以掌握問題癥結所在。政府也沒有把新生兒健康資料與 IVF 的技術發展加以串連，來呈現問題的嚴重性。要能說服 JSOG 採取行動、降低小兒健康風險，小兒科醫師採取的是這種直球對決、情緒高漲的指責。

有的專家負責移植胚胎、促成懷孕，有的專家負責照顧生命垂危的早產兒，這兩類專家之間的衝突，跟醫療專業權限或專業自主性無關（Abbott，1988），而是專業分工造成的沉重負擔。歐洲生殖醫學會在 2001 年的報告就指出，人工生殖領域較難認可多胞胎的問題，是因為「IVF 專家通常不參與孕產照護，無從得知這些成功懷孕案例的後續經歷」（ESHRE Campus Course Report 2001: 791）。一旦新生兒照護的醫療部門遇到病患暴增與人手不足的問題，專業間的衝突就可能浮現。

面對新生兒科醫學會的指控與抱怨，JSOG 幹部雙管齊下，分別從登錄制度的改革以及倫理委員會的指引切入。第一步是要改變資料登錄的方式，從過去以院所為單位提出集結性的資料，改成以每個治療週期為單位上傳資料，如此更能清楚評估 IVF 的施術情況與後果。[6] 第二步則是要創造新的臨床指引。2008 年，經過一番討論與評估後，JSOG 決定推行單一胚胎植

入,以徹底解決多胞胎孕產的問題。當時瑞典和比利時已經開始推動單一胚胎入的指引,日本成為亞洲第一個率先跟進的國家。日本之所以願意採行單一胚胎植入的指引有許多原因,其中包括胚胎篩選技術逐漸進步、登錄數據變得更完備,有助於政策評估,2004 年日本政府為了提升生育率發動的公費補助方案,也發揮部分影響力。

日本跟瑞典不同,一開始並未將 IVF 納入公共醫療體系中。1982 年,日本在第一個試管嬰兒誕生時已有全民健保體系,不過政府以治療效果的不確定性太高為由,並未將 IVF 納入保險給付範圍(仙波由加里 2005)。日本也有別於比利時,並非基於降低健康風險理由推動補助方案,而是要因應少子化。2002 年日本的總生育率降到 1.3 以下,部分地方政府積極介入,試圖透過公費補助措施提高低迷的生育率。中央政府則於 2004 年展開行動,只要是收入低於設定門檻的不孕夫妻就可以申請

6　早年,各機構回報的數據是診所每年的統計資料,包括該年度的治療週期總數、胚胎植入數目分布、總流產數、總活產數、總死產數等等,這種集結性的資料無法呈現懷孕週期與雙胞胎孕產、三胞胎孕產之間的關係。相較之下,新通報系統要求各診所以個案為單位回報數據,才得以評估臨床施術結果。此外,新的登錄系統還新增新生兒健康狀況的資料欄位。每次週期都需要回報新生兒的性別、周產期、出生體重、異常生產等等資訊,而且必須提供出生後 28 天內的追蹤數據。有些受訪的生殖中心表示,這套全新的登錄系統十分繁複,甚至需要聘雇一名或多名全職人員,負責記錄和追蹤等工作。

補助。第一年的申請案件有近 18000 件，僅佔當年治療週期的 15%。後來這項補助資格繼續放寬，一部分是出於日本不孕支持團體 FINE（Fertility Information Network，生育資訊網絡）的大力遊說。FINE 成立於 2004 年，以支持不孕夫妻獲得治療為主要宗旨。[7] 考量公費補助的效益，日本政府在 2016 年設置了新的補助年齡上限，不補助高於 43 歲的女性，但增加了整體補助資源。到了 2018 年，日本一年約有 32% 的週期可以獲得補助，政府補助經費則大約可涵括每次 IVF 治療費用的 39%（Maeda 2019）。

　　換言之，真正建立單一胚胎植入政策的並非政府，而是 JSOG。日本醫學界把握政府促進生育率、推動補助措施帶來的機會，推出單胚胎植入的臨床指引建議。在 JSOG 成員的大力支持下，醫界高度遵守這項規定。數據顯示，在 2008 年 JSOG 提出新的指引之後，日本的單一胚胎植入比例大幅提升，從 2007 年的 46.5% 提高到 2018 年的 82.2%。這個數值與澳洲、紐西蘭、瑞典等國相近，遠高於比利時、英國，當然遠高於沒在倡議單一胚胎植入的國家如台灣（參圖表 2.1）。除此之外，日

---

[7] 日本女性主義團體 FINRRAGE 廣為收集國內不產婦女的意見，指出財務負擔是不孕夫婦在治療過程面臨的重要難題。不過，FINRRAGE 在日本的主要行動議程是挑戰不必要的醫療，而非呼籲政府提供公費補助方案。

本所有生產相關的健康風險數據，諸如死產、剖腹產、早產、低出生體重等也全都顯著下降（Takeshima et al. 2016）。日本生殖醫學意見領袖石原理是 JSOG 推動登錄制改革的關鍵人物，他也長年參與 ICMART。石原理曾在眾多國際比較研究中，透過日本高品質的數據展現日本做法的成效（例如：Chambers et al. 2014）。ICMART 發布的報告也屢次提及日本，將其視為實踐單一胚胎植入的成功案例（例如：Adamson et al. 2018）。

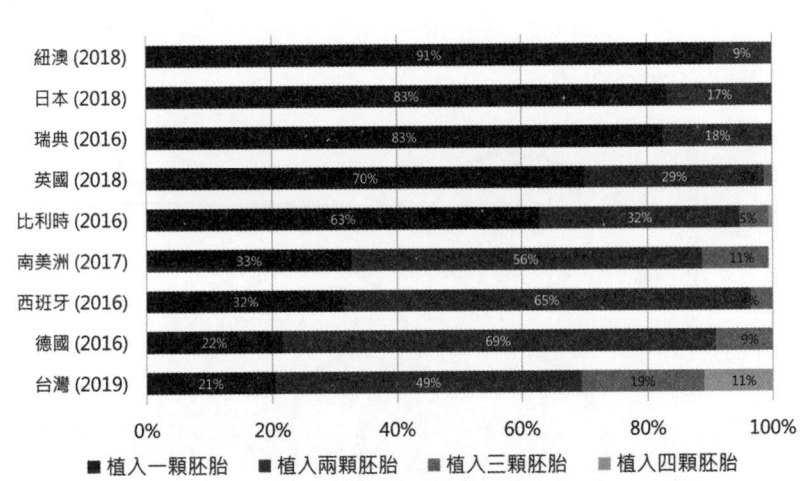

圖表 2.1：部分國家的胚胎植入數目比例分布

國家（年份）	植入一顆胚胎	植入兩顆胚胎	植入三顆胚胎	植入四顆胚胎
紐澳 (2018)	91%	9%		
日本 (2018)	83%	17%		
瑞典 (2016)	83%	18%		
英國 (2018)	70%	29%		
比利時 (2016)	63%	32%	5%	
南美洲 (2017)	33%	56%	11%	
西班牙 (2016)	32%	65%		
德國 (2016)	22%	69%	9%	
台灣 (2019)	21%	49%	19%	11%

資料來源：HFEA 2019; 日本產科婦人科学会倫理委員会 2020; Newman, Paul, and Chambers 2020; 衛生福利部國民健康署 2020; Wyns et al. 2020; and Zegers- Hochschild et al. 2020）

相較於比利時由政府、學界、醫界組成的三螺旋鍊整合模式，日本以 JSOG 作為改革的主引擎，執行推動選擇性單一胚胎植入的預想工作。雖然日本政府是基於提高生育率而發動補助方案，但 JSOG 卻抓住這個時機，將其轉換為降低經濟負擔、說服醫界與民眾採行單一胚胎植入的重要工具。JSOG 既跟國際人工生殖學界結盟，引入選擇性單一胚胎植入的相關學理與研究成果，也和國際人工生殖醫學社群借鏡（例如 ICMART），透過數據的登錄與回報系統降低風險。JSOG 計畫也顯示，要使單一胚胎植入成為例行性措施，重新分配 IVF

圖 2.2：JSOG 計畫

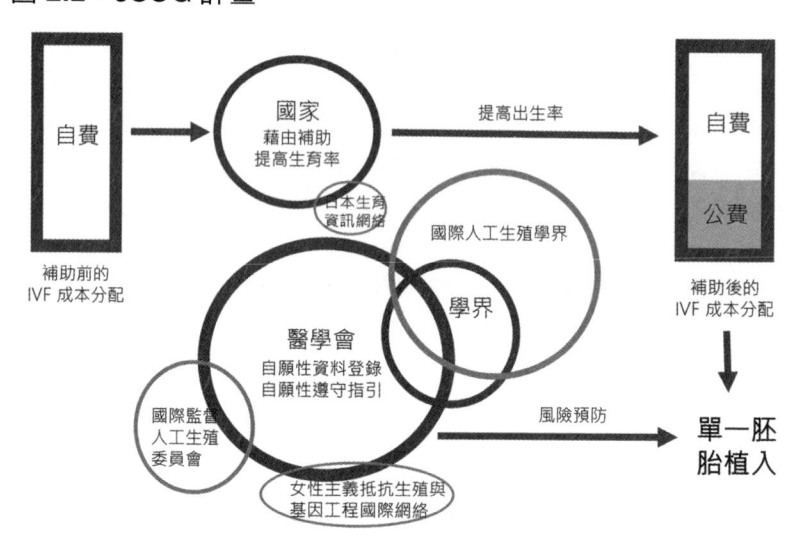

成本只是其中一環（圖 2.2）。而我認為真正發揮影響力的，是日本醫界面對的三波爭議，包含：第一、早期社會對於 IVF 抱持的疑慮；第二、IVF 專業社群內部就減胎而起的爭辯；以及第三、IVF 專家與小兒科醫師之間產生的跨專業衝突。這三波爭議逐步強化 JSOG 領導群與會員間對倫理責任的重視，進而促成避免多胞胎孕產的諸多行動。

小結：打造 eSET 網絡

　　為了降低 IVF 多胞胎孕產風險，諸多行動者推動選擇性單一胚胎植入，投入密集的預想工作。預想工作包括三部分：「希望工作」聚焦於重新定義「成功」。國際 IVF 社群開始提倡使用活產以及單胞胎、足月的活產率，以評估 IVF 是否達成「帶一個健康寶寶回家」的目標。「溯因推理工作」不斷在生物醫學面推動技術革新，以持續提升 eSET 的成效。例如計算累積的成功率、精進胚胎篩選的精確度等，為落實 eSET 打好基礎。在部分國家，單一胚胎植入已經成為一個明確的臨床指引。而正是希望工作、溯因推理工作與簡化工作三者分頭並進，選擇性單一胚胎植入的理想才得以被落實。

　　不過，推動選擇性單一胚胎植入的預想工作只在部分國家

奏效。如圖表 2.2 所示，當瑞典、比利時和日本宣布單一胚胎植入的指引時，單一胚胎植入比例都明顯上升。但在美國與台灣等並未強烈建議或強制採行此措施的國家，單一胚胎植入的比例就相當低。各國推行單一胚胎植入的方式也不同。多數國家（如比利時），是採取臨床管制與公費補助結合的做法。國際 IVF 社群不斷主張，重整承諾資本是讓單一胚胎植入成為例行性措施的重要因素（Pandian et al. 2005; Davis 2004）。日本則另闢蹊徑。由於日本對 IVF 的社會技術想像充滿疑慮與衝突，他們預想工作界定方式的主力就放在風險預防。日本一些醫界領袖具有高度反思意識，並十分強調自律。在此倡導下，日本開展出一種不同的預想工作。即使政府並未提供公費補助方案，單一胚胎植入從此成為日本普遍施行的做法。

比利時計畫與 JSOG 計畫之間的異同，能讓我們看見選擇性單一胚胎植入在不同國家的形成歷程。為了解決多胞胎孕產的議題，無論是計算成功率的新方法、考科藍文獻回顧提供的證據（Pandian et al. 2005; Glujovsky et al. 2016），或國際生殖醫學社群（如 ICMART 和 IFFS）提供的建議都是全球共享的資源。但在地方層次，選擇性單一胚胎植入的執行方式取決於各國的 IVF 治理模式。有的是由政府主導（例如瑞典），有的仰賴政府與醫學界合作（例如比利時），有的則由醫學社群主

圖表 2.2：紐澳、瑞典、日本、比利時、英國、美國與台灣採行單一胚胎植入的比例

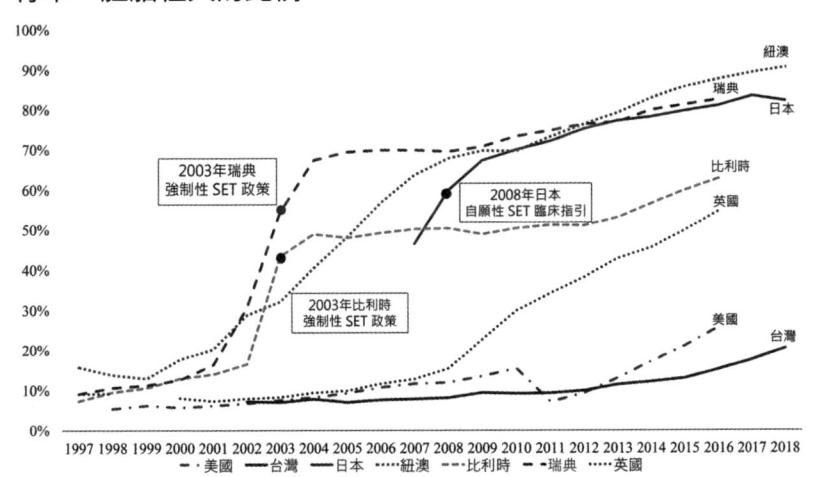

2003年瑞典 強制性 SET 政策

2008年日本 自願性 SET 臨床指引

2003年比利時 強制性 SET 政策

‑‧‑ 美國　── 台灣　── 日本　⋯⋯ 紐澳　─── 比利時　‑‑‑ 瑞典　⋯⋯ 英國

資料來源：Australia and New Zealand: Lancaster et al. 1995, 1997; Hurst et al. 1997, 1999, 2001a, 2001b; Dean and Sullivan 2003; Bryant et al. 2004; Waters et al. 2006; Wang et al. 2006, 2007, 2008, 2009, 2010, 2011; Macaldowie et al. 2012, 2013, 2014, 2015; Harris et al. 2016; Fitzgerald et al. 2017, 2018; Newman et al. 2019, 2020; Belgium, Sweden, and UK: Nygren, Nyboe Andersen, and EIM 2001, 2002; Nyboe Andersen et al. 2004, 2005, 2006, 2007, 2008, 2009; Mouzon et al. 2010, 2012; Ferraretti et al. 2012, 2013; Kupka et al. 2014; EIM for ESHRE et al. 2016a, 2016b, 2017, 2018, 2020a, 2020b; Japan: Saito et al. 2017; Ishihara et al. 2018, 2019, 2021; US: CDC, ASRM, SART, and RESOLVE 2000–2002; CDC, ASRM, and SART 2003–18; 台灣：衛生福利部國民健康署 2021a。

導（例如日本）。人們對於 IVF 抱持的負面預想（多胞胎孕產與健康不良後果的急劇上升）創造了各種回應方式。JSOG 計畫的經驗案例告訴我們，對於 IVF 的社會技術想像，不同將引導預想往不同方向發展。在日本醫界，為了極力避免出現社會爭議，選擇性單一胚胎植入成為普遍做法。接下來，我們將回到台灣，檢視台灣抱持的社會技術想像有何不同，如何孕育出一個長年高度擁抱多胞胎孕產的預想體制。

第三章

當 IVF 成為國家之光

1985年4月，台灣第一名試管嬰兒「張小弟」在台北榮民總醫院誕生。張先生是軍官，張太太是會計師，兩人已經結婚六年，卻遲遲無法有小孩。張太太接受了不孕治療，在1984年4月參與榮總的試管嬰兒實驗。團隊中的婦產科醫師張昇平，後來因為這場實驗，一度被封為「台灣試管嬰兒之父」。他表示當團隊要從實驗室轉戰到臨床場域時，一群人都做好必然面對「反覆實驗、失敗、挫折還有失望的心理準備」（張昇平1985）。張太太在1984年8月驗孕測試呈現陽性，是計畫自願受試者中最早的一位。當時實驗計畫中已有39名婦女參與。團隊對外公布張太太懷孕的喜訊，引發媒體熱烈關注，外界無不期待預產期到來。

　　第一起試管嬰兒成功誕生後，各大報以頭條新聞報導。之後一個禮拜，媒體持續追蹤這起全國矚目的大事，新聞標題也洋溢著歡慶，例如〈「國產」試管嬰兒將出世〉（中國時報，1985年4月11日：3）、〈國內醫療史又喜添新頁〉（中央日報，1985年4月17日：1）等。試管嬰兒技術被譽為國家的驕傲與民族光榮，一名受訪醫師生動地向我描繪，當年學習IVF技術很令人興奮：「人們對IVF技術的討論很熱烈，認為能達成**亞洲第一**非常光榮，人工生殖在醫學生之間很熱門」（F醫師，訪談，2010年）。儘管張小弟不是亞洲第一名試管嬰兒，但F

醫師對記憶中熱烈氣氛的描述十分準確。本章將探討這種透過醫學成就爭取國際關注的做法，如何逐漸成為台灣的國家社會技術想像之一。

本章分析 IVF 在台灣早期發展階段如何被視為國家之光，這種定位又如何形塑大眾預想 IVF 的方式與軌跡。究竟人們格外重視哪些面向，是技術的成功或失敗、希望或風險，還是兩者的混合？哪些行動者在塑造這種期待上獲得最大公信力？當時面對多胞胎孕產這個 IVF 最主要的併發症，這些行動者動用了哪些治理策略？這些策略帶來什麼後果？

「成為第一」

台灣持續挑戰 IVF 的行動受到兩層「成為第一」的論述影響。其一是追求成為「亞洲第一」。一直以來，許多國家都透過第一個試管嬰兒的成功經驗，證明自己在「以科技為動力的現代世界中取得一席之地」（Ferber et al. 2020: 91）。舉例來說，1982 年，在美國首位試管嬰兒誕生後不到數週，以色列第一位試管嬰兒也成功誕生。當時媒體闡述以色列「只有些微落後於美國等世界強國」（Birenbaum-Carmeli 1997：526）。台灣報紙上也常出現類似主張，呼籲國家應重視人工協助生殖科技發

展,以「提高我們在世界的地位」(李師鄭 1982a,民生報)。1982 年,在新加坡宣布亞洲首位試管嬰兒即將問世後,民生報社論再次提醒:「國內醫界一直以為我們的醫療水準僅位居日本之後,如果新加坡的試管嬰兒成為事實,我們顯然落後新加坡了」(李師鄭 1982b,民生報)。[1] 試管嬰兒在亞洲排名第幾,儼然成為檢驗台灣科技能力的指標。

台灣之所以極力發展國家的科技競爭力,多少跟希望克服國際政治孤立的地位有關。1970 年代,台灣歷經退出聯合國(1971 年)、中美斷交(1979 年)等重大外交挫敗。在這種國際局勢下,「亞洲第一」逐漸成為台灣展現國家實力的重要手段。除了追求經濟表現能勝過其他亞洲國家、重視運動賽事是否贏得金牌,取得醫療技術上的突破也是台灣爭取亞洲第一的一環。例如在 1979 年,台大醫院成功分離連體嬰,當時電視台就以連續 12 小時的馬拉松轉播手術過程,堪稱全國盛事(蔡篤堅 2002:247–55)。醫師還特意查詢國際醫學紀錄,確認這場手術不但是「亞洲首例」,也是「全球第二」。1984 年,長庚醫院成功執行一場肝臟移植手術,當時台灣也興奮將之標榜為亞洲首例(聯合報,1984 年 4 月 4 日:3)。這些醫療突

---

[1] 台灣媒體鮮少提及印度的「嬰兒杜爾加」(Baby Durga),她和世界第一名試管嬰兒露易斯・布朗同一年出生(Ferber, Marks, and Mackie 2020)。

破事件有助於恢復台灣的國族認同與信心，以擺脫「亞細亞孤兒」的定位。新興科技 IVF 也加入此行列。當新加坡與日本相繼成功誕生試管嬰兒，台灣迎頭趕上鄰國生殖科技技術的壓力愈發迫切。有些醫院開始將 IVF 列為重要目標，國內醫師也開始遠赴海外受訓、學習新技能。儘管有學者指出，英國的伯恩霍爾團隊和澳洲蒙納許大學團隊，儼然是當時 IVF 領域的「小科學『帝國』」（Ferber et al. 2020: 84–85），但台灣主要學習 IVF 技術的對象是美國。台美科學家社群間的族裔關係連帶，是打造這條重要學習管道的關鍵原因。

　　早自 1965 年，美國就開始推動吸引高技術移入的移民政策。當時台灣菁英出於追求頂尖研究所資源、職業生涯規劃，以及逃避國內不穩定政治局勢等原因（無論是逃離中國共產黨，或逃離國民黨政府的威權），也常離開台灣去美國讀書，造就了台灣工程與科學界嚴重的「人才外流」問題（S. L. Chang 1992; Ng 1998; J. -Y. Hsu and Saxenian 2000）。[2] 然而，這種人才外流現象卻形成一個重要的台裔人才與知識網絡，讓

2　例如，根據 Shirley L. Chang（1992）的估計，1970 年代時，有將近一半工程與科學領域的台大、清大畢業生出國留學，其中有 95% 是去美國。多數人畢業後都繼續留在美國。1960 年代時，海外留學生的歸國率只有 5%，1970 年代則上升至 15%。

當時在台灣新成立的 IVF 中心得以獲得領域內最先進的知識與技術訓練。一些台裔美國人（與少數台裔加拿大人）不是直接出手幫忙，引介領域內最新專業知識，就是協助建立美國頂尖 IVF 專家與台灣醫療院所間的聯繫橋樑。劉歐洪清（Helen Hung Ching Ou Liu）就是此網絡運作的重要例證。劉歐洪清從師大化學系畢業後，赴美攻讀生物化學博士，1980 年代早期還曾在維吉尼亞州的諾福克（Norfollk），與後來成功生下美國首名試管嬰兒的瓊斯醫師夫婦共事（Rosenwaks et al. 1981; Liu et al. 1988）。她與台灣的 IVF 團隊往來密切，不僅曾在 1984 年陪同瓊斯夫婦訪台、提供科學建議，更曾和台灣醫師共同撰寫醫學教科書中的一章。

　　1980 年代台灣的年輕醫師也時常赴美受訓，出席美國生殖醫學會（ASRM）年會，而較少參與歐洲的生殖醫學會（ESHRE）會議。一些醫師因此結識了美國華裔生殖學家張明覺，他專精於哺乳類動物的體外受孕領域，是推動人類 IVF 技術發展的重要人物（Clarke 1988）。不少台灣醫師將張明覺譽為「真正的試管嬰兒之父」，從此稱號中不難看出他們特別重視同屬華裔背景科學家的貢獻。儘管部分海外學習管道有拓展到法國、英國與澳洲，也有非美國的重量級 IVF 科學家來台交流，例如促成法國首位試管嬰兒的雅克・戴斯塔醫師（Dr.

Jacques Testart）與勒內・佛萊德曼醫師（Dr. Rene Frydman），就曾來訪台北榮總參與研討會（陳樹基 2020），但台灣醫界的知識與技術的地圖以及管制政策思維，依然高度以美國為師。[3]

　　這種「追求第一」的論述，成功地把 IVF 從一項可能造成爭議的技術，轉化為充滿光環的新興科技。台灣與其他第三世界國家類似，在 1960 年代中期曾實施以節育為目標的家庭計畫，希望控制人口過度增長。這樣看來，助孕科技在 1980 年代似乎與國家利益相違背。南韓就是如此。在 1970 年代，南韓對避孕的重視甚至曾吸引派翠克・斯特普托醫師等頂尖科學家前往南韓，示範其專業知識（Wu et al. 2020）。雖然當時是以節育為目標，但他們對人工生殖技術的知識吸引南韓醫界對此領域的投入。不過，為了避免被批評違背國家政策方向，南韓人工生殖醫師經常宣稱自己的研究是出於個人對科學新知的熱情。相較之下，台北榮總當時主責 IVF 的單位不是婦產科，而是家庭計畫科，卻能獲得相當豐富的國家資源，以展開科學研究與臨床試驗。受國家經費支持的台北榮總院長在對外說明

3　台灣嘗試 IVF 技術的實驗軌跡與中國截然不同。中國更重視「土科學」（Fu 2015），要以本土、在地、中國的方式從事科學研究。關於中國如何透過「土科學」的方式催生出中國第一位試管嬰兒，可參考 Jiang（2015）與 Wahlberg（2016, 2019）。感謝審查人之一的提醒，點出台灣與中國嘗試 IVF 的起點有所不同。

時，不僅大方將 IVF 定位為醫院目標，更表示要「趕上台大醫院等頂尖醫院」，巧妙避開助孕科技與節育政策的矛盾（Chang and Wu 1999）。「追求第一」成為 IVF 專家的重要策略，無論是亞洲第一還是台灣第一，這些目標都足以動用珍貴的醫院資源聘雇曾在海外受訓的專家，或資助高度資本密集的實驗室（醫師 L，訪談，2011 年）。

「成為第一」也具體反映地方專業知識社群的競爭關係。在澳洲、美國與日本，促成 IVF 技術推進的重要動力即是各醫療院所間的激烈競爭。台灣也不例外，只不過台灣的競爭同時帶有本地省籍衝突的色彩。創立於日治時期的台大醫院，在戰後吸引不少本省菁英知識份子，也常被認為是台灣聲望最卓越的醫院。成立於 1959 年的台北榮總，則是國民黨來台後為服務退伍榮民所設的醫院，早期院內醫師多為隨國民政府來台的外省知識精英。早期本省人與外省人之間的省籍衝突，不僅發生在社會與政治面向（F. -C. Wang 2018），在生物醫學領域亦然。

以 IVF 研究經費為例，某次我在台大醫院內部研討會分享研究後，有一名資深的台大醫師起身回應，說他當時向國家科學及技術委員會（國科會）提出的研究計畫就沒有通過，理由是未遵守國家推動的避孕政策（田野筆記 2001 年 6 月）。醫

院高層認為他們一直無法取得足夠經費發展 IVF 技術，是台大無法促成全台第一個試管嬰兒的原因。相較之下，台北榮總從國軍退除役官兵輔導委員會（退輔會）取得較豐沛的經費支持，不僅足以建立新的實驗室、送年輕醫師出國進修，還能邀請國際頂尖科學家來台提供諮詢與實體訓練。1970 年代後期，台灣民間企業開始私設大型醫院，例如台塑集團在 1976 年創立的長庚醫院，就標誌了台灣醫院邁向商業競爭時代的起點。為了取得「某項第一」的心態，成為台灣發展 IVF 的重要誘因。

不管是「亞洲第一」還是「台灣第一」，「成為第一」都讓 IVF 變成一種展現國家光榮、爭取在地驕傲的醫療突破。檢視台灣與日本對國內第一個試管嬰兒的媒體報導，我們能清楚看出台日之間對 IVF 的社會技術想像有多不同。正如第二章所示，日本社會對 IVF 抱持高度的懷疑。當日本第一名試管嬰兒誕生時，媒體拍攝鈴木雅洲醫師拿出一張分娩時的照片，其實並未直接拍到嬰兒本身。[4] 此舉引發當時社會質疑，懷疑嬰兒可能異常。後來該名嬰兒於 1 歲多時不幸夭折，消息傳出後，某種程度上似乎證實大眾的傳言（讀賣新聞，1985 年 11 月 12 日：23）。相形之下，當台灣的張小弟誕生時，媒體報導彷彿舉國

4　媒體拍攝鈴木雅洲醫師的圖片內容，可參考以下連結的第 93 頁：https://www.berghahnbooks.com/downloads/OpenAccess/WuMaking/WuMaking_03.pdf。

歡騰，所有參與的醫護人員不僅被封上英雄、英雌等響亮稱號，張小弟的爸媽也頻頻受到採訪。在母嬰平安出院時的記者會上，張家在 IVF 團隊的陪同下，切了三層高的生日蛋糕以示慶祝（圖 3.1）。根據一個月後一份民意調查，有超過 60.2% 的台灣民眾支持使用 IVF，另有 16.2% 者則是有條件支持（民生報，1985 年 6 月 7 日：7）。而根據 1982 年年底日本進行的調查，

圖 3.1：1985 年 4 月，台灣第一名試管嬰兒張小弟自台北榮總醫院出院

記者會上準備了慶祝張小弟平安出院的巨型生日蛋糕。由左至右分別為：鄭德齡醫師、張爸爸、張媽媽、張小弟、張昇平醫師
資料來源：國史館藏，數位典藏號：150-029900-0018-030

第三章　當 IVF 成為國家之光　　191

只有 18% 的日本民眾支持 IVF 這項新興科技。由於日本首位試管嬰兒在 1 歲時就過世，這起事件再次加深日本民眾對人工生殖技術的疑慮。相較之下，台灣媒體長期關注張小弟的成長過程，持續追蹤他的學業表現、婚姻與育兒等狀況。儘管台灣誕下試管嬰兒是「亞洲第四」（次於印度、新加坡與日本），但台北榮總與媒體依然成功將 IVF 塑造為台灣之光，對定位台灣的 IVF 治理模式帶來深遠影響。

突破？悲劇？ IVF 雙胞胎、三胞胎與四胞胎

張小弟是單胞胎。當時，醫療團隊從媽媽張淑惠的卵巢中取 3 個卵，培養出 2 個品質良好的胚胎。團隊將 2 個胚胎都植入，最後讓張媽媽順利產下一名胎兒。早年台灣醫師通常會把所有可用胚胎全數植入，但通常胚胎數量也不多，只會有 1、2 個，因為過往 IVF 體外受精與植入的成功率都還很低，也尚未有冷凍保存胚胎技術。台灣生下第一個試管嬰兒之際，國際團隊已經提出臨床數據，指出著床率與懷孕率會隨著植入胚胎數目增加而上升（Edwards and Steptoe 1983; Speirs et al. 1983）。而對當時在台灣率先投入 IVF 領域的先驅來說，相較於 IVF 不甚理想的情況，他們不會多考慮懷上雙胞胎、三胞胎或四胞胎

的風險。

張小弟出生滿四個月時,第二名試管嬰兒也即將邁入預產期,醫療團隊預期產婦會生下雙胞胎。1985 年 4 月,台北榮總向媒體透露此事,再次獲得媒體一面倒的讚揚(中國時報,1985 年 4 月 18 日:3)。不幸的是同年 8 月初,醫師在預產期前一週的產前檢查中,發現這對雙胞胎已經死亡。國內三大報社報導了此事,但都沒有放在頭版,而是刊在第 3 版或第 5 版的角落位置。《中國時報》刊出一篇批判社論,作者呼籲建立醫學倫理評估,處理 IVF 可能帶來的健康風險(常玉慧 1985)。對此,台北榮總發布回應,強調雙胞胎的健康風險本就較高,此次死產也不是 IVF 技術導致(中國時報,1985 年 8 月 17 日:5)。在 1980 年代中期時,醫學與流行病學研究已經證實雙胞胎死產的風險,比單胞胎高上 2 至 3 倍(Bleker, et al. 1979; Imaizumi et al. 1980)。然而,台灣沒有任何一家媒體報導如果在 IVF 治療過程植入多胚胎,雙胞胎率會隨之增加。隔年(1986 年),第二起悲劇在榮總台中分院發生,一名產婦與她腹中一對 IVF 雙胞胎一死一傷。失去至親的家屬難忍憤怒,執行手術的醫師也極其沮喪。然而,相關新聞報導依然強調雙胞胎孕產的高風險,而非 IVF 技術本身帶來的風險(林靜靜 1986)。

這些多胞胎妊娠引發的死亡案例，並未減損 IVF 在台灣社會中的光環。人們仍對醫療突破與 IVF 技術進展感到振奮，並繼續致力於成就各種「第一」。每家醫院的第一位試管嬰兒都會成為媒體焦點。除此之外，各種技術上的「第一」都會登上媒體，被當成醫療技術上的重要里程碑。像台灣第一位「禮物嬰兒」（GIFT，配子輸卵管內植入術）、第一例試管三胞胎、第一例 ZIFT 三胞胎（zygote intrafallopian transfer，ZIFT；受精卵輸卵管內植入術），以及「世界首例結合帶狀切割法和冷凍保存法的試管嬰兒」（S. Y. Chang et al. 1991）。當媒體報導試管嬰兒家長，往往會著重於他們戰勝不孕的喜悅之情，以及多胞胎的結果如何令他們幸福感倍增。例如在台灣第一例試管三胞胎出生半年後，即使嬰兒一直都在保溫箱中受到照顧，媒體下的標題卻是「一勞永逸」（聯合報，1985 年 11 月 17 日：5）。1988 年，長庚醫院誕生了試管四胞胎，其中有三個寶寶都屬於「極低出生體重」（低於 1500 克）。即使新聞報導附上四名寶寶住在保溫箱的照片（圖 3.2），文章標題卻依然將事件定調為「喜出望外」，並強調是「多植受精卵」造成了「豐收」（中央日報，1988 年 2 月 10 日：11）。

不過，長庚四胞胎的事件終於引發批評，媒體對頻繁的多胞胎孕產以及創造風險的多胚胎植入提出質疑。就在試管四胞

胎誕生同一天,長庚醫院同時接生了另一組因為排卵藥物而孕產的四胞胎。隔日,第三組因為排卵藥物懷孕的四胞胎緊接著出生,但這四名早產兒(不到 24 週)出生後全數死亡。短短兩天後,同一間醫院就誕生了三組四胞胎,引發社會大眾的關

圖 3.2:1988 年關於長庚醫院四胞胎誕生的報導

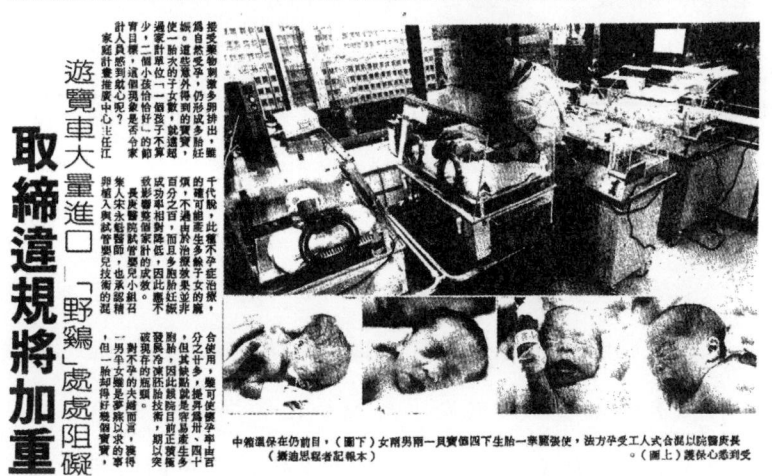

資料來源:中央日報,1988 年 2 月 10 日:第 11 版。感謝網赫資訊科技股份有限公司提供

第三章　當 IVF 成為國家之光

心與擔憂。各大媒體不約而同強調不孕症治療的副作用，將其稱為「多胞胎的危機」（戴雪詠 1988），並紛紛點名多胚胎植入為禍首。媒體報導披露，在這些四胞胎案例中，醫療團隊最初總共取了 10 個卵，先採配子輸卵管內植入術（又稱為 GIFT 法）把 5 個卵子與精子植入輸卵管，接著再採 IVF 法，植入 2 個胚胎（中國時報，1988 年 2 月 10 日：12）。對此，長庚醫院強調兩種方法雙管齊下，才能夠提高成功率。在 1988 年，國際社群已開始將 IVF 的胚胎植入數目上限訂定為 3 個，但是台灣第一份全國統計報告就顯示，從 1985 年到 1993 年年間，有 51% 的 IVF 週期植入 4 個以上的胚胎，結果就是平均每 4 次活產就有 1 次是生下多胞胎（袁子倫 1995）。

從當時醫師的角度來看，如果要處理人工生殖低懷孕率問題，就難以避免多胎妊娠的風險。為了回應四胞胎爭議，當時率領長庚醫院團隊的宋永魁醫師為文回應：

> 多胞胎是生殖科技帶來的新問題。在生殖科技無法完全控制胚胎著床的情況下，為求成功率的提高，唯一方法只有植入較多的胚胎......如果在第 6、7 週的超音波顯示有多名胎兒，產婦與醫師勢必得面對一個問題：應不應該減少胎兒的數目？（宋永魁 1988）

如第一章指出,像這種用「效益與風險」框架來界定爭議的做法很早以前就存在(例如:Speirs et al. 1983),也曾引發一些批評(例如:Wagner and St. Clair 1989)。當多胞胎孕產在台灣頻繁出現時,醫師時常主張多胚胎植入是對病人有利的做法,並且強調病人反覆求孕失敗的挫敗感,而鮮少提及多胞胎妊娠的健康風險。

此外,宋永魁醫師的言論也彰顯台灣當時已從重視「成功事件」,轉而重視「成功率」。儘管有些醫院還在努力實現院內第一個成功試管嬰兒的案例,但部分領先的醫院已經開始追求更高的成功率。而且根據宋永魁所言,如果醫療團隊透過超音波發現有超高多胞胎(例如長庚醫院的那三組四胞胎),減胎手術是一個可能選項。雖然宋醫師當時基於道德考量並未執行減胎,但他在文中表示,希望社會大眾與宗教界能理解,並呼籲國家立法支持,讓產婦先懷孕再減胎。話雖如此,長庚醫院並沒有等台灣社會與法律制度就緒才執行減胎手術。在發生四胞胎爭議與宋醫師投書短短兩個月後,長庚醫院成功執行減胎的新聞再次見報,並且不是像日本根津醫師一般,被當成是爭議事件,而是又被當成是一樁醫療突破。

減胎作為技術解方

減胎逐漸成為台灣生殖專家因應多胞胎孕產的技術解方。有些醫院再次將這項技術定位為醫療突破。長庚醫院在 1988 年執行減胎，成功將四胎減為三胎。他們對外界公布消息時，指稱這是世上屈指可數的成功案例之一（民生報，1988 年 4 月 25 日：14）。此後數年間，台灣各地陸續出現不少需要減胎的案例，例如台北榮總的八胞胎（民生報，1988 年 12 月 21 日：23）、新竹的九胞胎（中國時報，1995 年 1 月 27 日：13）、苗栗的七胞胎（中國時報，1998 年 5 月 12 日，北台灣第 12 版）。這些超高多胞胎懷孕的案例，全都是因為在療程中植入了 7 個或更多的胚胎，或使用刺激排卵藥物所致，因此都需要透過減胎手術將胎兒減到只剩雙胞胎。早期醫界剛引入減胎，生殖專家曾向媒體解釋，是要「確保剩下的胎兒平安」，也會提及減胎的主要副作用是有 10% 至 15% 的機會引發流產，失去所有的胎兒（洪淑惠 1995）。這裡有關流產的統計數字來自其他國家，並非根據台灣本土數據。減胎逐漸成為人工生殖技術網絡的一環，以管理多胎胞胎懷孕帶來的健康風險。

不同於日本和其他國家，減胎在台灣無論技術上或法令上都未涉及墮胎爭議。如第一章所討論，1980 年代以降，歐美國

家先後開發出不同減胎技術，後來醫界才逐漸建立共識，主要以腹部針刺的方法執行減胎。台灣引入減胎技術時，直接跳過近似墮胎的子宮吸引術，雖然還是有部分透過陰道來減胎，但醫界很快就採行經由腹部針刺的減胎做法。最早的臨床報告來自台大醫院團隊。從 1989 年到 1990 年間，台大醫院總共執行 9 次減胎手術，只有第 1 例是透過陰道方式減胎，其餘 8 例都是採用腹部針刺向胎兒注射氯化鉀的方法（Ko et al. 1991）。

這種技術選擇，有部分原因是醫療團隊中加入了執行羊膜穿刺檢查的醫師成員。羊膜穿刺檢查會從產婦腹部針刺，取出羊水進行基因檢測。醫師若專精羊膜穿刺，轉換成減胎便很容易偏好經由腹部進行。當年，台灣率先投入減胎技術的 Q 醫師由於專精染色體研究而加入 IVF 團隊，後來成為台灣減胎的重要專家。在訪談時，我詢問他是否還記得自己的第一次減胎經驗：

> 當然記得！我搞得滿頭大汗（笑）。其實減胎沒有很難，我大概從 1982 年就開始做羊膜穿刺，比減胎（約 1980 年代晚期）早個幾年。這兩個手術滿像的，都要先用超音波引導，再從腹部針刺。其他生殖中心因為要從陰道取卵，比較習慣從陰道去減胎。但我自己因為有在做羊

膜穿刺，喜歡從腹部做，比較沒有細菌感染的問題，尤其會比從陰道做好。我的方法比較安全。（Q 醫師，訪談，台北，2017 年 8 月 3 日）

由於在引進減胎手術早期，團隊內就有會進行羊膜穿刺的醫師（例如 Q 醫師），台灣很快便選擇採用經腹部減胎。後來經過研究證實，經腹部減胎的做法也比從陰道執行更安全，流產和感染率都比較低（例如：Timor- Tritsch et al. 2004）。大多數臨床報告顯示除了台大醫院之外，其他人工生殖團隊也開始經腹部減胎（例如：Hwang et al., 2002; Cheang et al., 2007）。

1984 年，台灣通過《優生保健法》，醫師得以合法進行胎兒遺傳性疾病的侵入性產前檢測與人工流產，同時也正式確立羊膜穿刺的合法地位（謝豐舟 2014）。我訪談的醫師也說，減胎可能會碰到一些道德問題，但不會有什麼法律問題。無論是就方法、行動者、法律面來說，減胎在台灣常被視為接近羊膜穿刺的技術，而不見得是墮胎。

整體而言，由於減胎在台灣並未如德國、美國涉及墮胎的道德爭議，也沒有像日本那樣產生專業之間的衝突，這項技術很快成為台灣因應多胎妊娠的常見手段。儘管有媒體曾在報導中以「殺胎」一詞呈現減胎隱含的爭議性質（例如：張耀懋

1994b; 薛桂文 1994），但由於沒有什麼行動者持續推動這項爭議，「殺嬰」這個詞彙與指控很快就消聲匿跡。人工生殖界逐漸浮現一種新的分工方式：人工生殖專家負責實現懷孕，羊膜穿刺專家（或婦產科醫師）則在必要時負責減胎。有些早期執行過減胎的人工生殖醫師後來轉而請其他醫師協助施術（張耀懋 1994b）。我訪問人工生殖醫師為何不自己執行減胎，他們多半如此回答：「我的工作是創造生命，所以不喜歡減胎。」這透露出醫師們確實會面臨減胎涉及的道德困境，但不見得因此投入行動減少多胞胎懷孕發生，而是將減胎工作轉手給他人處理。

到了 1990 年代晚期，將試管嬰兒技術視為國家光榮的社會技術想像，促成重視成功勝於風險的預想框架。當然，母嬰雙亡的悲劇事件與減胎引起的道德疑慮，在台灣並非總是不痛不癢，只不過媒體報導更重視各種成功事件。例如南台灣的第一例試管嬰兒、全台首例植入冷凍胚胎成功孕產的試管嬰兒，就連四胞胎順利誕生與減胎成功這種在其他國家會掀起波瀾的爭議事件，在台灣現身時還是被當成重要成就。或許最令人震驚的例子，是 1997 年出現的十胞胎懷孕案例。李茂盛醫師在受訪時表示，此例應該是全國首例（李幼琳 1997）。最後團隊為產婦執行減胎，將十胞胎減為雙胞胎。面對愈來愈多見的多

胞胎懷孕，台灣人工生殖專家開始提倡各種風險管理技術，且格外偏好當時的新興科技，例如冷凍胚胎技術、胚胎篩選方法。但這些新科技需要時間發展才可能完備。社會中逐漸浮現呼籲立法規範胚胎植入數目的主張，其中也不乏來自生殖醫學社群的聲音。台灣的政府有推動什麼管制嗎？

管制單位：臨床歸臨床

台灣政府的人工生殖管控措施其實起步得很早，但比較側重於「社會問題」，而不是管制臨床措施。當年第一位試管嬰兒張小弟誕生時，已經引起法律界人士注意（例如，陳國慈 1985；聯合報，1985 年 10 月 15 日：3）。法律界的疑慮主要集中在第三方捐贈、代孕與親子關係認定等面向，其中有些措施其實早在 1950 年代開始的人工捐精中就出現過，但要等到試管嬰兒燃起討論熱度，才受到更多注意。為了回應相關公共討論，當時的行政院衛生署設置了諮詢委員會（人工生殖技術管理諮詢小組）。委員會由 11 人組成，其中有半數以上（6 位）為醫師，負責提供人工生殖技術相關的政策建議。一名高階政府官員在受訪時表示之所以設立特別委員會，是參考過往處理家庭計畫與墮胎合法化議題時的做法（政府官員 Q，訪談，

2011年）。1986年，張小弟誕生一年後，行政院正式提出台灣首份官方管制法令「人工生殖技術倫理指導綱領」，明文規定人工協助生殖技術僅供不孕夫妻使用、應由合格醫事人員實施，並明定不得有用任何方式買賣精、卵或胚胎等商業行為，可說是台灣最早對相關社會疑慮做出的回應。

1990年，台灣醫學界出現了兩個人工生殖相關的醫學專業團體，一是中華民國不孕症醫學會（2000年後改名為台灣生殖醫學會），另一為中華民國生育醫學會。這兩個單位的理事長經常擔任政府諮詢委員會的成員。儘管政府扮演主要角色，但涉及人工生殖技術的相關政策規範在相當程度上還是以醫學專業人士主導。

台灣政府對人工生殖技術的管制愈來愈細，但一直沒有涵括植入胚胎的數目。政府一路邀請各方提供立法意見，在1994年發布的《人工協助生殖技術管理辦法》內容包括實驗室設置的標準，同時規範IVF與捐贈精卵等人工生殖需要取得政府許可。衛生署於1988年首度發布許可證，一共有48間人工生殖機構合格。實驗室評估項目的總分為125分，其中冷凍保存卵子、精子、胚胎的技術為3分，而那時胚胎植入數目根本沒被列為評估項目之一。

這樣的做法顯示，政府認為像是胚胎植入數目這類的臨

床措施是屬於醫療專業領域，行政管制不需介入。曾有台灣媒體報導英國 1990 年通過的《人類受精與胚胎研究法》相關法規範，將之視為先進國家的監管典範，並詢問政府台灣是否有機會發展類似規範（張耀懋 1994a; 袁子倫 1995）。然而，相關官員在受訪時強調，要對人工生殖技術這類「發展迅速」的新興科技進行管制，可能會限制其創新發展的空間（張耀懋 1994a）。英國在人工生殖法案的第一版實務準則中，就明定植入胚胎數目必須少於 3。我訪談一名台灣政府官員，她認為比起政府管制，更應該提倡醫界自律：

> 胚胎植入數目涉及醫師的臨床判斷。個案不同，判斷就也不同。法律如果規定一個具體數字，就會變成硬性規定。而且要改的話得經過很多程序。還是保留空間讓醫師自己判斷比較好。（政府官員 M，訪談，2011 年）

根據這位官員所說，衛生署更偏好將這些臨床判斷留給醫界。相較於立法規範（例如德國與英國在 1990 年就直接立法，限制胚胎植入數目不得超過 3 個），如果能利用醫界自訂的自願性指引，就可能讓醫界保有一定的專業自主性，同時確保其專

業倫理與責任。[5]

台灣醫界普遍不喜歡國家立法管制臨床作業程序。值得注意的是，部分台灣人工生殖專家還是認可國外胚胎植入數目的相關法規（特別是英國），主張應該由國家介入管制。例如台大醫院的不孕治療專家李鎡堯醫師，就曾認為台灣多胞胎的發生率過高，並呼籲推動作業程序的標準化（李鎡堯 1995）。不過其他人工生殖專家在論及多胞胎風險時，往往更偏好透過技術解決，例如完善冷凍技術或改良胚胎篩選方法的品質。他們也時常提到監管有其侷限，像是立法限制並無法解決由刺激排卵藥物引發的多胎妊娠問題（張耀懋 1994b）。這些政策建議方向都想避免英國採取的模式，也就是對臨床程序施加標準化的限制。

1990 年代台灣的決策結構，也強化了醫療專業人員在人工生殖領域享有的自主性。人工生殖技術諮詢委員會與主管單位隸屬於行政院衛生署，而英國人工生殖管制機構 HFEA 的委員會卻獨立於政府部門之外。HFEA 委員會規範會員的組成，必須擁有足夠多元的專業領域與一般民眾（Johnson 1998），

---

5 台灣媒體有時會舉英國1990年的《人類受精與胚胎研究法》為政策參考方向，部分原因在於這項法案是英語世界的醫學期刊與主流媒體上最廣為報導的監管模型（記者 W，訪談，2011 年）。

而台灣的諮詢委員會幾乎由專業醫療人員主導。此外，當時台灣社會也缺乏許多促使英國政府採取行動、加以管制的條件。例如那時台灣完全沒有宗教團體或反墮胎團體出面，倡議胚胎的生命或其他價值（Franklin 1997; Inhorn 2003）。至於台灣的法律與社科領域學者雖然關心人工生殖科技，但他們往往更為關心此項科技的「社會面」，而把「技術面」留給醫學專業。整體而言，1990年代的台灣社會較不存在任何利害關係人或團體，足以施壓或推動政府管制胚胎植入數目。

人工生殖監管組織的報導與建議，是否造成台灣一些壓力

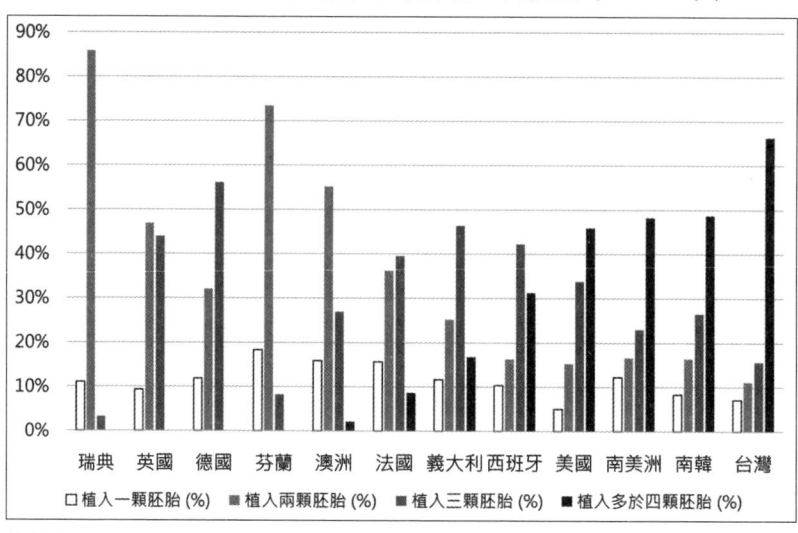

圖表 3.1：部分國家的胚胎植入數目分布狀況（1988年）

資料來源：IWGRAR 2002

呢？在 1990 年代，透過數據蒐集與登錄回報進行健康監控已是全球治理的常見策略。根據國際人工協助生殖技術數據工作小組（IWGRAR）2002 年發布的全球統計，全球 44 個國家中，台灣的移植胚胎平均數目為 4.07，是全世界最高；其次則依序為美國（3.46）與南韓（3.45），芬蘭和瑞典的平均移植數目則都少於 2。台灣的政府登錄制度始於 1998 年，這份報告也因此有辦法被放入台灣的資料。如圖表 3.1 所示，台灣有 66% 的 IVF 治療週期植入 4 個以上的胚胎。相較之下，法律規範最多只能植入 2 個或 3 個胚胎的瑞典、英國、德國，則完全沒有任何植入超過 4 以上的案例。不過，台灣數據高居世界第一的排名情況卻完全未獲得台灣媒體報導，也沒有激起任何公共討論。

我曾問過幾名台灣生殖醫學會的意見領袖，台灣醫界是否知道這個國際排名？醫師 S 表示：

> 有，我們開理監事會時有提到這個資料。台灣的統計結果看起來實在很糟，大家也覺得應該要改進，但這個壓力沒有持續太久。**大多數醫師還是最關心成功率。**實驗室不夠強的生殖中心往往就得多植入幾個胚胎才能提高成功率。要制定嚴格規範也不容易，畢竟我們（台灣生

殖醫學會）也不想讓會員在經營上出問題。成功率高、名聲好，客戶才會上門，所以大多數人還是優先追求高成功率，等之後碰到多胞胎的時候再做減胎。（S醫師，訪談，台北，2010年）

國際統計並未創造足夠的壓力，各醫療院所的成功率依然排在優位，畢竟維持高成功率讓生殖中心得以繼續經營下去，才是主要考量。面對高度競爭的人工生殖領域，醫學專業團體也不能輕易影響會員的生計與經濟利益。

試管寶寶大集合：排出台灣圖案

試管嬰兒的健康狀況可以透過兩種意象來呈現。一種是試管嬰兒們大集合的照片，另一種是出生後的追蹤健康數據。從1990年代晚期開始，台灣幾間醫院與不孕團體開始舉辦活動，邀請過往順利誕生的試管嬰兒齊聚。例如人工生殖專家李茂盛醫師創立的中華民國不孕症基金會，就曾在1997年兒童節當日舉辦大型聚會。當天共有700名試管嬰兒前來與會，包括100對雙胞胎、15對三胞胎、3對四胞胎。孩子們的年齡從1歲到11歲之間都有。現場除了舉辦爬行遊戲、拔河比賽外，

還請了兩名小兒科醫師提供與會兒童心臟超音波檢查。李茂盛醫師對媒體宣稱，根據一份針對 1200 名試管嬰兒的追蹤調查，有「1/3 試管兒童是資優生」，並提出或許是因為團隊在 IVF 治療過程會妥善篩選精子，加上家長對孩子細心照料（趙曉寧 1997）。中華民國不孕症基金會綜合調查結果，以及 1997 年活動現場進行的健康檢查數據，指出：「試管嬰兒在智商與健康都沒有問題」（陳正喜 1997），

在那之後，許多試管嬰兒大集合的活動，都是要展現試管家庭的幸福與成就（柯永輝 2003）。台北榮總曾舉辦類似活動，安排試管嬰兒回醫院和「另一個爸爸」張昇平醫師相見（韋麗文 2005a）。其他醫院也會使用「回娘家」的用語宣傳醫療院所的成就（例如，李青霖 2006）。但是規模最大的恐怕還是李茂盛醫師團隊。在中華民國不孕症基金會與李醫師的召集下，全台 1232 位大小試管寶寶在 2011 年大集合。這場聚會不僅打破維也納在 2007 年，以 1180 位試管寶寶創下的金氏世界紀錄，主辦單位為了慶祝中華民國建國一百年，還安排上千位台灣試管嬰兒戴起粉紅色帽子，排成超大的台灣圖案（莊亞築 2011）。試管嬰兒作為台灣之光仍持續照亮眾人。

相較於歡樂、趣味與破紀錄的大集合，試管寶寶的流行病學數據就令人擔憂。為了建立早產兒的健康模型，台灣周產期

醫學會在 1987 年到 1996 年年間蒐集了 6 間醫院的相關數據，發現雙胞胎的早產率為 36.9%，三胞胎為 75%。這份調查報告更預測，隨著不孕治療愈漸頻繁，國內早產率將會繼續提高（施燕飛 1998）。有些生殖中心請兒科醫師追蹤試管嬰兒出生後的健康數據，結果發現有 20% 的試管寶寶有發展遲緩的跡象（洪淑惠 2000）。台灣從 1998 年開始就推動人工生殖技術登錄制度，蒐集的 IVF 健康數據資料完整、品質良好，遠勝過採自願登錄制度的日本與韓國（Wu et al. 2020）。根據這些豐富的登錄資料顯示，自 1998 年以來，有超過四成的試管嬰兒屬於低出生體重（未達 2500 克；衛生署國民健康局，2003），這代表有近半數的試管嬰兒在出生後就需要額外的醫療照護。至於屬於「極低出生體重」（未達 1500 克）的試管寶寶，甚至可能因為帶有嚴重障礙而終生需要醫療介入，這些數據與試管寶寶歡樂大集合的意象簡直是天壤之別。試管嬰兒作為台灣之光，似乎蒙上一層陰影。

小結

本章揭露了國家的社會技術想像如何形塑預想治理的發展軌跡與運作動態。試管嬰兒在台灣以國家光榮的形象現身時，

人工生殖醫學社群一直是主導性最強的行動者。他們主要透過成功事件與成功率來界定預想的走向，偶爾才會論及健康風險的面向。就連在多數國家都會引發高度爭議的減胎手術，在台灣也能被定位成醫療突破，迅速被納入 IVF 的技術網絡，作為管控多胞胎孕產風險的技術解方。隨著國內發生四胞胎爭議、母嬰雙亡案例，早產兒流行病學數據令人憂慮，IVF 與刺激排卵藥物造成的多胞胎孕產風險，才終於引發更多的公共辯論。在 2000 年代之前，台灣政府更傾向於將胚胎植入數目的規範交由醫界自我監管，並把臨床判斷留給人工生殖醫學社群決定。

日本與台灣經驗之間的鮮明對比尤其值得討論（見表 3.1）。IVF 在 1980 年代早期進入東亞，日本對新科技可能引發的爭議相當警覺，但台灣卻將其視為展現國家實力的台灣之光。這個差異有助於解釋為何日本採取嚴格自律的方式監管 IVF、建立社會信任，從而建立起 JSOG 計畫的監管模式，更強制推行單一胚胎植入的指引，有效降低健康風險，而台灣則有不同的發展（見表 3.1）。這種社會技術想像值得我們進一步探索，以協助我們釐清世界各地的預想治理為何如此不同。台灣平均植入胚胎數目即使為世界最高，醫學會和政府一直並未積極介入改變，但到了 2000 年，社會中開始出現新的聲音。

小兒科醫師、憂心的母親、早產兒基金會與深具反思力的人工生殖專家，紛紛開始為難以發聲的早產兒說話。健康風險終於成為預想的新方向。

表格 3.1：日本與台灣 IVF 預想治理比較

	日本	台灣
對 IVF 的國家社會技術想像	爭議	光榮
主導的預想面向	風險預防	追求「第一」
對減胎的界定	引發爭議	醫療革新＆例行科技解方
1990 年代對多胞胎懷孕的預想實作	JSOG 的胚胎植入臨床指引	專業自主性

（JSOG：日本產科婦人科學會）

第四章

世界上最寬鬆的管制規範

2001年，國際生殖學會聯合會（IFFS）發表報告，詳列各國胚胎植入數目的規定，其中有一類叫做「無限制」（Jones and Cohen 2001）。「無限制」代表缺乏胚胎植入數目的相關指引。在IFFS調查的39個國家中，超過半數國家有明確限制胚胎植入數目上限的指引或法規，而台灣則被歸在「無限制」類別，還加上一個括號標註「＜6」，代表台灣例行的胚胎植入數目少於6個（Jones and Cohen 2001: S12）。當時已有國家規範雙胚胎植入，「少於6個」的案例已相當極端，但台灣的實際狀況可能比這個數字還高。根據台灣的登錄資料，在2000年時，全台有近20%的治療週期植入了6個以上的胚胎，最多甚至高達9個胚胎（衛生署國民健康局，2003）。加拿大和希臘也被列在「無限制」的類別裡頭，後頭同樣標註「＜6」的字樣。相比之下，瑞典、英國、比利時、日本早在2000年代初期，就已經透過國家或醫學會強制限制植入胚胎數目的上限是2個或3個（詳參第一章、第二章）。台灣一直要到2005年才首度出現胚胎植入數目的相關規範，至今總共修訂三次。雖然台灣已不再屬於「無限制」的類別，但從人工生殖法的法令與生殖醫學會的指引來看，台灣對胚胎植入數目的限制仍是世界上最寬鬆的管制規範。

本章分析台灣制定胚胎植入數目指引的過程。台灣如何開

始管制?在打造管制規範過程,誰是關鍵的利害關係人?如果臨床措施一直是由醫師所主導,這樣的權力動態有何變化?既然設定胚胎植入數目的管制是世界趨勢,哪些國家的監管模型被認為值得借鏡?什麼是「接觸地帶」(contact zone)?多數研究在討論人工協助生殖科技監管措施時,多以國家為分析界線,而台灣作為採行胚胎植入數目限制的後進國家,本身經驗有助於展現全球與在地互動的特性。我的分析起點是要辨認出啟動監管胚胎植入數目的利害關係人。最初弱勢者翻轉局勢的支點,或許是從一名悲傷母親的淚水開始。

「一位悲傷的母親」

在 2000 年台灣早產兒基金會的電子報,刊出了一篇題為〈來自一位悲傷母親的真情告白〉的故事,訴說早產三胞胎家庭經歷的種種苦楚。故事順著母親的經歷展開,這名母親被植入 5 個胚胎,過程中懷上四胎,並減至三胎。最後孩子在第 25 週早產出生。母親在文章中,抱怨主責醫師提供她誤導性資訊:

> 回憶當初減胎時,我們夫妻敦請醫師以安全為考量,視情況幫我們減胎,醫師留三胞胎解釋說:怕減胎太多影

響另外胚胎之著床、並叮嚀懷胎時父母會很辛苦，現在有很多成功產下三胞胎的案例，醫院小兒科很強，我們也就依照醫師的指示一路走下去。......辛苦對長之於農家的我們並不擔心，以為只要肯吃苦，終究將如播種般獲取豐碩的果實，於是全力配合。怎知一分耕耘卻無法一分收穫，之前所花的心血不算，未來尚不知需要再投入多少心力。......為什麼醫師當初不向我們言明二胞、三胞其需要面臨的危險。（一位悲傷的母親 2000）

這類「悲傷母親」的聲音過去鮮少出現在公共領域。早產兒基金會創造了一個平台，以母親視角揭露各種醫療不當行為，並提出政策建議，例如提供多胞胎孕產健康風險的正確資訊。後續的媒體報導提出這名悲傷母親的三胞胎孩子有嚴重的健康問題（楊惠君 2002），讓人關注早產兒基金會提出的疑慮。IVF的運用引發早產兒激增，相關統計已呈現堪憂的數據，但真正引起大眾共鳴的往往是發生在個人身上的悲劇經歷。

　　早產兒基金會成為批判人工生殖的新力量。該基金會成立於 1992 年，致力於支持早產兒家庭。基金會的總部設在以小兒科聞名的馬偕紀念醫院。面對多胞胎早產兒數量從雙胞胎、三胞胎到五胞胎持續增加，早產兒基金會大約從 2000 年代開

始有所回應。例如在討論到一對五胞胎誕生事件時，鄒國英醫師就提出試管嬰兒整體健康狀況比較差，主要是因為多胞胎比較容易早產（楊惠君 2000）。鄒國英醫師是當時台大醫院小兒科照護新生兒的權威，也是早產兒基金會董事。她的說法有憑有據，是參考從 1995 到 1996 年間在台大醫院出生的 100 名試管嬰兒所做的研究（Chou et al.2002）。風險預防與避免助孕科技技術濫用，逐漸成為早產兒基金會的新議程（楊惠君 2002）。2002 年，有一位雙胞胎爸爸在早產兒基金會 10 週年紀念活動上表示，他的太太兩度懷孕，一次是四胎、一次是七胎。雖然他們兩次都減到兩胎，但都還是早產。這名父親沉重的發言廣受媒體報導（例如：邱俊吉 2002）。

　　早產兒基金會開始向人工生殖社群施壓，呼籲採取預防措施。除了這些具有情緒渲染力的個人故事，台灣豐富的登錄資料也成為利器。2002 年，當早產兒基金會慶祝成立十週年時，試管嬰兒的早產率是 43.8％，其中有 6.2％屬於極低出生體重，這是台灣有紀錄以來最高的比例（衛生署國民健康局 2005a）。一名積極參與早產兒基金會的成員就對我分享她如何運用數據，向人工生殖的意見領袖們施壓：

　　有超過 43% 的 IVF 嬰兒早產，還有 7％體重低於 1500

克。太可怕了！這些全都是那65家生殖醫學中心害的。我向李國光醫師報告這些數據，一直問他該怎麼辦……他說那我們來幫會員準備一些教育課程。從[1995年]台灣實施全民健保以來，我們就有在追蹤早產兒的健康狀況。目前已經完成兩份關於早產兒健康狀況的白皮書，其中，大概有1/4到1/5的小朋友有輕微到嚴重不等的神經和發展問題。真的很慘。我希望醫界可以好好提供這些資訊。（早產兒基金會核心成員，訪談，2002年）

早產兒基金會透過呈現這些「可怕」的數字與悲慘故事，成功說服人工生殖社群採取行動。在日本，IVF的改革動力之一是來自小兒科醫師與人工生殖醫師之間的跨專業衝突；而在台灣，促成轉變的主引擎卻是早產兒基金會。負責領導人工生殖團隊的李國光醫師，任職於早產兒基金會的基地馬偕醫院。他當時也擔任台灣生殖醫學會的理事長，成功擔任早產兒代表與人工生殖專家社群間的溝通橋樑。終於，新的預想與新的成功定義在台灣出現，目的是要避免健康風險並促成活產。

台灣生殖醫學會採取的第一波行動是推廣教育與告知同意。學會持續辦理大小研討會與在職進修課程，建議醫師植入

適當的胚胎數量。例如在 2002 年，有一場標題為「最小化多胞胎懷孕風險」的研討會，就是由早產兒基金會執行長賴惠珍與生殖醫學會理事長李國光共同主持。在研討會上，更有三名講者分別針對單胚胎植入的可行性、減胎、人工生殖與早產兒之間關係等主題發表演講。生殖醫學會也調整人工協助生殖科技的同意書範本，在上頭加註「人工生殖會增加多胞胎與早產機會」的警語。在某次媒體受訪中，李國光醫師還建議台灣醫師參酌美國生殖醫學會的指引植入 3 到 5 個胚胎，並依照受術女性年齡進行判斷（楊惠君 2002）。正如第一章所示，早自 1980 年代晚期開始，已經有其他國家的政府或醫學會採取行動，透過指引或法規限制植入胚胎數量，而且這些做法也確實能有效改變臨床行為。李國光醫師擔任台灣生殖醫學會的理事長，自然也很清楚學會指引的重要性。不過令人好奇的是，為什麼台灣醫界會建議參考美國生殖醫學會的指引，而不是其他國家的版本，例如英國、德國或日本？

「美國模式 +1」

讓我們再回顧一下 2000 年初期的全球趨勢。為了解決多胎妊娠帶來的問題，限制植入胚胎數目已經成為全球常見的做

法。而根據國際生殖醫學會聯合會（IFFS）報告，當時美國指引是最寬鬆的（Jones and Cohen 2001: S12）。美國在 1999 年發布的指引，依照不同年齡可植入 2 到 5 個不等的胚胎。這份指引在 2004 年經歷修正，改為可植入 1 到 5 個胚胎。台灣醫界很明白歐洲國家與澳洲的管制趨勢是朝向單胚胎或雙胚胎植入發展，也曾在媒體上引介這個模式（賴朝宏 1998，2002；蔡佳璋 1999；簡逸毅 1999），然而，當台灣要真正制定本土版的指引，還是以美國指引當作最終範本。

2005 年，台灣生殖醫學會首次針對胚胎植入數目公布了臨床指引。2005 年 2 月，負責起草指引文字的賴英明醫師在台灣生殖醫學會的綱領草案提出：「近來由於胚胎培養方法的改進，**慎選 2 到 3 個較好的胚胎**植入子宮的懷孕率已經很理想……若能限定只植入 2 個囊胚，不但可以維持高懷孕率，又可以避免高胎數多胞胎妊娠」（賴英明 2005:7；強調處為本文所加）。但是同年 6 月正式公布的指引卻更加寬鬆。按照產婦年齡，35 歲以下的女性可植入 2 到 3 個胚胎，35 至 40 歲可植入 3 到 4 個胚胎，而 40 歲以上則可植入 5 個以上。這份指引主要參考美國生殖醫學會 2004 年的版本，但每個年齡組別都各自加了 1 個胚胎（見下頁表 4.1）。有些醫師因此把台灣版本稱為「美國模式 +1」。

制定指引是重要的一步,但為什麼台灣生殖醫學會把曾經提議的 2 到 3 個胚胎,改成 2 到 5 個?一名參與指引制定過程的醫師解釋:

> 台灣 IVF 的整體懷孕率不錯,個別案例卻參差不齊。有些中心很好,有些中心很差。之所以會有高懷孕率,主要是因為有多胚胎植入。台灣植入 1 到 2 個胚胎的比例很低,有些人沒辦法只植入少少的胚胎,就達到夠好的懷孕率。如果指引太嚴格,我們擔心可能會對某些成員不利,這樣一定就會被抱怨。(醫師 L,訪談,2011 年)

醫師 L 的說法,跟 1990 年代台灣醫界希望不受到任何管制的邏輯非常像,那就是不想干涉其他醫師的業務。從 1980 年代到 2000 年代,IVF 已經從「追求第一」的技術競賽轉變為「一門好生意」的市場競爭。政府許可設置的人工生殖機構從 1997 年的 25 家,一路成長到 2001 年的 65 家。對於新開業者而言,無法懷孕的風險依然是最大的挑戰。為了讓部分生殖機構能繼續植入多胚胎以提高成功率,台灣生殖醫學會制訂指引時,以相對寬鬆的美國規範為基礎再加以放寬。

表格 4.1：美國生殖醫學會指引（2004 年）與台灣生殖醫學會指引（2005 年）

美國生殖醫學會 胚胎植入臨床指引			台灣生殖醫學會 胚胎植入臨床指引		
公布日期	女性年齡	可植入胚胎的上限	公布日期	女性年齡	可植入胚胎的上限
2004 年 9 月	35	1–2	2005 年 4 月	< 35	2–3
	35–37	2–3		35–40	3–4
	38–40	3–4			
	> 40	4-5		> 40	5

　　不過，其他國家的醫學會如英國生殖學會、日本產科婦人科學會，也都有制定臨床指引，為什麼台灣生殖醫學會獨鍾於美國生殖醫學會的指引？受訪的醫師們向我提出以下解釋：第一，美國是新興科技的超級大國，值得學習。有一名醫師就跟我說，跟著美國走「不會錯」。第二，美國指引多看了一個變項——產婦的年齡。醫師們認為，參考這種變項能增加他們做臨床決策時的自主性。第三，在 2000 年代中期，美國的指引（2 到 5 個胚胎）跟台灣大多數醫師實際上的運作（小於 6）已差不多，這代表多數人不用大幅改變臨床做法，就能符合指引要求。第四，在所有具臨床指引或規範的國家中，「台灣跟美國最像」（N 醫師，訪談，2011 年）。

第四章　世界上最寬鬆的管制規範

這裡所謂的「最像」，是指台灣與美國當時都沒有提供 IVF 的醫療保險。換言之，IVF 是個處於自由市場上的技術。一名醫界意見領袖就表示：

> 台灣跟美國很像，真的很像。IVF 在兩邊的健保都不給付，消費者可以在市場中自己做選擇。那些歐洲國家的健保都有給付 IVF，所以他們才能夠負擔只植入 1 個或 2 個的限制。我們應該要選跟我們比較像的國家作為參考才對。（醫師 N，2011 年，訪談）

台灣與美國其實可能沒有「真的很像」。從 1995 年開始台灣實施全民健保制度，人工協助生殖科技、醫美手術與變性手術等醫療手術，都不屬於健保給付範圍。儘管不孕夫妻曾出席過公聽會，表達希望將其納入給付以降低經濟負擔，但這些零星呼籲並未成功推動法規變革（吳嘉苓等 2020）。相較之下，美國經過不孕患者團體的遊說，有些州（例如伊利諾州）其實有將 IVF 列入給付範圍（King and Meyer 1997）。2001 年時，已有 3 州（伊利諾州，麻薩諸塞州、羅德島州）完全給付 IVF 的醫療費用，另有 5 州是部分給付（Jain 2002; Reynolds et al.2003）。換言之，認為美國跟台灣一樣，不孕夫妻都得自掏

腰包的說法並不完全正確。此外，台美之間的地理條件與競爭程度也不同，儘管這些因素會影響生殖中心對胚胎植入數目的臨床決定，但制定政策的參與者卻很少著重這些差異。

真正促使台灣生殖醫學會選擇美國生殖醫學會指引的理由，並不是因為兩國人工生殖的體系有多像，而是因為台灣醫界偏好美國模式。台灣人工生殖社群對美國狀況的熟悉感，從進修、受訓階段就已經開始。同前所述，早期一些台灣醫師是去南加州大學醫院或羅徹斯特大學（University of Rochester）醫院的實驗室，學習體外受精技術（醫師 L，訪談，2011 年）。有些台裔美國人曾居中協助幾間台灣醫院設置人工生殖中心，強化台美之間交流。台灣醫界雖然也會去英國、澳洲、法國、日本、新加坡學習技術，或者會參與歐洲人類生殖和胚胎學學會（ESHRE）舉辦的國際研討會。但台灣醫師最常參與的還是美國生殖醫學會的年會，進修時也最常選擇美國的大學醫院實驗室，在學會通訊或國內報章雜誌上最多出現的，也是大家經歷的美國經驗。台灣人工生殖社群對美國模式的親近性，反映台灣自冷戰時期以來在專業知識上的汲取，極大程度依賴美國的現象，包括胚胎植入數目的管制規範。

女性主義立委的挑戰

　　衛生署在 2000 年早期研擬的《人工生殖法》草案,以及立法院後來提出的兩份草案中,其實都沒有納入胚胎植入數目的管制。直到 2006 年,女性主義立法委員黃淑英才以官方統計資料為依據,要求限制胚胎植入數目,加入「不得超過 4 個」的規範。台灣女人連線(以下簡稱台女連)創立於 2000 年,是台灣第一個專注於健康議題的婦女團體,[1] 自創立初期,台女連就致力於推動讓女性取得人工流產相關資源,像是 RU486 藥物。他們對人工生殖科技的立場,跟同期重要的國際女性主義團體 FINRRAGE 價值觀非常相似。上述提及的立法委員黃淑英也是台女連的重要成員,她一直是台灣反對代孕合法化的代表人物。當《人工生殖法》進入立法院時,她堅持在限制胚胎植入數目的法條中新增一款,明定禁止在 IVF 過程進行胚胎性別篩選。

　　黃委員在書面意見中強調,她之所以堅持管制植入胚胎數目,是因為減胎技術會對女性健康造成風險。當草案進入二讀時,她也直接指出台灣確實已有產婦在進行減胎後死亡的案

1　關於台灣女人連線的歷史與主要貢獻,可至台女連的官方網站:http://twl.ngo.org.tw/about-en(上次檢索日期:2021 年 5 月 21 日)。

例，因此限制胚胎植入數目對「婦女健康的保護」而言非常重要（《立法院公報》2006：157）。黃委員提及的死亡案例發生在台北榮總醫院，也就是台灣第一名試管嬰兒張小弟出生的醫院。當時迎接張小弟的張昇平醫師在十七年後（2001年），替一名多胞胎產婦從四胎減至兩胎，在執行減胎後產婦不幸因為嚴重感染而死亡，剩下兩胎也未能存活。家屬向張醫師提起醫療訴訟，歷時超過十年這場悲劇事件才總算告終。這起醫療糾紛只有一間媒體跟進報導（陳重生、張璥文 2002）。黃淑英委員在發言時提出這個案例，主張法律應該明文限制胚胎植入數目。

黃委員也舉出許多國家對胚胎植入數目的管制規範，包括比利時、中國、德國、日本、瑞典、瑞士。作為法律管制的後進國，黃委員採取的是一種台灣立法過程常見的策略，亦即動員其他國家法規作為國際趨勢以說服他人跟進。她在立院會議時強調，北歐國家、比利時與荷蘭已經轉向單一胚胎植入（立法院公報 2006：156）。針對台灣的部分，她則提出政府登錄數據作為基礎（圖表 4.1）。她表示，2003 年時，植入 3 個胚胎的成功率為 22%、4 個胚胎為 35%，5 個胚胎的成功率會降至 15%（立法院公報 2006：157）。據此，黃淑英委員力圖在保護母嬰健康與最大化 IVF 成功率之間的平衡點，「站在保護

婦女健康的立場而言,我們建議植入數不要超過 4 個」(立法院公報 2006:157)。

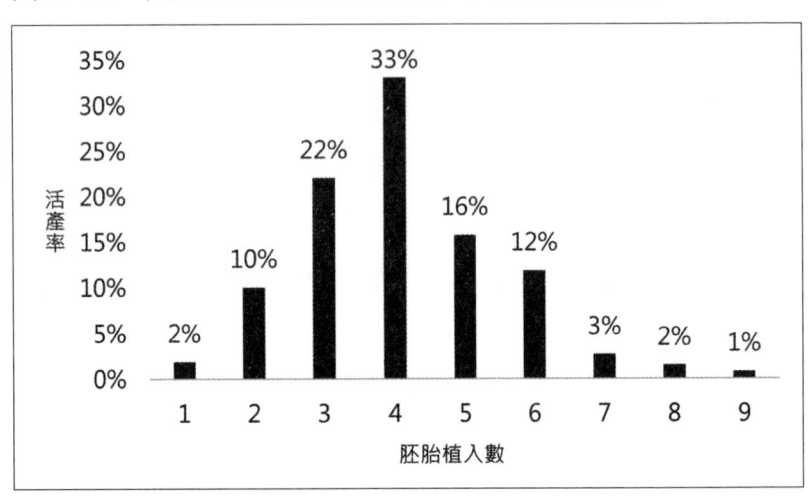

圖表 4.1:黃淑英立委引用的 2003 年台灣統計數據

胚胎植入數	活產率
1	2%
2	10%
3	22%
4	33%
5	16%
6	12%
7	3%
8	2%
9	1%

原圖來自於:衛生署國民健康局 2005b:24

儘管在 2000 年代,IVF 的國際趨勢是要將植入胚胎數目限制為低於 3 個,但台灣在評估限制的寬鬆跟嚴謹程度時,懷孕率依然是最主要考量。對黃淑英委員而言,「不超過 4 個」是在左右為難下提出的妥協方案,這種兩難,源自於要計算跟衡量減胎和反覆嘗試 IVF 的風險孰高孰低。如果在台灣只植入 1 或 2 個胚胎,那將大幅降低懷孕成功率。她無法一味師法歐

洲，而得考慮本土狀況。因此，在權衡女性可能面臨的多重風險後，黃委員選擇根據台灣本土狀況，決定限制胚胎植入的數量。當時被邀至立法院專家諮詢的台大醫院陳思原醫師也在會議上坦承，台灣生殖醫學會的臨床指引是 3 個到 5 個胚胎，要比美國生殖醫學會的規範寬鬆一些。他也同意黃委員的建議，認為「植入 4 個胚胎是合理的。植入過多胚胎的危險性確實滿大……從臨床上來說，植入 4 個應該也是極限，若再植入更多，只會增加多胞胎懷孕機會，也會增加婦女的危險」（立法院公報 2006：157）。黃委員並引用統計數據表示：「植入 4 個的成功率為 33％，植入 5 個就會降至 15％。當婦女要選擇，當然是選擇植入 4 個。」（立法院公報 2006：158）。

地方推動立法考量的另一個因素，也包含健保無法給付 IVF 療程。當陳思原醫師被問到採用單一胚胎植入的可能性時，他表示：「上面有提到規定植入 1 顆的國家，他們的保險是有給付的，也因此比較能承受失敗。但大部分國家的保險對此是不給付的」（立法院公報 2006：157）。陳醫師將單一胚胎植入與保險給付相互連結，解釋為什麼在台灣難以推動單胚胎植入。他描述的內容比較接近比利時模式，或部分北歐國家的做法（詳參本書第二章）。不過，提供公費補助或支持 IVF 的國家其實比陳醫師所說的還要多。根據國際生殖學會聯合會

（IFFS）的調查，有半數調查的國家都有針對人工生殖提供部分保險給付（Jones et al. 2007）。有些國家（如以色列和法國）並未搭配國家的胚胎植入數目限制，就願意提供相對豐沛的經費補助；有些國家（如瑞士和加拿大）則完全不給付保險，但依然要求植入胚胎必須少於 3 個。胚胎植入數目限制與公費補助之間的關係十分多樣，但在立法過程卻呈現出特定的國際趨勢面貌，作為本地正當化寬鬆的立法規範的理由。

黃委員提出「不得超過 4 個」的胚胎植入數目限制，在立法院沒有遭遇任何反對意見，最終順利成為 2007 年公布施行的《人工生殖法》內容。我在研究這段立法的過程中，發現黃淑英委員提出強而有力的數據其實是錯的，因為政府呈現數據的方式有問題而被誤導。根據國民健康局的年度報告，圖 4.1 中的 Y 軸實際上應該指的是「整體活產週期的每一胚胎數佔比」；也就是說，所有活產週期中，有 1.9％來自於植入 1 個胚胎，10.1％來自於植入 2 個胚胎，22.1％來自於 3 個胚胎……加總為 100％。但在年度報告中被寫成「活產百分比」（衛生署國民健康局，2005a：24），很容易讓人誤解為活產率，就是黃委員所說的成功率。而且這個數據應該要用圓餅圖呈現，更能呈現加總為 100％。如果參考不同胚胎植入數的成功率，也就是黃委員真正想引用的數據，那我們會發現在 2003

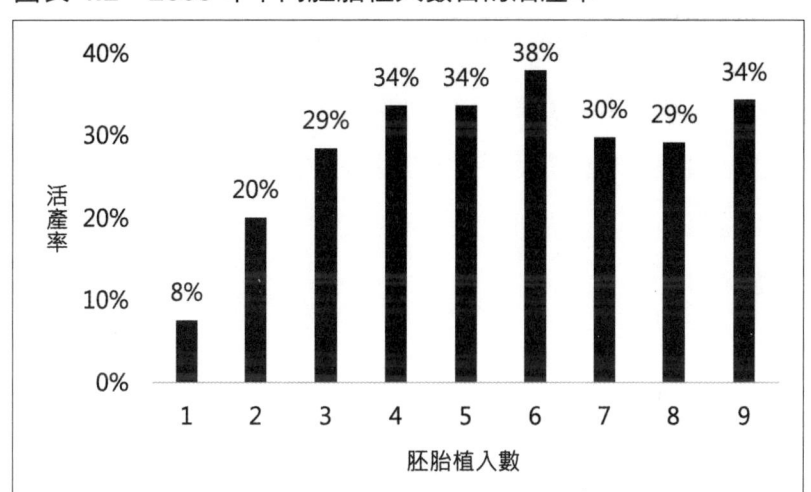

圖表 4.2：2003 年不同胚胎植入數目的活產率

胚胎植入數	1	2	3	4	5	6	7	8	9
活產率	8%	20%	29%	34%	34%	38%	30%	29%	34%

資料來源：衛生署國民健康局 2005b: 23

年時，植入 6 個胚胎的活產率實際上才是最高的（圖表 4.2），而這張圖也有被列入政府人工協助生殖技術調查的年報中。

當時，沒有任何一名立法委員、政府官員或 IVF 專家，指出黃淑英委員在無意間誤用了政府資料。這可能是因為「不超過 4 個」恰好是所有利害關係人之間的最佳妥協方案。對黃委員來說，限縮醫師臨床作為的規範，被正式納入法條；對醫師們來說，「不超過 4 個」也是個相對彈性的標準；畢竟在《人工生殖法》三讀通過並公布施行的 2007 年，全台只有 13.1％的 IVF 週期植入 5 個以上的胚胎（衛生署國民健康局 2009）。

第四章　世界上最寬鬆的管制規範　231

因此,即使「不超過 4 個」的制定來自錯誤的數據解讀,但卻弔詭地滿足各方利益,促成了共識。在界定預想面向時,女性主義者(例如 FINRRAGE 的成員)一向是選擇以健康風險看待多胞胎懷孕的重要行動者,在台灣也確實如此。然而,這個「不得超過 4 個」的新規範,實際上無法有效達到降低多胎妊娠風險的目標。

自願性臨床指引:與 eSET 的距離遙遠

《人工生殖法》在 2007 年正式上路後,台灣生殖醫學會分別在 2012 年與 2016 年二度修訂 2005 年版本的臨床指引(表 4.2)。在 2012 年版的指引中,台灣生殖醫學會再次提及台灣的世界第一,只是這次不是因為成就非凡,而是台灣的臨床施作在全球評比十分極端:

> 在全世界施行人工協助生殖的國家中,台灣是在有法令的規定、無指引的規範下,可植入胚胎數最多的國家⋯⋯人工協助生殖的目的是協助不孕夫婦擁有健康的寶寶,因此本指引希望一方面維持人工協助生殖的成功率;另一方面也減少因人工協助生殖發生多胞胎的風

險。國內的人工協助生殖成功率與歐美並駕齊驅，這份指引參酌先進國家胚胎植入數目的整體趨勢，並透過會議討論與問卷調查後，制定如下⋯⋯（台灣生殖醫學會 2012）

台灣生殖醫學會的聲明反映出一種新的預想與新的成功定義似乎出現了。IVF 應該要能讓人「帶一個健康寶寶回家」，並在維持台灣高成功率的狀況下降低多胞胎風險。不過，這段指引文字依然相當重視台灣在先進國家之列的成功率表現。更重要的是，指引內容完全不是採行最能有效降低多胞胎風險的選擇性單一胚胎植入（eSET）。即使在 2012 年 eSET 在瑞典、日本、比利時等國早已施行數年。

　　台灣生殖醫學會並無意大力提倡單一胚胎植入。實際上，2012 年與 2016 年這兩版依照年齡分組的指引，跟 2005 年版本差異不大（見表格 4.2）。這些指引大致都遵循「美國模式 +1」的做法，只是有兩大不同之處。第一，基於《人工生殖法》的規定，台灣生殖醫學會刪除了「5 個胚胎」的建議，沒有直接援用美國 2013 年版本的做法，針對 41 歲至 42 歲女性最多可植入「5 個」胚胎；如果是囊胚期胚胎，最多則只能 3 個（Practice Committee of ASRM and Practice Committee of SART 2013）。第

表 4.2：台灣生殖醫學會胚胎植入數指引（2005 年、2012 年、2016 年）

女性年齡	2005	2012	2016
	可植入胚胎的最大數目		
< 35	2–3	2	1–2
35–37	3–4	2–3	2
38–40		3–4	3
> 41	5	4	4

表 4.3：美國生殖醫學學會植入胚胎數目上限臨床指引（2017 年）

女性年齡	早期胚胎			囊胚期胚胎		
	整倍體	其他良好情況	其他	整倍體	其他良好情況	其他
< 35	1	1	2	1	1	2
35–37	1	1	3	1	1	2
38–40	1	3	4	1	2	3
41-42	1	4	5	1	3	3

資料來源：Practice Committee of ASRM and Practice Committee of SART 2017: 902.

二，台灣生殖醫學會沒有參考美國生殖醫學會的做法，根據預測胚胎品質訂立不同植入數目上限，因此沒有提出在品質極佳情況下植入單一胚胎的指引。在 2016 年版本中，台灣生殖醫學會只有在二種狀況下建議醫師可考慮單一胚胎植入。其一是針對 35 歲以下、「成功機率高」的女性。所謂的成功機率高，是指求診者有多餘良胚可提供冰凍保存、有囊胚期胚胎，過去有成功試管嬰兒治療經驗者，或經過胚胎著床前染色體檢測，確認為整倍數體的胚胎。這些條件顯示，學會指引需要隨著胚胎篩選技術的改革更新。正如第二章所述，這就是「溯因推理工作」，也就是預想工作中的重要成分。當 2017 年，美國生殖醫學學會發布其指引時，表格中終於出現很多 1（見表 4.3），但台灣生殖醫學會並未像以往一般跟隨美國的腳步，調整指引內容。綜上所述，無論是法律的強制規定（《人工生殖法》規定植入胚胎數目不得超過 4 個），或者醫學會的自願性臨床指引，都無法真正推動台灣醫界往單一胚胎植入邁進。

拼湊零碎的 eSET

台灣醫界還有許多嘗試推動選擇性單一胚胎植入的聲音，但都過於零星，無法真正將選擇性單一胚胎植入的

做法組裝成形。如同一些研究提出，預想治理需要被整合（ensemblization），需要把多種異質的實作合而為一（Barben et al. 2008：990–91）。相較於此，我將有所行動但彼此各異的實作稱為「拼湊工作」（patchwork）。台灣在推動選擇性單一胚胎植入的工程上有所努力，但由於彼此無法協作整合，而僅僅是拼湊工作。在此，我舉出最常見的五種拼湊工作，並分析為什麼這些努力難以達成目標。

拼湊工作一：角色典範力行 SET

　　台灣有幾名醫師致力於實踐選擇性單一胚胎植入，成為醫界的楷模人物。台灣生殖醫學會前理事長李國光醫師，曾受邀到 2010 年年會發表主題演講，回顧當時在台灣已經實施三年的多胞胎管制成效。同前章所述，李國光醫師曾與台灣早產兒基金會攜手合作，提升人們對多胞胎健康風險的警覺性，也在馬偕醫院推動一些新做法。在演講中，李醫師並未討論太多國際趨勢，而是直接以台灣在地數據為素材，提出細緻的分析與評估。這是過往在台灣公共討論中較少見的做法。他也以馬偕醫院的臨床指引為例，建議醫界應逐步往 35 歲以下女性一律採行選擇性單一胚胎植入的方向前進。在 2010 年的台灣，這

個建議可以說是最嚴苛的標準，甚至比數年後生殖醫學會提出的修訂指引（2012年、2016年）還要更嚴格。當時，在台灣生殖醫學會年會上，每當討論到多胞胎孕產的風險議題時，「單一胚胎植入」幾乎成為李國光醫師與馬偕醫院的代名詞。馬偕醫院也是國內少數會定期提出「eSET累積懷孕率」的醫療院所。[2] 不過這項推動無論在臨床指引或相關數據呈現方式上，都沒有帶動國內其他人工生殖中心跟進。

拼湊工作二：進行單一胚胎植入的科學研究

台灣一些生殖醫學專家在國內外學術期刊上，發表過選擇性單一胚胎植入的相關科學研究。例如為了協助未來評估採行單一胚胎植入的可行性，有研究者曾試圖建立胚胎篩選的分級系統，以提升篩選成效（Kung et al. 2003; T.-H. Lee et al. 2006）。其中，只有少數研究者的發表，是探討精進選擇性單一胚胎植入的臨床結果，這包括馬偕紀念醫院團隊（C.-E. Hsieh et al. 2018）以及茂盛醫院團隊（例如：P.-Y. Lin et al.

---

2 根據馬偕紀念醫院的網站所示，該院選擇性單一胚胎植入的累積懷孕率為54%：https://ivflab.mmh.org.tw/result（上次檢索日期：2021年5月31日）。治療週期累積活產率可能是更理想的指標。

2020）。從全國單一胚胎植入比例甚低的情況來看，少數本地的科學研究並未能促成臨床實作的改革。在研究主題上，台灣醫界更重視投入尖端醫學突破的研究，例如胚胎基因篩檢技術，而非單一胚胎植入。

拼湊工作三：鼓勵雙胚胎植入的許可制度

早在 1998 年，行政院衛生署就設置了許可制度，唯有經過主管機關許可的醫療機構，才能提供 IVF 與捐贈精卵等業務。許可的審核標準多與經營者資格以及實驗室品質有關。所有獲得許可的醫療機構，還必須定期回報相關施術數據與達成一定成功率，才能換發許可證。2014 年，政府為了降低多胞胎比例，針對許可有效期間（一般是三年）新設了一項指標：「35 歲以下女性單或雙胚胎植入」應有一定的比例。如果某個生殖中心的單或雙胚胎植入比例高於 55%，這項評比就會獲得滿分（整體評估總分 100 分中的 8 分），若比例介於 30 到 54%，此項目就只會獲得 4 分。這項門檻在實施前就已獲得人工生殖專家同意。有鑑於台灣生殖醫學會的指引建議 35 歲以下女性不應植入超過 2 個胚胎，要達成 55% 的雙胚胎植入比例應該不難。每當我詢問意見領袖關於多胞胎政策的意見時，他們也會

提起這項新標準，認為新做法是有助於減少胚胎植入數目。

儘管許可制是推動 IVF 醫師遵循胚胎植入規範的一大動力，但它的整套規則明顯重視雙胚胎植入，而非單一胚胎植入。更重要的是機構評估依然相當看重成功率。獲得許可的醫療機構過去三年間，38 歲以下女性的累積活產率必須達到 25％，才能拿到滿分（26 分），如果累積活產率低於 15％，就不能換發許可證。有些醫師在訪談時坦承，他們有時會擔心如果遇到很多困難案例，可能會無法達成 25% 的成功率。如第二章所述累積活產率是個支持單一胚胎植入的概念，但是許可制度採用這種評估方式，並沒有直接鼓勵單一胚胎植入，主要仍是強調成功率，甚至可能還是要靠多胚胎植入才能達到的成功率。

拼湊工作四：登錄數據

台灣從 1998 年建立登錄系統以來，規範許可機構定期繳交資料，因此回報率達到 100％。政府蒐集的資料除了臨床施作資訊，還包括新生兒的出生結果，可說相當完整豐富，在全球亦屬突出。然而，這些登錄系統的數據並未直接成為改革胚胎植入數目的養分。如前所述，雖然民間團體與醫師確實採用登錄數據報告中的描述性統計呼籲改革，但並未真的奏效。在

英國，人工生殖監管機構 HFEA 實施「一次一個」的單一胚胎植入政策，並將全國多胞胎出生率設定在 10% 以下，每年在年報中討論是否達成目標。台灣也能施行類似政策目標並以年度報告進行檢討，但這並沒有發生。台灣這種由上而下建立的登錄制度雖然數據完備、資料豐富，卻無法將資料轉化為能減少健康風險的有效管制規範。

有一些可做的研究以及可精進的指標，在台灣都尚未好好發揮。如果要評估單一胚胎植入的成效，台灣比日本更早開始蒐集以治療週期為單位的資料。但由於資料蒐集是由政府負責，而非醫學會，台灣醫界也不像日本醫界一般勤於根據全國性登錄資料進行分析，確認單一胚胎植入是否也能帶來可接受的成功率。從建立新的成功率指標來說，如果以「帶一個健康寶寶回家」為目標，台灣的資料足以建立美國要求每個機構申報的指標，包含「每次週期／植入能成功產下正常體重、活產、單胞胎的百分比」（CDC et al. 2015），但台灣也並未在年度報告提出。綜合來看，登錄制在台灣並沒有成為照護的基礎設施（care infrastructure），未能強化醫療社群的內部倫理義務，也無法促成基於臨床證據的政策，因而難以透過登錄制度來提升照護的品質（Wu, et al. 2020）。

拼湊工作五：要求採行單一胚胎植入的公費補助計畫

儘管在台灣，一直都有人倡議以補助試管嬰兒做為少子化對策，但直到 2015 年，IVF 公費補助政策才正式上路，遠比鄰近的日本（2004 年）、南韓（2006 年）都還要晚。進入 21 世紀後，台灣、日本與韓國的低生育率都受到國家關注，但台灣並未採取日韓做法，把人工生殖的公費補助方案視為增長人口的生育政策。這主要是因為政府缺乏經費，各方也質疑補助方案的成效，而國內的公衛專家、人口學家、女性主義者都主張，要改造社會與家庭政策，創造友善環境才是少子化對策，而非直接推出人工生殖的補助方案（吳嘉苓等 2020）。

在立法委員持續要求下，行政院終於在 2015 年首度推出台灣的 IVF 公費補助計畫，但是這項計畫強調補助經濟弱勢，只限中低收入戶家庭可以請領。[3] 政府更明定 35 歲以下的補助申請者必須採行單一胚胎植入，其他年齡的申請者則最多只能植入 2 個胚胎。這個規範遠比 2016 年台灣生殖醫學會的指引還要嚴格，也符合許多其他國家預防母嬰風險的方向。一名受

---

3 當時規定每年每對申請夫妻的補助金額，以 10 萬至 15 萬元台幣為限。一次 IVF 治療週期的成本約為 12 萬至 20 萬元，故政府的補助款大約可以補貼一次治療週期的費用支出。

訪的政府官員表示：

> 如果植入胚胎太多，對懷孕的風險或是胎兒出生後的健康都有影響。我們的補助方案是以行政給付，若要參加我們的遊戲規則，那當然是要兼顧健康品質。我們（政府）是站在把關的角色，直接把這種做法寫進規定裡。
> （政府官員 S，訪談，台北，2019 年 7 月）

公費補助計畫是台灣的 IVF 治理體制中，唯一與單一胚胎植入有關的強制規範。在部分政府官員努力下，本來為因應生育壓力而生的補助方案考量到公平近用的原則（補助經濟弱勢），並強化預防健康風險（要求限制胚胎植入數目）。

儘管政府透過補助方案，將胚胎植入數目限縮為 1 到 2 顆的決策，符合國際趨勢，但由於適用民眾過少，補助方案並未帶來什麼實際改變。台灣的已婚夫婦中低收入家庭只佔所有家戶的 1%，適用範圍極其有限。在方案上路後六年，實際申請案總數為 88 件，只佔國內全部 IVF 治療週期的 0.01%。此外，全台只有不到 1/4 的人工生殖機構加入補助方案。對此，醫界有人認為方案設定的適用範圍太嚴苛，但也有人不希望政府干預 IVF 市場。在 2029 年 9 月，立法委員管碧玲質詢衛生福利

部，批評補助方案總共發出的補助金額，甚至不如一次國慶煙火的預算。這項方案上路六年，卻只補助了六名出生的試管嬰兒，可堪稱為全世界適用範圍最嚴苛的補助。而由於適用人數過少，補助方案針對低收入家戶所設的單一胚胎植入限制，也就沒什麼具體成效。

以上這五種的預想實作，都嘗試評估、促進、強制推行選擇性單一胚胎植入。但由於不同實作各自進行，未能協作整合，台灣的選擇性單一胚胎交響樂團可說是音不成調。下頁圖表4.1嘗試將這個譬喻視覺化。下半部是選擇性單一胚胎植入的五種拼湊工作，分別為：醫界的角色典範；頂尖學術期刊的研究成果；採行雙胚胎植入可加分的許可制；擁有100%回報率、完善施術數據與嬰兒健康資料的政府登錄制度；要求年輕女性採行單一胚胎植入的公費補助方案。然而，這些拼湊工作彼此斷裂、缺少互動，難以統合效果，也無法讓選擇性單一胚胎植入成為常態。相比之下，比利時計畫與日本產科婦人科學會計畫中的各種行動會相互加乘，發揮強大效果，將比利時的單一胚胎植入比例提升到60%，日本的比例甚至高達80%。在圖表4.1左下方，有兩個孤零零的國際組織。無論是國際趨勢與國際監管組織（如ICMART）發布的警告，台灣的核心行動者都有所認知，有時也作為各項拼湊工作的指導價值。不過，由於台灣本

地行動者的拼湊工作缺乏適當整合，台灣的單一胚胎植入比例依然低迷，在 2019 年只有 25%，屬於全球最低之列。

圖 4.1：台灣單胚胎植入彼此斷裂的拼湊工作，以及多胚胎植入的主導（2005 年至 2020 年）

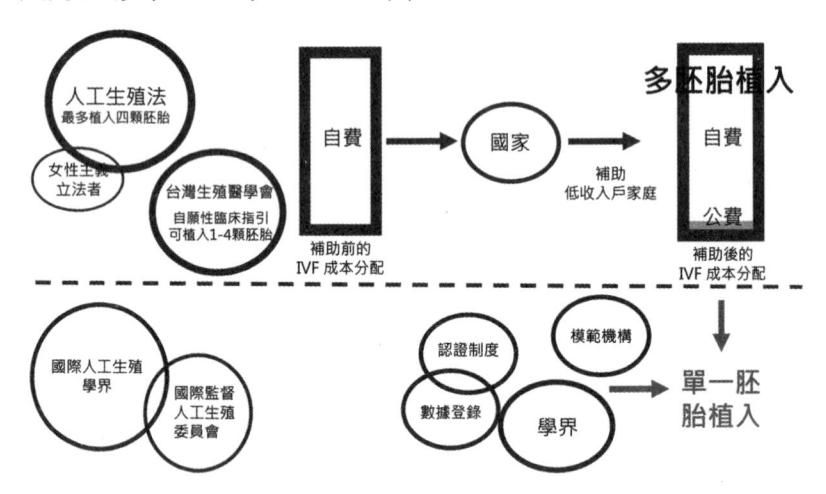

單一胚胎植入的統合宣告失敗，多胚胎植入的網絡依然穩固。圖表 4.1 的上半部顯示出寬鬆的法令（不超過 4 個胚胎）跟寬鬆的生殖醫學會指引，讓國內生殖機構維持商業競爭關係，持續以多胚胎植入兌現承諾資本。在 2021 年的試管嬰兒補助方案擴大之前，醫界的核心預想依然是高成功率，而多胚胎植入才是答案。

小結

　　台灣兩大代表早產兒利益與產婦利益的公民團體，嘗試挑戰台灣的醫學社群，並用健康風險的視角，界定預想發展的方向。然而在既要維持成功率，又得預防健康風險的困境中，台灣催生出一套相當寬鬆的管制規定，依然賦予人工生殖醫師很大的彈性。不少人工生殖實務工作者、研究者、政府官員、倡議團體希望能推動單一胚胎植入，以有效避免多胞胎孕產的風險。然而，由於零星四散的拼湊工作缺乏統合，無法發揮綜效，也未能促成類似比利時或日本的單一胚胎植入指引，使得多胞胎孕產在台灣直到 2021 年前，仍居高不下。

　　本章說明預想治理在全球與地方之間的特殊互動關係。從全球／地方動態關係的視角出發，我們能清楚看見台灣多胚胎植入管制的發展軌跡（表 4.4）。在不同歷史時期，相關利害關係群體各自選擇不同偏好的全球規範，作為台灣未來發展的參考方向。例如在 1990 年代對照英國的倫理守則，2000 年代參酌美國的指引，到了 2000 年代中期則師法歐洲趨勢。此處的「全球」是相當異質的，這些選來的全球規範究竟會被如何組裝，要看它們與地方網絡相遇的方式與過程。英國模式在台灣頂多只是回應早期反對聲浪的說詞。當時台灣並不像英國

一般擁有強大足以推動實施植入胚胎數目管制的社會壓力，人工生殖治理的決策結構，也格外偏好維持醫師在臨床措施中的自主性。隨著輿論壓力在台灣明確出現，美國的自願性指引成為台灣生殖醫學會用以維繫自我監管與市場競爭之間平衡的好用政策典範。2007 年，當台灣的立法者要在《人工生殖法》中管制植入胚胎數目時，國際趨勢僅被拿來正當化法律規範的理由。真正促成胚胎數目「不超過 4 個」的標準，還是台灣本土的統計數據。台灣未能審慎看待英國制度、徹底忽略日本的 JSOG 模式的，鍾愛美國的指引（並增加 1 個胚胎數目）、以比利時有健保補助，當作台灣無法補助施行單一胚胎植入的藉口，以及制定《人工生殖法》「不超過 4 個」規範與歐洲趨勢的懸殊差異，以上情況都彰顯出台灣熟悉國際措施，但必須把這些措施透過在地脈絡重新組裝，才可能執行（或不執行）引入的全球制度模式。

這裡的「全球」並非必須仿效的進步理想，也不是一定得跟隨的龐大力量。在不同階段，利害關係人會仿效不同的全球規範，在地網絡也會進一步轉化所選擇的全球規範。有的人只是在製造一套說詞，有的人真的會在本土落實。這個分析框架對監管規範的後進國家可能特別適用，因為這些國家通常會想借鑑各國監管模式，作為改革靈感。但此框架也可能有助於分

表 4.4：台灣多胚胎植入管制的制定歷程（1980 年代至 2020 年）

時期	關鍵利害關係人	選擇的全球規範	遭逢的在地網絡	再組裝
1990年代至2000年代	人工生殖專家領袖；媒體；台灣生殖醫學會	英國模式（作為因應多胚胎植入管制議題時的修辭）	醫療專業主導；政府不願干預醫療臨床作為	無臨床管制
2000年代至2005年	台灣生殖醫學會；早產兒基金會	美國生殖醫學會指引（作為制定指引的範本）	專業自主性與市場競爭	「美國模式+1」（台灣生殖醫學會指引）
2006年至2007年	台灣生殖醫學會；女性主義立委；衛生署	歐洲趨勢（作為立法管制的正當化理由）；歐洲國家的公費補助方案（用來解釋台灣何以不適合推動單一胚胎植入）	婦女健康運動與國內臨床實務狀況	「不得超過4個」（《人工生殖法》）
2012年至2020年	台灣生殖醫學會；衛生福利部	美國生殖醫學會指引	台灣醫界偏好標準化措施仍保有充分彈性	台灣生殖醫學會修訂指引，按女性年齡建議植入1至4顆胚胎

析發展監管規範的先驅國家。例如，莎拉・富蘭克林（Franklin 1997：86-87）就曾指出，英國國會之所以會在1980年代限制商業性代孕，部分原因來自於英國民眾反對時任總理瑪格麗特・柴契爾將英國「美國化」（Americanisation）。

台灣對胚胎植入數目的管制相當寬鬆，推動選擇性單一胚胎的拼湊工作又零星四散，這讓多胚胎植入持續成為台灣最為普遍的做法。由圖表4.3可知，在2021年之前，單一胚胎植

圖表4.3：1998年至2022年間，台灣單一胚胎植入率、多胞胎率、低出生體重新生兒的趨勢

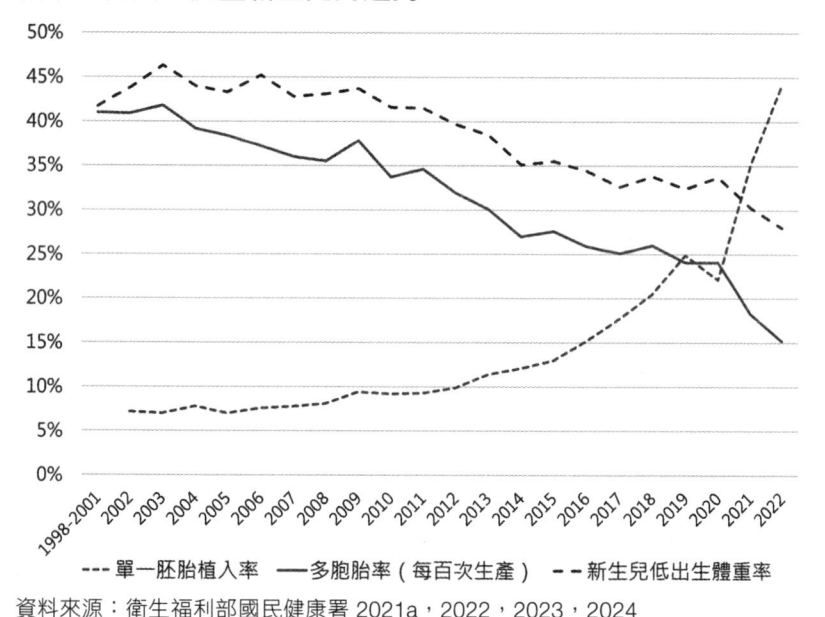

```
50%
45%
40%
35%
30%
25%
20%
15%
10%
 5%
 0%
     1998-2001 2002 2003 2004 2005 2006 2007 2008 2009 2010 2011 2012 2013 2014 2015 2016 2017 2018 2019 2020 2021 2022

--- 單一胚胎植入率    ── 多胞胎率（每百次生產）    ‐‐ 新生兒低出生體重率
```

資料來源：衛生福利部國民健康署2021a，2022，2023，2024

入數目的上升速度相當緩慢，最高僅有二成多，多胞胎懷孕比例則下降至 24.1%（但遠高於日本的 3% 與英國的 10% 政策目標），而約有 1/3 的試管嬰兒屬於低出生體重。圖表 4.3 出現一大轉折，是 2021 年試管嬰兒補助方案擴大實施的結果，我將在結論章節說明這個最新發展。

　　台灣在好長一段時間的預想治理，「試管嬰兒」幾乎已經成為多胚胎植入與多胞胎懷孕的同義詞。在這樣的人工生殖體制之下，台灣女性的經歷為何？第五章到第七章，我們將探索她們在此體制下的最佳化策略，以及她們做出的諸多「預想勞動」。

第五章

求孕軌跡與最佳策略

盧委員天麟：1顆1顆植入會不會比一次植入3顆好呢？

陳主任思原：**問題在於病人希望一次就能懷孕**，植入1顆的成功率是20%，假使1顆、1顆植入，會讓她們來很多次醫院。

（立法院公報 2006：157；強調處為本文所加）

    2006年，立法院在討論《人工生殖法》期間，沒有邀請任何一位女性民眾分享她們對於IVF的期待與經驗。在立法討論過程中出現的人多是立法委員、政府官員，與受邀諮詢、負責轉達與陳述女性需求的醫師。如第四章所示，女性主義立法委員黃淑英已經提出許多女性可能遇到的風險——懷孕失敗、減胎、多胞胎孕產。為了平衡成功率與女性的健康風險，黃委員建議胚胎植入數目不應超過4，她的觀點獲得當年的台大醫院生殖中心主任陳思原醫師支持。當立法委員盧天麟提出有關單一胚胎植入的問題時，陳醫師彷彿成為女性的代言人，表示女性希望能一次受術就懷孕成功。接著，他指出如果沒有健保給付，受術女性與醫師都會無法承擔失敗的風險。這段討論很快就結束，盧委員旋即表示，如果一次植入較多胚胎能提高成功機會，那也符合女性對生殖的希望。只不過他提醒還是得注意植入過多胚胎產生的危險性。「不得超過4個」後來成為法條

明文,而且是以保障女性最大利益之名。

時間快轉到 2020 年,台灣醫界依然主張女性萬分渴望能在第一次受術就成功。我和年輕的 W 醫師約在一間咖啡店訪談,他至少比陳思原醫師小了十多歲。我向他詢問,何以台灣只有 20% 的 IVF 週期採行單一胚胎植入,幾乎是全球最低?他認為來自病患的壓力應該是主要原因。他細緻描述女性病患在求孕過程面臨的種種折磨:「你知道當她們發現自己月經又來的時候,心有多痛嗎?」雖然 W 醫師也提到缺乏公費補助的支持、生殖機構可能無法達到主管機關要求的成功率等因素,但他依然認為女性的情緒痛苦,才是台灣醫師不願意採行單一胚胎植入的關鍵因素。W 醫師還補充,女性病患不但想一次就成功,還想要雙胞胎:「台灣人非常喜歡**龍鳳胎**。他們不太擔心雙胞胎孕產可能出現併發症,生出雙胞胎時還會稱讚醫師,認為他們技術比較好。」以 W 醫師的話來說,多胞胎植入可以「提升 CP 值」。

女性不但想要速成,還喜歡生雙胞胎?在探討多胞胎為何依然盛行、單一胚胎植入是否有效的研究中,所謂的「病患要求」一向是重要切入點(例如可參考:Leese and Denton 2010; Adamson and Norman 2020)。陳思原醫師與 W 醫師的說法,都暗示女性認為多胚胎植入是值得一試的最佳化策略

（optimization），可以有效達成她們生育目標的手段。在預想工作中，最佳化策略是一項關鍵元素（Adams et al. 2009; Clarke 2016）。本章要分析當女性碰到「生育受阻」的困境時（Inhorn 2007），會採取哪些最佳化策略。相較於醫師成為女性需求的「代言」，本章要把分析焦點放回女性（與少數男性）身上，以她們的聲音說明自己如何透過人工協助生殖科技，追求自己的生育目標，即使這些目標經常會相互矛盾、令人困惑。

我的受訪者都曾在人生某個階段想要生小孩。當他們到人工生殖機構求診時，都希望利用助孕科技解決碰到的生育問題。為什麼他們會在這個時間點求診？當追求心中的理想未來時，人工協助生殖科技代表什麼意義？那是個怎麼樣的未來？接下來的章節，我把這些受訪者的個人生命故事，與更大的台灣社會變遷加以串連。唯有理解生育目標有多複雜多變、這群渴望生育的父母度過多少難關，我們才可能真正了解民眾對人工協助生殖技術的看法，以及限制胚胎植入數目對他們的意義。

透過深度訪談和參與觀察的資料，我提出四種預想生育子女的軌跡，以及面對生育受阻，他們所採取的不同策略。圖表5.1是美慧、柔怡、意婷、史黛拉的求孕歷程，背景則是台灣社會在這段期間經歷晚婚晚生少子化的劇烈變動。有些人很早就踏上生育之旅，有些人比較晚才開始；有人迅速達標，有人

圖表 5.1：台灣首次結婚與首次生產的平均年齡變化（1975 年至 2020 年），以及四位代表性受訪者（美慧、柔怡、意婷和史黛拉）的生育軌跡

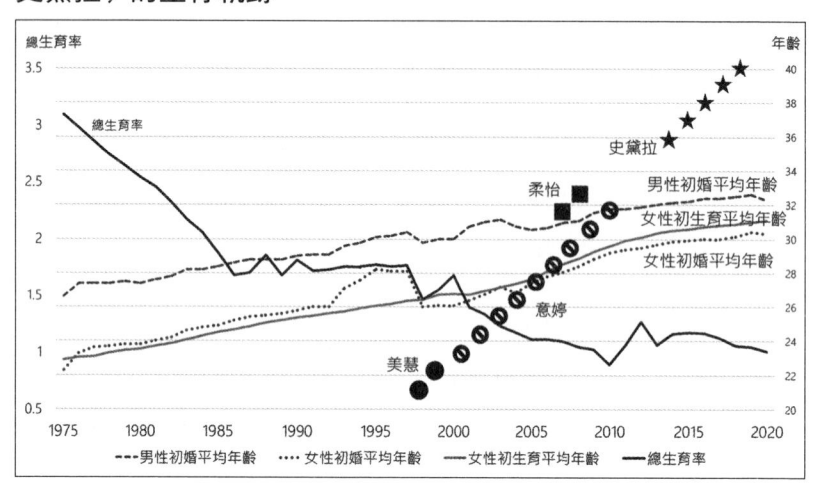

資料來源：內政部戶政司 2021; 國家發展委員會 2021

耗費多年。我想強調的是，女性對於「成為人母」抱持的預想不同，這將會直接影響她們使用人工生殖的最佳策略。而其中一些行動可能跟醫界或主流媒體的描繪，截然不同。現在，讓我們先來認識一下美慧。

「我只要成功」：渴望成為母親與生理不孕

　　1997 年，美慧透過 IVF 懷了三胞胎。她在 21 歲結婚前懷

孕,但當時子宮外孕（受精卵並未在子宮內著床,而是在輸卵管內著床）。因為危險性高,必須強制終止妊娠,切除患側輸卵管。後來發現,她另一側的輸卵管也出現沾黏情況。從高職畢業後,美慧開始會計工作,並於 22 歲結婚。在 1997 年,女性平均的初婚年齡為 26 歲,美慧在當年算是早婚。婚後她辭掉工作,專心準備懷孕。她先看了一年中醫調養身體,但沒有懷孕跡象,於是第二年就到一間醫學中心進行不孕治療。她跟我說:「結婚就趕快要有小孩,我們比較傳統。」雖然先生不是長子,但她公公還是覺得每個人都要生養子女,有自己的後代。

美慧很快就進入第一次試管嬰兒療程,由於她的輸卵管曾受過傷,醫師認為應該可以直接採取俗稱試管嬰兒的體外受精（IVF）。她第一次取了 18 個卵,實驗室成功培養出 13 個胚胎,最後醫師總共植入 8 個胚胎。美慧還記得當時醫師說植入多一點胚胎可以「提高受孕的機率」。當年一次 IVF 治療週期的費用大約是 10 萬台幣,剩餘 5 個胚胎的冷凍需要支付另外 2 萬元的保存費。這些費用全都都由她的公公出。第一次植入胚胎後,雖然有出現懷孕跡象,但很快又不見了。美慧回憶當時自己非常失望:「無法懷孕的痛苦,實在比懷三胞胎更讓人難過。」

第二次嘗試時,醫師將剩下的 5 個胚胎全部植入,最後發

現著床了 3 個，全家人都很高興。美慧特別提及，當時她婆婆非常開心地說：「三個沒問題，我們可以養。」美慧的婆家經濟無虞，無論是 IVF 的支出或育兒的成本，似乎都沒有帶來太大負擔，跟我訪問的有些家庭不同。醫師沒有提到減胎的選擇，信仰基督教的美慧也表示，因為自己的宗教信仰，當時是不可能選擇減胎的。她在懷孕期間不是很順，還幾度嚴重到得送醫住院，情況危急到公公甚至宣布，如果美慧狀況繼續惡化，那保住大人比保住孩子重要。美慧的三個孩子在 35 週提前出生，採取剖腹產，體重全都在極低出生體重（1500 克）上下。兩個孩子在保溫箱住了二十多天，另一個住了四十天才出院。當我在美慧所屬的教會訪問她時，她三個念國中的小孩活蹦亂跳，正準備參加青少年的主日學。

美慧的生育軌跡，堪稱是運用多胚胎植入解決生理性不孕的案例中，最常被呈現的一種。對於強烈想生養小孩的女性來說，如果能極大化懷孕機率，那她們會欣然接受多胚胎植入這種方法，不會產生太多質疑。當時美慧總共植入 8 個胚胎，這在 1990 年代末期的瑞典、英國或德國根本不可能發生（詳見第一章），但在台灣卻並不罕見。根據台灣 1998 年的登錄資料，植入胚胎數目的眾數（亦即最常見的數值）是 4 個，但仍有 5% 的治療週期是植入 8 到 9 個胚胎（衛生署國民健康局 2003 年）。

美慧年紀輕，她在渴望生育的婦女中屬於平均成功率比較高的組別。在 1990 年代晚期，跟美慧一樣或更年輕的受術女性不到 2%。但醫師還是在第一次植入了 8 個胚胎、第二次植入 5 個，而且美慧並沒有反對，因為懷不了孕比懷上多胞胎還要折磨。懷上三胞胎對美慧與家人來說都是喜事。有時多胞胎孕產的風險很難進入大家的認知地圖中。有些受訪者就跟我說，醫師確實有告知她們使用刺激排卵藥物可能會增加多胞胎的機率，但對於連懷上單胞胎都有困難的女性來說，多胞胎懷孕「是別人才會遇到的事，在我身上不可能。」一名受訪女性跟我說：「要從零到一已經很難了，怎麼可能想到會有兩、三個？」無法懷孕才是她們腦中最重要的生育圖像。也因此當這群歷經多次懷孕困難的女性，在超音波檢查後得知自己竟然懷了多胞胎時，多半都是喜出望外。婚後旋即展開生育之旅的竹青就說，在之前流產時「我哭得唏哩花啦」，後來她透過人工授精成功懷上雙胞胎，她形容當時的喜悅像是「中樂透」。這個譬喻不僅代表她原本設想的成功率很低，也說明意料之外的多胞胎對她來說是個「大獎」。

　　即使這些女性想要生育，成為人母的意志堅定，但她們未必一開始就選擇使用人工協助生殖科技。我的受訪者幾乎都會先去看看中醫。例如前面提到的美慧，即使知道輸卵管已經受

第五章　求孕軌跡與最佳策略　259

損，但還是先嘗試了中醫才轉向 IVF。不管多麼希望生育，一開始她們通常會先選擇被認為比較「自然」的方法求孕。洛薇在一間科技公司擔任客服人員，她在 1991 年結婚，當時 25 歲的她希望儘早生小孩。由於洛薇本身是基督徒，起初根本沒考慮像試管嬰兒這種「不自然」的方法。她和先生試著透過一般的性生活懷孕，但一直無法成功，看了一年中醫也沒什麼起色。後來她改去看婦產科，開始服用刺激排卵藥，可是依然沒用。接著又試了四次人工授精，在藥物控制的排卵期間將先生的精液注入她的子宮，卻還是徒勞無功。最後她才終於被說服，去親友工作的生殖中心看看。由於洛薇偏好自然方法，遲遲沒有動用這個私人關係。她求診的生殖中心，是台灣在 1996 年推動許可制度後，首批獲得政府許可的 27 家之一。洛薇在第一次療程中得到 6 個胚胎，醫師植入 3 個。我問她當時會不會擔心自己懷上三胞胎時，洛薇表示：

> 沒有，完全沒有想到。**我只要成功就好了，不管幾胞胎**，因為我已經 try 好多次了、好多年了，我真的很煩惱......當時我還年輕，也不是很在意 [撫養孩子的負擔]，就只是想要能夠成功懷孕一次。

後來她懷了雙胞胎，而且懷孕過程非常辛苦（詳見第七章）。

洛薇這種「只要成功就好」的心情，也是當時媒體報導最常呈現的形象。舉例來說，在報導女性呼籲代孕合法化或給予公費補助時，媒體常強調女性為了「想生」而不擇手段（例如：洪淑惠 1994）。[1] 但洛薇也彰顯出矛盾的感受，她對生育抱持強烈渴望（「我只要成功就好」），同時又對人工生殖感到排斥（「那不自然」）。在她心目中，理想的文化腳本是透過與丈夫的性愛自然懷孕。有受訪者就強調雖然自己是吃排卵藥懷孕，但起碼比透過人工授精或試管嬰兒更「自然」。女性對 IVF 感到遲疑還有其他因素。根據調查，女性不選擇 IVF 的前三大理由是認為它「有害健康」、「程序太複雜」跟「成功率很低」；男性不偏好的前三大理由則分別是認為它「不自然」、「太貴」跟「違背倫理」（陳慈慧等 2009）。民眾並沒有認為人工生殖是魔法般的神奇解方，而是仍對人工生殖的健康風險、財務負擔與低成功率感到猶豫。

雖然我的受訪者常很擔心 IVF 不自然、侵入性高，或可

---

[1] 我在 2000 年代初期時進行第一波訪談時，發現全職家庭主婦與嫁入家族企業的媳婦所感到的壓力最大，彷彿非得要嘗試人工生殖，直到成功為止（吳嘉苓 2002a: 27–28）。但我在 2010 年左右進行的第二波訪談時，這個狀況就沒有那麼明顯。

能對健康有害,但多胞胎懷孕這個醫學文獻最常提及的主要併發症,卻幾乎完全沒有出現在她們的腦海中。美慧接受治療時(1990年代晚期),相關新聞已討論過四胞胎的爭議,但醫界還缺少可供遵循的臨床指引,也沒有被規定需要事前告知多胎妊娠的相關風險。到了2000年代中期,植入胚胎數目已有法定上限,同意書上也列了相關警語,但在求孕過程,多胞胎懷孕的可能性依舊不是人們的主要考量。對於洛薇這樣早婚又想早生的女性來說,她有充裕時間可以先嘗試沒那麼侵入性的方法(例如看中醫),再慢慢轉向排卵藥、人工授精,最後再做IVF。但對比較晚才開始求孕的人來說,這種按部就班的策略未必是最好的做法。

「搭高鐵」:趕上延遲生育的末班車

中階公務人員柔怡以交通工具的意象,呈現自己經歷的各種不孕治療。她發現透過一般性生活無法懷孕後,先去看了中醫,但很快就轉到生殖中心進行不孕症治療。柔怡一邊服用排卵藥,一邊和先生繼續嘗試。她將這種做法稱為搭**普通車**。幾次週期都依然未果後,她說自己開始改成**搭高鐵**,採取人工授精,也就是服用排卵藥,並在排卵期時將先生經過處理的精子

注入到子宮。而她第一次**搭高鐵**就成功懷上了雙胞胎。

在解釋為什麼會跳下之前那班**普通車**時，柔怡說道：「我們比較晚結婚，所以生小孩的計畫得要快一點。」她32歲結婚，比當時（2007年）台灣女性的平均結婚年齡晚了三年。柔怡口中的「比較晚」，是指她和先生已經晚於為人父母的理想年齡，尤其是她先生：「我已經32歲了，先生又比我大3歲，所以我們要趕快。」「要趕快」一語，可說是柔怡以及大多數受訪者心中最念茲在茲的重點。

延遲生育

柔怡的案例，完全符合羅倫・潔德・馬丁（Lauren Jade Martin）（Martin 2020）所描述的「延遲者」（delayer）。延遲者雖然想生孩子，但起步很晚。眾多文獻已經指出，當代男女有延遲各種「人生大事」的現象，例如結婚生子。台灣當然也不例外，甚至是世界上變化最劇烈的一個國家。根據圖表5.1所示，晚婚、單身比例增加與擁有全世界最低的出生率，已經是台灣社會的明顯特色。1975年，台灣平均的初婚年齡是女性22歲、男性26歲，現在已經變成女性31歲、男性33歲。台灣少有非婚生子女，因此婚姻年齡延後，等於女性的生育時程

也愈來愈晚。在 1975 年時，台灣女性生第一胎的平均年齡是 23 歲，到了 2020 年時已經攀升到 31 歲。儘管美慧和柔怡很早都有生小孩的計畫，但在 1990 年代，美慧提前辭掉工作成為全職妻子與母親；2000 年代的柔怡卻是以成為職業婦女為目標。這兩種不同的家庭／工作模式，可以部分解釋為什麼美慧啟動生育計劃比較早，柔怡卻起步得比較晚。以台灣現今的生涯發展，柔怡的歷程比美慧更為普遍。

許多研究指出，世上多數後工業化國家（包括台灣）延遲生育的因素繁多，包括對身體能力的主觀評價、避孕科技的可近用性、受教育的時間延長、擔心沒有足夠資源可以養家、理想育兒文化規範的變遷等因素（Sobotka 2010; Brinton 2016; Brinton et al.2017; Martin 2020）。就台灣而言，學者也指出超長工時、年輕世代財務不穩定、缺乏家庭政策、性別不平等等因素，是造成台灣晚婚、單身比例上升與晚生的原因（Raymo et al.2015; Y.-h. Cheng and Yang 2021）。然而在台灣，「兩個孩子恰恰好」的生育理想形象依然相當主流（Y.-h. Cheng and Hsu 2020），跟日本、瑞典、西班牙與美國等國一樣（Brintonet al.2017）。生育理想與實際生育之間的差距，彰顯出當代台灣青年世代的矛盾與拉扯。

延遲者得面對的後果之一是不孕的增加。許多醫學文獻已

指出女性年齡愈高，不孕、流產、妊娠併發症與新生兒具先天性異常等風險也愈高（Klein and Sauer 2001），男性亦然（Kidd et al. 2001）。隨著晚婚、晚生的趨勢增加，台灣生育專家也開始警告民眾不要太晚展開生育計畫。例如台灣生殖醫學會在2006年，曾調查1000名25歲至44歲的民眾，了解他們的生育知識與態度。結果顯示受訪者認為最理想的結婚年齡是32歲，最理想的生育時點則是婚後二至三年。調查中有一個題目詢問：「相較於20歲的人，以下哪個年齡族群的生育能力會下降？」台灣生殖醫學會設定的正確答案是「35歲以上」，但有近四成受訪者回答「不知道」或「50歲以上」（陳慈慧等2009）。時任台灣生殖醫學會理事長的劉志鴻醫師告訴媒體，民眾不僅不知道生育能力在35歲之後就會下降，還可能被一些相當晚生的藝人所誤導，以為四十幾、五十幾歲都還能生。許多高齡生子的案例是採用捐贈的卵子，但在報導中很少被提及（施靜茹2006）。

對於延遲生育的現象，台灣生殖醫學會傾向強調一般民眾生育知識不足。但這種論述可能無法充分展現民眾複雜的生育決策模式。眾多探討延遲生育的社會研究都強調，在理解人們的生育軌跡時，應該採取兼顧生物面與社會面的取徑（Martin 2017）。相較於擔心晚生會不太理想的柔怡，還在就讀人文領

域博士班的明真，倒是相當明確把 35 歲設定為她求孕的最後期限。明真原本認為「懷孕應該不是難事」，到 34 歲才展開生育計畫，卻赫然發現自己需要尋求婦產科醫師的幫忙。另一名受訪者挹芬，起初堅持不生小孩，甚至透過讀研究所來逃避生育議題，直到婚後八年感情觸礁，自己又邁入 35 歲大關，挹芬才決定開始求孕。各種生物性與社會性因素都會讓人們不斷推遲生育計畫，到了最後關頭才趕緊加速。

對於我採訪的幾名延遲者來說，35 歲是個非常重要的標準。無論是明真、挹芬或其他受訪者，幾乎都將 35 歲當作計算結婚與懷孕時間點的參考基準。這條台灣女性為生育計畫劃下的「死線」，跟美國女性相當類似（可見 Martin 2017, 2020）。不過，35 歲作為邁入「高齡產婦」的指標，不僅代表女性生育能力開始下降、新生兒健康風險開始增加，還意味著在懷孕期間要接受許多侵入性醫療的介入，例如羊膜穿刺。1980 年代初期，台灣開始建議 35 歲以上的高齡產婦做羊膜穿刺，進行胎兒的遺傳疾病檢查。政府甚至提供 34 歲以上的女性相關補助，讓 35 歲成為高齡產婦的鮮明起點。當時，媒體曾廣為報導幾起涉及羊膜穿刺的不幸醫療事件，例如傷到胎兒、造成流產等，讓人們對選擇這項技術感到遲疑。雖然高齡產婦確實可能提高不孕和先天異常等問題，但女性在計算風險

時,諸如羊膜穿刺這種侵入式醫療的風險也會被納入考量中。

「坐高鐵」不只是和女性的生理時鐘比賽而已,有時也是一種重新整合生活各種資源與事件的策略。小學教師莫妮卡想充分運用她的育嬰假,而育嬰假必須在孩子出生後三年內申請。因此莫妮卡在第一胎1歲7個月時開始求孕,焦慮計算自己能否在第一次產假結束前生下第二胎,以接上另一期的育嬰假。38歲結婚的執業律師曉雁,婚後三個月就去婦產科報到。她不是擔心不孕,而是因為先生即將到海外工作。當挹芬開始想透過懷孕挽救婚姻時,她跟先生只試了兩個月就迅速轉向IVF:「我已經是高齡了,已經36歲。我不想要浪費時間〔去嘗試各種方法〕。我只想要最快的。」若借用柔怡的譬喻,IVF應該算是「高鐵直達車」。

年齡愈高,植入愈多

延後生育再加速趕上,這種生育歷程比較容易使用人工協助生殖科技,也就容易增加多胞胎懷孕的機率。由於台灣登錄制度沒有納入刺激排卵藥物與人工授精的資料,以下討論只限於俗稱試管嬰兒的IVF。在過去二十多年間,台灣每年進行的IVF治療週期增加了八倍。1998年時全台約執行7000次週期,

到了2022年，已經大幅上升到58000次；全台新生兒有超過8%為試管嬰兒，達到歷史新高。此外，IVF的主要使用族群年齡也逐漸增長。1998年時，IVF受術者年齡的中位數是32歲，但在2019年時已經上升到38歲。最新數據更顯示，有76.3%的IVF週期來自35歲以上女性，超過四成的週期來自40歲以上女性（衛生福利部國民健康署2024）。如果不是使用捐贈卵子，而是用自己的卵子，當女性年齡超過35歲，活產率就會顯著下降，40歲以上女性每次治療週期的活產率遠低於10%。因此，為了避免成功率過低，對於35歲以上的高齡產婦，醫師通常會植入更多胚胎。胚胎的數量往往超過台灣生殖醫學會建議植入的上限，而台灣指引已經是全世界最寬鬆的管制規範之一。

然而，愈高齡，植入愈多胚胎，不僅提高成功率，也提高了多胞胎的發生率。圖表5.2是根據2019年人工生殖結果做成的多胞胎率圖表。如果只植入1個胚胎，當然不太會生下雙胞胎；而植入2至4個胚胎，無論是哪個年齡層，都可能讓多胞胎孕產比例接近或甚至超過20%。懷上多胞胎比例最高的年齡區間，是35至37歲、植入4個胚胎的女性。40歲以上的女性如果植入2個胚胎，也會帶來31%的多胞胎比例。或許因為她們更常是使用捐贈卵子，或者會進行胚胎植入前非整倍體染色

圖表5.2：台灣各年齡組植入胚胎數目的多胞胎活產率（2019年）

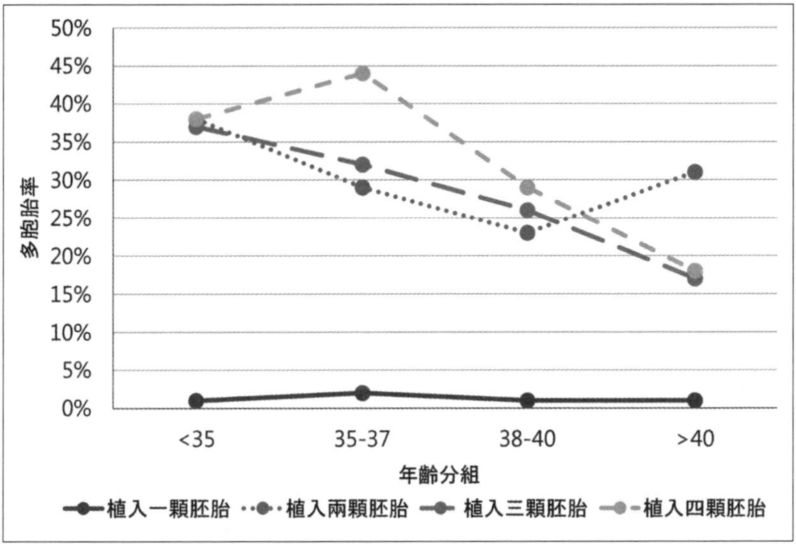

[圖表顯示多胞胎率（y軸，0%-50%）對應年齡分組（x軸：<35、35-37、38-40、>40），包含植入一顆胚胎、植入兩顆胚胎、植入三顆胚胎、植入四顆胚胎四條線]

資料來源：衛生福利部國民健康署 2021a

體檢測（PGT-A）。有鑑於高齡產婦的多胞胎懷孕率這麼高，台灣生殖醫學會的意見領袖醫師 Q 在 2021 年的訪談時就表示，對於使用捐贈卵子或進行 PGT-A 的女性，應該限制只能使用單一胚胎植入。雖然這些意見在醫療專業社群私下討論時可能會出現，但還不是正式的臨床指引內容。一直要到 2022 年，搭配政府施行的試管嬰兒公費補助，台灣生殖醫學會才以衛教影片方式，建議胚胎染色體檢測結果正常時，無論哪個年齡層都只需植入 1 個胚胎。[2]

整體而言，對於決定要加快速度的人來說，多胚胎植入（或高劑量的刺激排卵藥物）常被認為是最能有效達到成功目標的理想策略。在和生理時鐘、社會時鐘賽跑時，採取一次植入 1 個的策略似乎並不合理，甚至有時能生出雙胞胎反而受到歡迎。

人工協助生殖科技的最佳化策略往往也跟時間有關，但運作方式不同。有時，延遲者會利用生殖科技達成自己的人生計畫，例如凍卵。但和凍卵不同之處在於，常常一開始人們根本沒想到自己會用到助孕科技。凍卵可以透過「凍結時間」的做法放慢生育時鐘（Myers and Martin 2021）；人工協助生殖科技則是讓想生育的人，趕上那班「最速高鐵」。在求孕旅程中，搭上高鐵其實未必能保證人們順利抵達目的地。許多國家的補助方案把年齡資格的上限設在 40 歲至 43 歲之間不等（Keane et al. 2017），因為太高齡的成功機會渺茫，總是要建立停損點。然而，一些人工協助生殖科技又提出新的承諾。捐贈卵子和進行 PGT-A，意味著孕產的截止期限可以延長到更晚。這些針對高齡產婦的新技術顯示最佳化策略的一個重要面向，也就

2　台灣生殖醫學會製作的「SET 衛教影片」，標題為「單胚胎與多胚胎植入？您所不知道的多胞胎風險」。影片請見：http://www.tsrm.org.tw/news/content.asp?id=85（存取日期：2025 年 3 月 5 日）。

「對**最佳**、**最可能**的無止盡追求變得合理,而且永遠都是進行式」(Adams et al. 2009: 256)。然而,如果最佳、最可能的未來是不要生小孩呢?在這樣的未來中,人工協助生殖科技扮演什麼角色?

擺脫強迫性母職

在我的受訪者中,只有少數直言當初是被迫使用助孕科技,其中意婷最令我印象深刻。意婷的工作是行政助理,她跟我約在上班的商辦大樓會議室中進行訪談。訪談開始十分鐘後,她本來在回應問題說明求診歷程,卻突然停下來說:「我剛剛沒跟你說,其實我一開始根本不想要小孩。我是被逼的。」意婷有多囊性卵巢症候群(PCOS)的問題,這種賀爾蒙分泌異常疾病會使月經失調,因此她從青春期開始就固定服藥以維持月經規律。「多囊」是導致不孕的常見因素之一,意婷早就料到自己可能無法生育,本來也覺得很剛好。她在 24 歲時跟大她 13 歲的先生結婚,當時並沒有打算生小孩。一方面她不想重演之前治療多囊的經驗:「我討厭打針跟看到血。」另一方面,她也覺得照顧孩子會是個沉重負擔。我不太確定她對育兒的反感是少女時代就有,還是在後來辛苦照顧雙胞胎後才逐

漸浮現。她在受訪時一再強調，自己當初應該更堅持不生孩子。

「起碼我有嘗試過。」意婷在解釋為什麼自己會在結婚九年展開不孕治療時這麼說。雖然她本就沒有生育打算，但婚後夫家的壓力持續增加。意婷的先生是家中獨子，多年來一直都用「緣分」的說法回應親友詢問，也等於保留他與意婷在生育做法上的彈性（Huang and Wu 2018: 142）。但兩人遲遲未能出現懷孕跡象，來自長輩的壓力愈來愈強。意婷不生育的打算頻頻受到挑戰，她因此改變了策略：

> 我本來想說我就盡量拖，拖到不可能生小孩的時候，他們就會知道沒辦法了。但家裡的人逼嘛，就去做一下（試管嬰兒）。如果失敗了，起碼我有嘗試過。一開始是覺得第一次應該不會太成功。

為了增加失敗機率，意婷特意延遲接受不孕治療的時間點。她思忖等到30歲出頭，做人工生殖應該就不太容易成功。後來醫師植入4個胚胎，出乎她意料之外，4個胚胎都著床了。她要求減胎3顆，只剩1個，但醫師跟先生都建議要保留2個（關於減胎的討論詳見第六章）。雙胞胎在出生後有一些健康問題需要費心照顧，意婷表示照護兩個孩子的負擔很大，她和先生

都精疲力盡。她在訪談中不斷唱嘆：「一開始我根本就不想要生小孩。」意婷看起來確實疲憊又挫折，但她說先生跟夫家親戚都很高興她生了雙胞胎，過去關於生小孩的各種叮嚀也終於消失了。

意婷不想生的打算，在 21 世紀的台灣已經成為更常見的選擇，人們對此也多予以尊重。台灣社會的婚姻和育兒規範出現劇烈變化。根據社會變遷調查，在 1991 年時，約有六成的人認為沒生小孩的婚姻是不完美的，沒有後代子孫的人生很空洞（瞿海源 1991）。不過如表 5.1 所示，在 2015 年時，對於單身、結婚不生小孩、同性婚姻的支持已經成為主流意見。絕大多數（75%）的台灣民眾同意沒有結婚人生依然可以很圓滿。研究者認為這種「家庭價值」的巨大改變不僅反映年輕世代的偏好，也反映老一輩的世代價值觀也有所變化（Y.-s. Cheng and Yang 2021）。

不過世代間的衝突還是存在。雖然意婷、曉雁、挹芬都偏好不生小孩，但她們都經歷過夫家催生的壓力。每當她們表達疑慮時，人工生殖常成為親戚提出的具體建議：「為什麼不去看醫師？」、「如果有需要，就去做試管嬰兒呀。」2021 年 7 月擴大試管嬰兒補助方案出爐後，我有一些受訪者也遇到新的叮囑：「都已經補助十萬了，你要不要去試試？」隨著人

工生殖技術發展，希望的範圍似乎也隨之擴大，醫療科技可以解決問題的功力似乎愈來愈高強。早期的女性主義者即主張，助孕科技不但讓不孕被醫療化，還進一步惡化強迫性母職（compulsory motherhood）的問題，彷彿只要有新科技就非使用不可（Corea 1985; Crowe 1987）。新興生殖科技的近用性提高，各種名為「選擇」的陷阱就會愈多。如同曉雁與挹芬改變原先的生育計畫，將母職納入自己的人生議程之中；意婷雖然長年堅持不生，後來還是為了滿足婚姻的責任與盡孝的義務嘗試助孕科技。對於意婷這樣的女性來說，新的文化規範將會是她們用來抵抗使用助孕科技的重要資源。[3]

學者羅倫・潔德・馬丁（Martin 2020）將這些對生育決策感到為難、掙扎的人稱為「斟酌者」（debaters）。有時，這些人甚至可能直接退出不再使用助孕科技。持續變遷的文化規範帶來更多工具，讓人得以避開非利用技術不可的壓力，進而開創多元、差異的人生未來。在 2000 年初期我剛開始研究不孕議題時，就遇到不少希望退出不孕治療之旅的職業婦女（吳嘉苓 2002b）。有一種退出方法是改為建立「社會性親職」（social

---

3　補助使用人工生殖的政策制度則存有一些弔詭之處。如果補助費用太低，可能會讓生育階層化，只有富人有辦法負擔 IVF 費用；但如果補助過於優渥（例如以色列），又可能為人們帶來必須「一試再試」的壓力（Balabanova and Simonstein 2010: 196）。

表 5.1：台灣對婚姻與生育的態度變遷（1991 年到 2015 年）

題目（同意比例 %）	1991	2005	2010	2015
沒結婚的人，生活也可以很美滿、成功。	-	63.3%	69.5%	75%
同志應該有結婚的權利	11.4%	-	-	54.2%
沒有孩子的婚姻不是不圓滿的	27.5%	50.3%	55.7%	59.5%
樣本數	2,488	2,146	1,895	2,034

資料來源：瞿海源 1991；傅仰止 2017

parenthood）。一名屢次嘗試試管嬰兒失敗的小學老師就跟我說，她不再把當媽媽視為人生非走不可的道路，而是將學生當成自己照護的孩子。另外一種方法，是保護親密伴侶免於受到治療過程的艱苦。一名有精蟲不足困擾的大學教授，在目睹妻子在診療過程經歷的種種痛苦後開始反思：「我最有感觸的，或許是看見不孕治療對女性的傷害有多大......我不禁開始想，當初自己為什麼想生小孩？如果生小孩必須拿我太太的健康來換，那我寧願不生了。」知名政治人物王建煊與太太蘇法昭也曾多次嘗試不孕治療未果，後來他們在 2011 年創立非營利組織「台北市無子西瓜社會福利基金會」，為跟自己一樣膝下無子女的長者們安排老年安養生活。[4]

---

4 有關台北市無子西瓜社會福利基金會的資料，可參考官方網站：http://www.nokids.org.tw/。

當異性戀伴侶努力創造新的文化腳本，以無子狀態達成幸福生活，有另外一群原本都無法使用人工生殖技術的人正努力突破障礙，設法使用這項科技實現生育目標。

酷兒生殖與雙胞胎懷孕

在曼谷受孕的史黛拉，成功懷上了三胞胎。史黛拉和她當時的伴侶潔西（現已結婚），一直以來都無法在台灣使用人工協助生殖科技。因為 2007 年的《人工生殖法》明定，只有已婚的不孕夫妻才能使用助孕科技，包括 IVF 與捐贈精子。[5] 史黛拉跟潔西追隨許多單身女性與同志伴侶的腳步，遠渡重洋到海外實現成家計畫。兩人的生殖勞動分工很明確：史黛拉的排卵有問題，所以負責懷孕與生產，潔西則貢獻她的卵子。2014年，她們首次飛往曼谷的生殖中心，醫師從潔西身上取了 35

5　從 1986 年的《人工生殖技術倫理指導綱領》到 2007 年的《人工生殖法》，台灣所有管制法規與倫理規範，都禁止未婚男女使用人工協助生殖科技。全球的近用規範正在逐漸放寬，如今有愈來愈多國家不再限定只有已婚異性戀夫婦能使用此項科技。不過，東亞（包含東南亞）國家依然透過婚姻關係嚴格限定使用者，是世界上近用管制第二嚴格的地區（僅次於穆斯林世界）。根據國際生殖學會聯合會（2019）指出，在他們調查的 62 個國家或區域中，只有 14 個國家的法律或指引明確將使用者限定為已婚夫妻，台灣就是其中之一。

個卵,透過捐精者的精子,培養出 27 個發展到第 5 日的囊胚。史黛拉被植入 3 個胚胎,最後成功懷了單胞胎。兩人在曼谷待了二十天,總支出約為 2 萬元美金(大約是台灣的三到四倍,假如當初她們能在台灣施術)。為了節省預算,她們沒有透過胚胎植入前染色體檢測來篩選胚胎。最後兩人還付了一筆冷凍保存剩餘胚胎的年費。

2017 年,史黛拉與潔西的孩子 2 歲,泰國政府開始緊縮跨國人工生殖政策。當時泰國沒有管制人工生殖的明確法規(Whittaker 2015),之所以改變做法,主要起因是當地發生一樁被英國廣播公司(BBC)稱為「嬰兒工廠神秘事件」的案子(Head 2018)。2014 年,泰國警方查獲一名富裕的年輕日本男子共聘了九位女性為他代孕生子,引發泰國管制的壓力。眼看泰國即將緊縮邊界,史黛拉認為應該趕快把她們剩下的胚胎用掉,「我要 40 歲了,應該現在就得做。」兩人再次前往曼谷,希望好好利用那些冷凍胚胎,迎接新的家庭成員。

史黛拉要求泰國醫師為她植入 4 個胚胎,也就是台灣法規植入的上限。她跟我解釋如何極大化成功懷孕的機會:「上次我植入 3 個,只有成功 1 個。現在我年齡比較大,應該植入更多胚胎。」泰國醫師拒絕了她的要求,建議只植入 3 個胚胎,但額外推薦使用了「胚胎膠」(Embryo Glue®),這種黏著物

質號稱有助於胚胎附著在子宮壁上。這一趟去泰國,兩人只待了五天,因為只需要進行胚胎植入手術。回台沒多久,她們就開心測出了「陽性」反應。懷孕第 6 週時,史黛拉因為出血送醫治療,這才發現之前超音波照出雙胞胎,但實際上她懷了三胞胎。

史黛拉和潔西的經歷,反映近年來台灣同志在生殖新浪潮下的積極行動。[6]台灣法律雖然直接排除未婚男女使用人工協助生殖科技,但卻無法排除他們對此技術的追求。為了將自身納入這個系統,早年有些女同志會運用與男同志結婚的策略,取得在國內醫療機構使用助孕科技的資格。[7]但從 2000 年代初

---

6 人工協助生殖科技,如 IUI、IVF／ICSI、代孕等,讓生育得以和異性戀體制分開,並賦予單身女性、女同志、男同志生養孩子的契機。然而,人們對生殖科技的運用方式會因為複雜的社會、文化和法律因素影響有所不同。1970 年代,在英國與美國的女性健康運動中,利用朋友或捐贈者的精子懷孕,特別是以「自助滴精」方式進行,堪稱是最能代表當時時代精神的的做法(Wikler and Wikler 1991)。這個做法的倡議特性在於想生育的女性不僅能免除異性性交,還不必進入醫療體系。儘管如此,要求人工生殖體系擴大近用範圍的呼聲持續升高;到了 1990 年代晚期,部分西方國家開始開放單身女性與女同志進入醫療體系以使用捐贈精子方式懷孕(Moore 2007)。雖然台灣也有一樣的技術,不過台灣的女性主義社群較少極力爭取使用捐贈精子作為建立另類家庭的途徑,而是積極倡議墮胎權,以挑戰強迫性母職(Wu 2017a)。在 2019 年通過同性婚姻合法後,同志團體也積極要求修改「人工生殖法」,納入同志與單身女性使用人工生殖的權利。

7 在我的受訪者中,最早透過這種方式生育的人是泰瑞莎——她在 1990 年代和一位男同志結婚,以取得合法使用人工協助生殖科技的資格,並且採取了人

開始，有鑒於男女同志成家後出現性別分工不均的現象，部分女同志運動者不再建議透過異性戀結婚換取人工生殖資格。更重要的是倡議同志生育的力量逐漸組織起來，領銜的台灣同志家庭權益促進會（同家會）於 2010 年出版《當我們同在一家：給想生小孩的女同志》一書，是東亞第一本同志生育之書。[8] 這本書提醒女同志媽媽在「異性戀家庭體制」可能面臨的各種困難與挑戰（頁 29）。這本指南還提倡自助滴精（self-insemination）的做法，列出美國和英國的「自己來」（Do it ourselves）的經驗以及成功的台灣案例，並詳細列這種方法的步驟（頁 34-50）。[9] 其中有少數幾個廣為人知的成功案例，但我們很難判斷這種做法有多普及。由於自助滴精的成功率低，

工授精的方式懷孕。不過，女同志社群逐漸發現，這種做法雖然能夠取得婚姻的名義，並確保精子的來源，在父權體制下卻會對女性帶來長期的照顧負擔，除了要照顧公婆，還經常得要獨力撫養孩子。泰瑞莎後來就因為孩子的同志父親總是缺席，而和他離婚。有好幾位受訪者都曾提及一個三胞胎媽媽的有名故事，強調照顧負擔會過於沉重，會加劇男同志父親和女同志母親之間的不平等分工。婚姻可能是假的，但所需要負擔的照顧責任卻是真的。

8. 台灣的同志運動在 1990 年代早期蓬勃發展，並迅速成為領銜亞洲同志運動的要角（Jackson et al 2008; Kong 2019）。當年部分參與同志運動的年輕學生，成立了「女同志媽媽聯盟」，支持台灣女同志母親，並透過口述訪談方式留下她們的親身經歷，包括當年如何藉由異性戀婚姻生養小孩。2007 年，「女同志媽媽聯盟」組織成員正式創立「台灣同志家庭權益促進會」。

9 「女同志媽媽聯盟」的運動者在遇到透過人工授精與自助滴精，成功生養兩個孩子的薇琪後，開始積極將助孕科技納入其社會改革的議程中（Wu 2017a）。

第五章　求孕軌跡與最佳策略　279

又缺乏監管措施，女同志社群內部出現一些擔憂。[10] 因此從 2010 年初期開始，赴海外進行人工生殖在台灣同志社群中已愈來愈常見。[11]

台灣女同志出國受術時傾向選擇使用 IVF，而不是人工授精。這也導致透過多胚胎植入造成的多胞胎孕產。台灣第一對赴海外進行人工生殖成功生養小孩的女同志伴侶，人稱「茶樹媽媽」（查與樹）。兩人在加拿大結婚，進而在加拿大合法使用人工協助生殖科技，後來順利產下一對雙胞胎。為了讓其他女同志掌握充足資訊，她們在自己的部落格上細緻分享人工生殖之旅的細節。[12] 她們的經驗鼓舞許多渴望育兒的伴侶跟進，有人追隨茶樹媽媽的腳步去加拿大，有人跑去美國，也有人在泰國、柬埔寨、日本等地建立新的網絡（胡郁盈 2022）。這些跟著遠赴海外的台灣女同志也和茶樹媽媽一樣，偏好 IVF 而不是人工授精。一開始我對這個偏好感到有點困惑。在幾個西方

---

10 不過，運動社群在倡議自助滴精過程，確實透過簡單的技術分享，納入過往遭法律排除的使用者，可說是民主化了助孕科技的使用。
11 學者傾向以「生殖出走」（reproductive exile）一語取代「生殖旅遊」（reproductive tourism），以凸顯這些遭排除在外的少數族群是被迫出走海外（Inhorn and Patrizio 2009）。
12 她們獲邀為《當我們同在一家》一書寫推薦序，就提到自己如果當初赴海外求孕時，手中能有這樣一本指南，應該可以消除許多遲疑與矛盾的情緒。雖然這本開創性的指南，當年並未將赴海外人工生殖列入選項，但這很快就成為同志社群中很被看重的做法。

國家，人工授精一向是單身女性與女同志的首選，我很好奇何以台灣女同志在出國受術時會做出不同選擇。女性自己就有卵子和子宮，如果使用捐贈精子，採用人工授精的流程很簡單也容易施作，只要在排卵期間將精子注入子宮內即可。儘管我的受訪者也很清楚相對於 IVF，人工授精的侵入性比較低，同時比較便宜，但她們提醒了我人工授精的成功率也比較低，對她們來說成功率非常重要。我剛開始顯然忽略這些被排除使用者面臨的限制，尤其是在「本國使用」跟「出國使用」之間的重大差異。

女性赴海外尋求生殖治療時，至少得面對三大挑戰。首先，她們因為受到自己的母國排除，要能理直氣壯建立起自己有資格使用的信心，本來就需要時間與勇氣。為了追求生育渴望，這些女性得讓自己成為道德先鋒，願意打破規範。其次，出國需要有時間、金錢與體力。我的受訪者提及，雖然 IVF 比較貴，但她們出國受術無法像澳洲、西班牙、美國、英國等能在自己母國受術的同志一般循序漸進，先自助滴精幾次再改用 IVF（Fiske and Weston 2014; Carpinello et al.2016; Nazem et al.2019）。第三，囿於道德、法律和財務限制，當台灣同志準備好接受海外生殖時年齡通常已 30 出頭，甚至可能已接近 40（例如史黛拉和潔西）。因此，她們會希望能加快腳步，選擇

可能一步到位的方法,例如多胚胎植入、搭配胚胎植入前染色體數目異常檢測(PGT-A)技術,或像史黛拉同意使用的爭議性「胚胎膠」。這些方法雖然可能提高成功機率,但也會增加多胞胎懷孕率。台灣對在本國使用人工協助生殖科技的資料蒐集相當完備,但缺乏赴海外使用的數據。不過從台灣同志育兒社群中雙胞胎懷孕的高比例來看,這種現象顯而易見。茶樹媽媽的孩子是一對龍鳳胎,曾在台灣提起訴訟,為非親自生產的伴侶爭取到法律上親權的周周與大奎,當初在加拿大也是誕下雙胞胎。[13]

女同志在進行人工生殖療程時所選擇的特定做法,也會增加多胞胎孕產機率。近年來,台灣女同志開始使用「A 卵 B 生」的方式進行人工生殖(例如史黛拉和潔西),也就是伴侶一方提供卵子,一方負責孕產。西班牙將這個做法稱為「接受伴侶卵子」(Reception of Oocytes from Partners,一般用縮寫「ROPA」稱之;Marina et al.2010),美國稱之為「共同 IVF」(Co-IVF;Yeshua et al. 2015),英國則稱作是「共享母職 IVF」(shared motherhood IVF)(Bodri et al.2018)。有時採取這種做法是出

---

13 只有少數幾份研究曾提出使用 IVF 或 Co-IVF 的女同志的多胞胎孕/產比例,其中美國醫院的數據為 21.3%(Carpinello et al. 2016),英國生殖診所的數據為 14%(Bodri et al.2018)。

於醫療考量，例如伴侶之中其中一人身體狀況不適合孕產，另一人則有卵子異常問題。但更多人是為了讓伴侶雙方都能和孩子建立生物連結，提供卵子者具有基因連結，負責孕產者則會成為孩子的生母（Machin 2014）。在台灣與許多國家的同志一樣，採用這種「結合分娩與基因」的做法（Pennings 2016）也是用來保障非親生伴侶的法律權利策略之一（曾嬿融 2013）。依照台灣民法規定，只有「己身所從出」的分娩母親才會被認定是孩子的合法直系血親，即使在 2019 年同性婚姻合法化之後，不是擔任孕產工作的另一名伴侶依然無法直接取得親權。近年研究也指出，相較於使用自體卵子進行 IVF 的異性伴侶，採取共享母職 IVF 的女同志懷孕成功率比較高，可能因為女同志伴侶屬於「兩位卵子提供者與兩位生理孕產母親的絕佳組合」（Nunez et al.2021: 371；另可見 Hodson, Meads et al. 2017）。由於女同志伴侶的不孕屬於「社會性不孕」，通常較沒有生殖健康的困擾。因此無論是是植入 2 個還是更多胚胎，這種絕佳組合有機會極大化成功率，多胞胎出現的機率也可能會增加。

整體而言，面對重重關卡與限制，女同志常因為想趕快成功而接受多胚胎植入，或採用較強的排卵藥物，這些行為都可能提高多胞胎出現機率。為了實現生養孩子夢想，女同志可能

得先在台灣生殖中心把生理狀況準備就緒，再從丹麥的精子銀行購入精子、找泰國代辦安排相關醫療手術，最後才飛去曼谷受術。若用前段受訪者柔怡的譬喻來描述，女同志在經歷這麼多繁瑣流程後，會要求搭上速度最快的超音速噴射機（像是史黛拉接受植入 4 個胚胎），可能是再理性不過的選擇。

男同志尋求代孕的經驗，經常會面對醫師與社群推薦單一胚胎植入。台灣男同志往往得透過海外代孕實現生養孩子的夢想。2019 年台灣同婚合法化後，國際非營利組織「孕嬰爸爸」（Men Having Babies，簡稱為 MHB）曾來台北與台灣的同志社群交流。根據統計，代孕的花費約為 500 萬台幣上下，過程也可能會失敗，無法保證真的能帶寶寶回家。在我參與某一場「代孕爸爸」的交流會議中，就發現選擇性單一胚胎植入（eSET）曾成為重要話題。一名加州生殖中心的醫師對現場希望生養孩子的男同志解釋，如果在使用單一胚胎植入時搭配胚胎植入前染色體數目異常檢測（PGT-A），成功率可達 60％，因此使用 eSET 應該不會有問題。那名醫師進一步強調，考量到代孕女性的健康風險，並不建議懷雙胞胎。台灣的同志爸爸社群也曾分享雙胞胎早產的案例，鼓勵眾人使用單一胚胎植入。因為如果嬰兒出生後需要密集照護，在美國所需醫療費用可能飆升到令人難以負擔。大家顯然努力投入說服男同志不使用多胚胎植

入、改採選擇性單一胚胎植入，並以單胞胎為目標就好。本章開頭提及 W 醫師口中的「CP 值」，也就是異性戀伴侶希望能懷孕一次就生下兩個孩子的概念，在現今醫療體系中，反而是最不推薦男同志採取的做法。換言之，想生養孩子的男同志面臨的限制最多，要付的費用也最高，在胚胎植入過程也最被建議採用的選擇性單一胚胎植入。

小結

本章介紹不同的預想生育軌跡，呈現民眾看待人工生殖與多胞胎的多元方式。我以表格 5.2 呈現本章幾個主要發現。根據我的田野，只有少受訪者（例如美慧）把生養小孩視為人生迫切的優先計畫。多數受訪者會延遲、斟酌甚至抗拒生育計畫，或因為社會或法律排斥而無法生養小孩。同樣地，人們生育計畫被中斷的型態也有巨大差異，有人受到生理性不孕影響、有人在生理時鐘與社會時鐘的賽跑中掙扎、有人基於社會壓力不得不生，也有人想生卻被法律排除，無法使用助孕科技。在這裡，人工協助生殖科技不僅是介入生理不孕的方法，也是加速生育時程、履行家庭職責或對抗社會歧視的手段與策略。當人們面臨極大挑戰時（例如緊迫的生理時鐘、出國生育的負擔

表 5.2： 台灣不同生育受阻與預想軌跡，以及其採取的最佳化策略

生育受阻的類型	典型案例	人工生殖作為實現最佳可能未來的工具	對多胞胎懷孕的感受
渴望成為母親，但遭遇生理性不孕	生育計畫作為主要人生目標	治療生理性不孕	「中樂透」
和生物與社會時鐘賽跑	延遲生育	加快腳步	有效率
不生小孩的社會壓力	媳婦的社會壓力	履行義務	遲疑
遭法律排除	女同志伴侶	治療社會性不孕	實踐正義

等），不僅會擁抱，甚至會主動要求一步到位以實現生育目標。這時多胚胎植入就變得非常有吸引力。不過在多數時候，人們最想要的其實是成功懷孕，而不是雙胞胎或三胞胎。「坐高鐵」只是想加快時程，並沒有想讓成果也加倍。同時，不同準爸媽的預想軌跡也會影響他們對多胞胎懷孕的感受，有人覺得像是「中樂透」、「成效顯著」，有人感到「遲疑」，也有人認為自己是在追求「正義」。不過上述人們得知懷了多胞胎的情緒多半顯示這並非他們預期的目標，而是令人意外的孕產結果。

在運用人工協助生殖科技極大化實現生育目標時，人們固然會意識到各種健康風險，卻不一定會想到多胞胎的風險。有的人會嘗試尋求中醫，採取較溫和的治療方式，也有人因為助孕科技侵入性太高決定退出，甚至擔心羊膜穿刺可能帶來傷害。相較起來，人們較少考慮多胞胎懷孕的健康風險。對於擔心懷孕失敗的人來說，生出雙胞胎、三胞胎可能帶來的長期醫療照護負擔，往往超出他們的想像範圍。所有用來提高成功率的方法，例如服用強效排卵藥物或植入多胚胎都會增加多胞胎的風險，這些資訊技術也都被醫事人員掌握。因此，醫療專業人員——而非求診者——有責任發動必要的預防風險措施。求孕還只是第一步。當超音波照出三胞胎或四胞胎時，女性即將思考下一個課題：懷孕會面臨什麼狀況？在下一章，產婦的預想勞動會邁入一個新的階段——減胎。

第六章

當多胞胎媽媽遇上減胎

「我只會減掉一個，留下兩個。」2017年的秋日午間，我們一行人要一起前往診所進行減胎前，史黛拉堅決地對我說。就在幾天前，我得知她和伴侶潔西要帶她們的3歲女兒坐高鐵上台北動手術，自告奮勇要幫忙在手術期間顧孩子。她們抵達台北後，我們先碰面吃午餐，當我正開心逗著小朋友時，史黛拉提起這個「要減幾胎」的話題。潔西嘆了一口氣。史黛拉在上一次懷單胞胎時就已經很波折，潔西擔心懷雙胞胎會更辛苦。「老師，拜託幫我說服她減到剩一個就好。」潔西懇求我出手相勸。幾年前我們初識時，這對伴侶看起來超級甜蜜，但潔西那天看起來憂心忡忡滿是不安。史黛拉向我解釋為什麼要留下兩胎：「之前我們沒做胚胎植入前的檢測。萬一只有一胎卻有問題，那該怎麼辦？」潔西擔心史黛拉的懷孕負擔，史黛拉卻認為留下兩胎是保險機制，確保最後起碼會有一個（或兩個）健康的寶寶出生。如第五章所述，史黛拉已經在台灣與泰國克服萬難，成功實現兩人的生育目標。這次她認為在減胎時應該保守一點，才能確保新家庭成員的健康。

幫史黛拉做產檢的婦產科醫師，發現她懷了三胞胎，就建議要減胎，但醫師本人卻不做這項手術。這名醫師在一家人工生殖機構服務，但該醫院不施行減胎手術。史黛拉與潔西上網找了資料，很快就查到多數減胎的女性都是去台北一間提供基

因檢測（包括羊膜穿刺）的診所進行。

　　午餐後，我們一起走到診所。櫃檯要求史黛拉填一份表格，包括一張需要由配偶簽署的同意書。史黛拉平靜地說她單身，沒有配偶能填表。工作人員似乎很能理解，接受了這個回答，帶我們去見醫師。醫師解釋完手術程序後拿出一份統計表格，上面列出單胞胎、雙胞胎和三胞胎懷孕，胎兒出現腦性麻痺的機率分別為 0.23％、1.46％和 4.48％。表格中也放入死產率的分布：雙胞胎的死產率是單胞胎的三到六倍，三胞胎則高達五到十五倍。本來史黛拉對減胎就沒有疑慮，問題是究竟要減掉幾個。醫師詢問她的身高，史黛拉身形較小，醫師建議減到一胎比較理想。但史黛拉堅持留下兩胎。這番討論很快就結束了，醫師尊重史黛拉的決定，準備開始進行手術。觀察敏銳的工作人員很快就發現，牽著 3 歲小孩的潔西是史黛拉的伴侶。工作人員友善地和她說話，還稱讚她很支持伴侶。就在不到五個月前，台灣司法院正式透過大法官釋字 748 號，宣布當時的民法沒有保障同性婚姻自由及平等權已屬違憲。史黛拉就診正值同志人權議題在台灣社會熱議之時，看得出來工作人員特別關照這對同志伴侶。那天是個星期一下午，其他多數女性都是獨自看診，沒像史黛拉一樣有人陪伴。

　　那間診所總共有三間手術房，史黛拉先做完超音波檢查，

接著改到另一個房間執行減胎術。我們在外頭休息室等待，我輕輕拍了拍潔西肩膀幾下，本來想安慰她，卻發現自己也有些哽咽。在休息室裡頭，能聽到醫師和史黛拉的對話。醫師告訴史黛拉不要看螢幕，接著說他已經把最小的胎兒處理好了。整個手術只花了幾分鐘，史黛拉還要繼續靜養二十分鐘。接著，醫師透過超音波確認，在螢幕上已幾乎看不見被減掉的胎兒，而剩下兩胎看起來仍非常活躍。醫師印了兩張雙胞胎的超音波照給史黛拉，一張各有一胎。潔西拿著這兩張照片，看起來總算放鬆下來，甚至還有些興奮。她開心地和大女兒說：「媽媽要生雙胞胎寶寶了！」

多胞胎產婦在孕期內會遇到的新關卡就是減胎。減胎多半會在第一孕期（前三個月）進行，主要目的是避免多胞胎懷孕帶來健康風險。一般來說，像史黛拉這樣的三胞胎產婦很容易出現早產或各種母嬰健康風險，而減胎被視為一種預防風險的醫療介入手段。但就實際操作面來說，究竟是否要減胎、應該減多少胎都是困難的決定。我訪談的多胞胎產婦們無論是懷了四胞胎、三胞胎或雙胞胎，在面臨減胎決定時都花費一段時間思考，有人長，有人短，有人很容易，有人很掙扎。[1] 就連我，只是在史黛拉和潔西的減胎之旅中短暫參一腳、給予一些陪伴，都感覺自己情緒有些波動。一些研究指出，女性的減胎

歷程通常很困難且複雜,無論在台灣或北美皆然(台灣部分可見:邱碧玉 2004;余靜如 2015。北美部分可見 Britt and Evans 2007a, 2007b; Kelland and Ricciardelli 2015)。對於這段過程,女性反覆提及「焦慮」、「矛盾」等關鍵字。其他運用產前檢測技術的女性,例如利用超音波來判斷胎兒是否正常,也時常提及這種感受。因為這項技術的目的,是要「避免或允許特定類型的小孩出生」,這正是學界所謂「選擇性生殖科技」的主要特色(Gammeltof and Wahlberg 2014: 201)。

　　本章立基於這些重要的研究發現,進一步討論女性在摸索減胎決定時經歷的各種預想勞動。這個階段的核心工作包含蒐集減胎的相關資訊、理解與詮釋減胎程序,並在幾週內作出最後的決定。儘管實際減胎的就診與執行過程,可能只需要短短幾小時,多數工作也都由醫護人員進行,如前述提史黛拉與潔西的經歷;但真正複雜的是就診前的決策過程,這部分工作往往都是由女性所承擔。在討論減胎經歷時,既有研究多聚焦在女性的「個人價值觀」和社會經濟地位。雖然像是宗教信仰、道德考量、對照顧責任的想像、對財務負擔的評估等因素都很重要,但過往論者卻鮮少著墨於女性在醫療體系中的經驗,以

1　唯一的例外是懷三胞胎的美慧,沒有任何人向她提及減胎的做法。但她也說基於自身的宗教信仰,減胎自始至終都不是一個選項。

及她們如何評估醫療科技,這些都是重要動力,開啟女性有如乘坐雲霄飛車般的經歷。本章有別於過往研究,主要會聚焦在兩個面向:第一、女性對減胎的評估與批判為何;第二、她們如何面對、釐清互相矛盾的減胎資訊,包括各種建議之間的相異見解。有時女性需要重新編織自身的減胎網絡,但台灣的醫師卻時常弱化、打散這種網絡,讓執行減胎變得困難。

偵測多胞胎

隨著驗孕技術持續發展,透過抽血、超音波檢查等技術進行多胞胎懷孕的早期檢測已非難事。在 IVF 程序中,最後一次月經四週後,也就是植入胚胎兩週後,女性體內的懷孕激素「人類絨毛膜性腺激素」(hCG)數值會迅速升高。當體內 hCG 值愈高,懷多胞胎的機率就會比懷單胞胎的機率高(Chung et al. 2006; Seeber 2012)。通常醫師會特別注意接受不孕治療的女性 hCG 指數的狀況,例如在 31 歲進行 IVF 的譯雯表示,她很清楚記得自己在第 4 週就被告知可能懷雙胞胎,因為「檢驗的人說我的 hCG 值爆增。」

要確認著床胚胎的數量、檢查是否懷上多胞胎,有賴於不同懷孕階段的超音波檢測。從最後一次月經後的第 5 週開始,超

音波影像就能照出受孕囊的數量（Timor-Tritsch and Monteagudo 2005）。專家也建議懷孕第 6 週左右可以透過超音波檢查出現心跳的數量，確認著床胚胎的數目（Timor-Tritsch and Monteagudo 2005: 293）。在懷孕初期，抽血檢查與超音波檢查的效果仍有所不足，有些人一開始被告知懷了雙胞胎，稍晚才知道其實懷了三胞胎，例如前面提到的譯雯、史黛拉等人，有些人則完全相反。像是「消失的雙胞胎」或「消失的三胞胎」這種自然流產現象，也相當常見（Landy and Keith 2006）。產婦可能會在懷孕第 7 週被告知懷了四胞胎，最後卻發現只剩一胎。總括而言，當產婦透過超音波影像得知子宮內出現一個以上的受孕囊，她就得花時間思考是否在第 10 週到 14 週之間進行減胎。

能在懷孕如此初期階段，就看到、聽到腹中多胞胎的影像與聲音，是人類前所未有的經歷。在超音波技術尚未問世時，女性甚至可能必須等到嬰兒誕生瞬間，才意識到自己懷了雙胞胎。我曾訪談一名於 1970 年代中期在花蓮助產所生產的李伯母，她回憶當時生完一個孩子後，助產士才吃驚地表示還有一個，李伯母也才恍然大悟，說道：「怪不得我肚子會那麼大。」有多大？根據她描述，當時如果坐在小板凳上洗衣服，她的肚子大到幾乎可以碰到地上。但即使肚子大得不尋常，李伯母與家人都沒想過可能懷了雙胞胎。在過往年代，通常經驗豐富的

助產士會用手觸摸女性腹部下方,看看能否摸到兩個寶寶,或利用胎兒聽診器跟一般聽診器,確認是否聽到兩個嬰兒心跳,最快也只能在懷孕後期發現懷了雙胞胎。過去不容易得知懷有雙胞胎的訊息,因此人們只能接受女性子宮孕育的胎兒數量,沒有任何刪減數目的協商空間。

減胎作為一種選擇

在當代,女性可能早在第 6 週就已經開始思考如何處理多胞胎懷孕的問題,即使當時還沒有懷上多胞胎的實際身體感受。如前一章所述,在 1980 年代中期,減胎已經成為部分國家解決多胞胎懷孕風險的一種選擇,台灣則在 1990 年代也逐漸開始執行減胎。許多研究都指出,相較於不實施減胎,減胎能降低自然流產和早產的發生率(詳參 Evans et al. 2014)。如果是三胞胎以上的多胞胎懷孕,一般會減為雙胞胎;但由於雙胞胎懷孕的健康風險還是比單胞胎高,有愈來愈多醫師會直接減至單胞胎。這種做法也開始獲得醫學社群認可,如美國婦產科醫師學會(American College of Obstetricians and Gynecologists)倫理委員會提出的建議(ACOG 2017)。台灣沒有任何醫學會曾針對減胎發布臨床指引,也沒有任何關於減胎前後比較的台灣本地數

據。[2] 執行減胎的台灣醫師多會建議減成雙胞胎，認為那樣比較妥當（李藹芬 2009；洪郁鈞 2018）。不過有些醫師、產婦或產婦的家人（如史黛拉的醫師與她的伴侶潔西）基於健康考量，也可能會選擇減到一胎。根據調查，在一間台北婦產科診所進行的 112 起減胎手術中，有將近半數的女性是將多胞胎減為一胎。其中原因或許是受訪女性年齡偏高，有超過 2/3 的受訪者年齡都超過 40 歲（余靜如 2015）。

　　台灣可能是世界上減胎比例最高的國家之一。近期，有關減胎盛行率的統計才開始出現。台灣的人工生殖登錄年報在 2021 年首度加入減胎數據，根據資料顯示，在 2019 年度，全台灣共有 11402 件懷孕紀錄，其中有 135 件執行了減胎（衛生福利部國民健康署 2021a：9）。[3] 這個數字高於所有歐洲國家（EIM for ESHRE 2020b）。雖然在當年度英國回報了 155 件減胎，但英國全國的 IVF 治療週期數是台灣的三倍之多（HFEA 2020），所以就比例而言台灣還是高於英國。這份台灣年報並未納入透過自然懷孕、吃排卵藥物、人工授精或赴海外人工生殖造成的多胞胎懷孕，像史黛拉減胎的經歷就不會被計入。而

2　台灣只有少數研究比較減胎對雙胞胎懷孕結果的影響（例如：Hwang et al.2002；Cheang et al.2007）。

3　我曾要求衛福部公開減胎的相關數據，也許政府有因此採納這項建議（吳嘉苓等 2020）。

多數醫師都跟我說，在台灣服用刺激排卵藥物懷上多胞胎的數量，遠高於 IVF 帶來的多胞胎懷孕數量。因此台灣女性或許是世界各國中，最常面臨減胎決策的一群。不過就台灣多胞胎孕產的高比例來看，台灣女性顯然並非一定會使用減胎這個醫療解方。在 1998 年、1999 年與 2000 年這三年間，台灣每一年都有超過 100 名產婦會生下三胞胎或四胞胎（圖表 6.1）。到了 2000 年以降，多胞胎孕產的案例數量與多胞胎出生率開始下降，一部分原因是人們對減胎手術的接受度開始提高。

圖表 6.1：台灣於 1988 年至 2022 年間的三胞胎與更高胎數的生產次數、每千次生產中的三胞胎（及以上）出生率

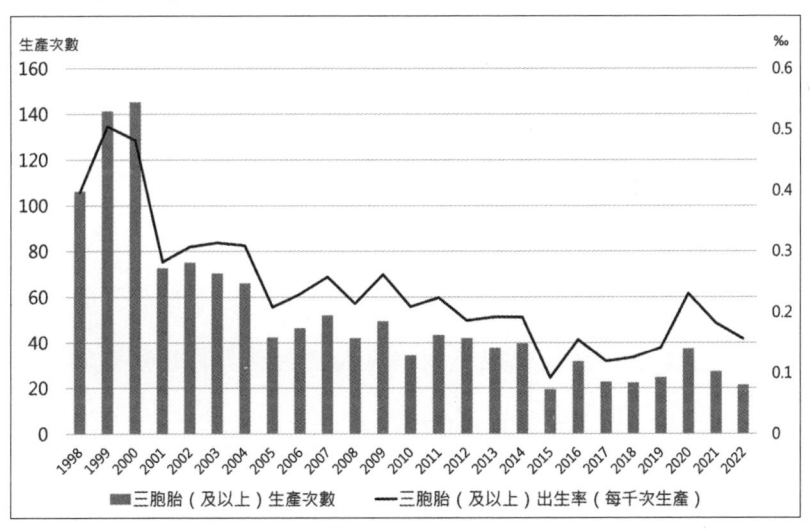

資料來源：內政部戶政司（2025）

女性進行科技評估

有些我訪問的女性會直言，與其說減胎手術能降低風險，不如說手術本身就帶來了新的風險。根據她們的評估，減胎是一種不可靠的技術，甚至可能造成新的威脅。這些受訪者提出的理由主要有三個：第一、減胎可能引發流產；第二、減胎技術對剩下的胎兒會帶來健康風險；第三、醫師目前的技術還無法明確分辨胎兒的品質，難保留下最適合的胎兒。因此相較於支持減胎者列出諸多醫學上效益，她們反而認為減胎不僅無法解決問題，還會帶來更多問題，應該盡量避免。

流產的風險

面臨減胎選擇的女性，幾乎都知道術後有流產風險。根據前段調查指出，在 112 名接受減胎的女性中，高達九成的人很清楚這些風險（余靜如 2015：33）。流產代表了懷孕失敗，因此對辛苦懷孕的女性來說，減胎無異於對她們的成就構成重大威脅。懷了三胞胎的媚香就說：

> 我沒有想過要減胎。減胎有全部流掉的風險，對吧？我好

不容易才懷孕，寧願不要去冒這個風險……我知道懷三胞胎不容易，但我沒懷孕過，我無法想像那會有多辛苦。

對於像媚香這種費盡千辛萬苦才終於懷孕的女性來說，她必須小心呵護這個珍貴的成果，不能貿然碰觸減胎的風險。麗雪曾嘗試各種求孕方法，她在服用排卵藥後終於懷了三胞胎。麗雪非常珍視這次懷孕機會，表示：「如果因為減胎讓這三個孩子最後都流掉了，我會瘋掉。」這些女性並不是不知道三胞胎懷孕的健康風險。事實上，光是懷了三胞胎這件事本身，沒有其他行為介入，胎兒全部流產的機率就很高，更遑論其他可能的併發症。但有些人仍認為保護懷孕成果的方法，就是避免進行侵入性手術，以免創造新的風險。這種不確定性對選擇減胎的女性造成陰影。一份質性研究顯示，6 位在一家醫學中心接受減胎的女性中，就有 3 人提到擔心會全面流產的問題（H.-L. Wang and Chao 2006）。有些人即使要減胎，基於對流產的恐懼與擔憂，也傾向留下兩胎而非減到只剩一胎。誠如某位建議減到兩胎的醫師所說：「如果一個沒了，至少還剩一個」（李藹芬 2009）。留下兩胎彷彿成為一張安全網，避免這種預防性手段可能帶來的徹底災難。

醫界似乎也傾向淡化減胎的潛在風險。例如，美國婦產科

醫學會（ACOG）在關於減胎手術聲明中的「風險」部分，只提及多胎妊娠母嬰的死亡率與疾病率，而未提及減胎造成的風險。[4] 在這份聲明中，確實有一小段文字指出減胎在「**極少數情況下，可能會造成懷孕失敗**」（ACOG 2017: 3；強調處為本文所加），但這段話是出現在「倫理考量」的部分，主要討論女性在決定是否進行減胎手術時，如何依據自身價值觀，在最大化母嬰健康條件下衡量利弊得失。相比之下，台灣醫師通常會將完全流產視為減胎的主要併發症。1990 年代時，醫師就已提及，減胎的流產率是 10 到 15％不等（洪淑惠 1995）。近期醫學報導也指出，減胎流產率已逐漸下降為雙胞胎 2％、三胞胎 5％（洪郁鈞 2018）。[5] 不過，醫界也會利用風險效益模型加以評估。例如雖然三胞胎減胎的流產率為 5％，但若產婦不做減胎，她們在前 24 週的流產率會是 11.5％（洪郁鈞 2018）。醫師會透過統計數據來預測更好的未來，產婦卻可能無法忽視近

---

4 「婦產科醫師應掌握多胚胎懷孕的**醫療風險**、多胚胎懷孕減胎潛在的**醫療效益**，以及在多胚胎懷孕減胎**決策所隱含的複雜倫理議題**。他們應以符合專業與倫理的方式來面對患者，無論患者是要求或拒絕接收資訊、要求或反對介入處理」（ACOG 2017: 718，強調處為本文所加）。
5 台灣減胎界的權威柯滄銘醫師（2021）曾根據他本人長年的執業經驗指出，台灣減胎的流產率約為 3.1％，低於絕大多數歐美國家的臨床報告數據。他也提醒，就算沒有減胎，單胞胎和雙胞胎懷孕仍然有其「自然流產率」、死胎率、極早早產率。總體而言，他認為每 20 到 25 次減胎會有 1 次流產，這個機率非常接近於「自然流產率」。

在眼前的威脅。

減胎過程中對胎兒造成的傷害是另外一大主要考量。在余靜如（2015: 39）的研究中，有 87% 的受訪女性擔心減胎手術會傷害「胎兒安全」。雖然減胎主要希望能「拯救」剩下的胎兒，但受訪女性依然擔心侵入性的針刺、注射致命藥物，以及被減掉的胎兒繼續留在子宮內等情況，可能對其他胎兒造成的傷害。

胎兒的篩選

另一個廣受關切的不確定性是胎兒的選擇。減胎創造一種新的介入：必須判斷要減掉哪些胎兒。有些女性不相信醫師能選出正確的胎兒。秋月被植入 5 個胚胎，後來懷了三胞胎，她就說雖然醫師、先生跟婆婆都建議減到兩個就好，但她對減胎的篩選過程有疑慮，搞不好到時候被減掉的反而是最健康的胎兒。因此她決定一胎都不減，以確保健康的胎兒也能被留下來。史黛拉的理由也很類似，她之所以堅持只減到兩胎，就是因為當初沒有使用胚胎植入前染色體檢測（PGT-A）的新科技，篩選出最好的胚胎，因此她擔心「萬一只有一胎卻有問題怎麼辦？」對於透過 IVF 懷孕的女性來說，選擇的鎖鏈一直往前延伸，從篩選出良好精子，到篩選出良好胎兒。在有些情境中，

從商業精子銀行開始，人們就能依照特定特質挑選捐精者；PGT-A 可以協助醫師識別具有正常染色體數量的胚胎；若植入胚胎後成功懷孕，例行性的產前遺傳檢測還可以再提供胎兒的進一步資訊。

減胎本身則是另外一種選擇性生殖科技，它創造新面向的選擇。醫師可以根據外觀，選擇發展最差的胎兒作出判斷，但也可以依照手術便利性，選擇最容易減的胎兒。這種篩選方式遠比胚胎植入前的染色體檢測更不精確。史黛拉當時沒有選擇使用 PGT-A，但又對醫師減胎時篩選胎兒的能力有所質疑，因此，留下兩胎成為她採取的策略，以確保能至少留下一個好的胎兒。

看重女性對醫學的評價

女性會預想減胎可能造成的不良後果並採取行動，以處理新的不確定性。有人選擇直接拒絕使用，有人選擇執行，只是刻意保留較多胎兒，也有人在受術後持續擔心可能的不良後果。她們發展出一種評價減胎技術的科技評估模型，但既有研究卻鮮少提及。或許因為多數研究都是在診所尋找曾經執行減胎的女性作為樣本，因此未納入那些抗拒減胎的女性，忽略了她們的經驗。

此外,既有文獻在討論女性為什麼猶疑時,往往著重於女性自身的宗教信仰與生活因素,但所謂的「女性價值系統」,其實也包含女性對醫療與科技的評價。因此,我希望能呼應馬肯斯等人(Markens et al. 1999)對抗拒產前篩檢女性的研究發現。馬肯斯等人認為,女性會用「生物醫學典範的邏輯,來拒絕生物醫學體系提供的技術」(Markens et al. 1999: 360)。本研究也跟這項發現類似,減胎的流產風險與篩選胚胎能力的不精確性,其實是部分女性做出減胎決策時的主要考量。有些新興減胎技術,像是加上絨毛膜取樣(chorionic villus sampling,CVS)等方法,就是希望能透過檢測胎兒基因異常降低這些風險(Evans et al. 2014)。這條選擇性生殖科技的鎖鏈不斷被拉長,但不準確的問題依然存在。除了技術評估,在崎嶇難行的減胎決策之路上,女性還有許多面向得評估與考量。

指點方向的眾聲喧嘩

即使有些女性明確地拒絕減胎,但當這個新選項突然出現在孕產旅途上時,多數女性還是會感到猶豫徬徨。早在第一孕期,產婦就可以得知多胞胎狀態,許多產婦周遭的行動者,舉凡醫師、家人、在網路上分享經驗的部落客,甚至是神明,

全都可能成為提供她們資訊、觀點與建議的來源。根據余靜如（2015:43）的調查結果，112名受訪女性表示，醫師建議減胎之後，她們旋即積極展開各種蒐集資訊的行動，包含尋找知名醫師（94.6%）、閱讀相關書籍（94.6%）、上網檢索資料（92%）、諮詢基因專家（89.5%）、尋找有類似經驗的案例（77.7%）、諮詢其他婦產科醫師（75.2%）、尋求曾有類似經驗的親朋好友建議（55.4%）。

在我的受訪者中，絕大多數女性不僅蒐集到非常多資訊作為決策參考，她們還發現這些資訊經常彼此矛盾、莫衷一是。過往，有關減胎或其他選擇性生殖科技的文獻已提出，多元異質的行動者所提供的資訊可能包括科學邏輯、宗教信仰，也可能涉及各式各樣的文化觀念。女性往往需要在眾多歧異資訊與觀點中費力摸索，才能做出最後的決定。以下我將帶領大家走一趟譯雯的減胎決策之旅，再呈現出兩個彼此高度衝突、徒增女性困惑與負擔的方向指引：醫師的歧見與母嬰衝突。

譯雯「最困難的時候」

譯雯第4週的hCG檢測反映出她懷了雙胞胎。一開始她非常興奮。譯雯在18歲時曾子宮外孕、輸卵管受傷，如果要

懷孕只能透過 IVF 一途。快 30 歲時，她開始考慮生孩子，由於住在非都會區，附近沒有合格的人工生殖機構，譯雯必須坐兩小時的火車到台北就醫。她先生是在地的政治人物，行程繁忙常常無法一起就診，於是她暫時擱置了這個計畫。真正步入 30 歲後，譯雯居住的區域新成立一間合格的人工生殖機構。她就近求診再次展開 IVF 的治療。第一次她植入 4 個胚胎，但都沒有著床，第二次植入後成功懷孕了。雙胞胎的喜悅之情很短暫，因為第 6 週的超音波檢查顯示她其實懷了三胞胎。「一聽到是三胞胎，我就覺得有點猶豫。」譯雯在她先生辦公室受訪時這樣告訴我。

譯雯與先生、婆家同住，腦中第一個念頭是她在南部娘家的鄰居。鄰居生了三胞胎，每個孩子的健康狀況都非常差，不僅有嚴重殘疾，其中一個小孩 1 歲多時就過世了。由於幼時曾親眼見證這個真實案例，譯雯很清楚三胞胎面臨的危險與困境。她返回娘家商量，也到娘家附近的醫學中心找了婦產科醫師諮詢。根據譯雯的描述，醫師強烈建議減胎，甚至告訴她：「三胞胎不是人懷的，不是我們東方人能懷的。」當時醫師的主要考量是產婦的妊娠健康風險。

譯雯也上網查詢各種資訊。她讀了討論三胞胎與早產可能的問題，包括極高的新生兒死亡率。這些統計數據對她來說是

個警訊,因為跟小時候看到的三胞胎狀況非常相符。但另一方面,從網路上查到的減胎過程與細節也讓她有些不安,尤其是必須對胎兒心臟注射毒藥的部分,更讓她覺得「啊!好可怕」。譯雯也擔心被減掉的胎兒繼續留在子宮,會影響另外兩個胎兒。

了解各種利弊得失後,譯雯和她先生再回去和她本來的主治醫師商量。醫師表示,她不反對譯雯減胎,但自己不願意執行,因為減胎手術有違醫院的宗教信仰。醫師在解釋手術過程時,強調減胎是要拿針插入胎兒的心臟,讓譯雯再次覺得這個過程「很殘忍」。醫師還表示,譯雯身高比一般台灣女性還要高,懷三個胎兒應該沒問題。

性別偏好也成為另一項判斷標準。譯雯的先生很喜歡女兒,主治醫師表示,目前超音波照的兩胎是男的,另一個不確定。因此,醫師接下來問了一個「萬一」的問題:萬一減胎減到女兒怎麼辦?譯雯的先生聽了頻頻點頭。就這樣,醫師與先生的個人偏好成為不要減胎的強烈聲音。譯雯的親朋好友同樣以「順其自然」、「既來之,則安之」、「小孩就是要跟你」等說法,安撫猶豫不決的譯雯,要她維持現狀。什麼都不要做被視為最好的做法。而譯雯的公公是個佛教徒,後來她也想,公公應該會保佑她跟孩子。時間一點一滴流逝,最後譯雯沒有減胎,繼續懷著三胞胎。她回憶道:「懷孕過程中最困難的時

候,應該就是掙扎到底要不要減胎。」受訪時,她三個健康孩子開心地在我們身邊一面畫畫與一面吃糖。

醫師的歧見

當代醫學講求實證醫學,醫事人員對減胎的看法卻各有不同。每一位婦女都會尋求不同專家意見,像是譯雯會跟自己的試管嬰兒醫師與另一名產科醫師進行諮詢;其他婦女諮詢對象,可能還包括減胎與基因學方面的專家,如同史黛拉的案例。隨著生殖技術發展,醫師在生殖領域也愈來愈講求專精,讓「分割生殖過程」的可能性增加(Gammeltoft and Wahlberg 2014:209)。正如第三章指出,台灣許多試管嬰兒醫師並不提供產前照護,因此在成功懷孕後,婦女通常還需要去諮詢其他產科醫師。在余靜如(2015:33)的調查中,112 名曾在診所接受減胎的婦女中,有近 70％是由產科醫師轉介而來,而 20％則是由生殖學專家轉介。因為 IVF 而懷上多胞胎的女性,經常需要尋求其他醫師的意見與服務。

在台灣醫療體系中,要取得產前照護相對容易,在短時間內多次問診也不是問題。自然懷孕三胞胎的玉萍甚至看了六位醫師,努力找到支持自己不減胎立場的醫師,以達成繼續懷三

胞胎的心願。從 1970 年代起，台灣開始強化孕產婦保健措施，並在 1995 年實施全民健保制度後進一步提供全體孕產婦 10 次的產前檢查，2021 年更增加到 14 次。在全民健保上路前五年，台灣女性平均就會進行 10.3 次產前檢查，上路後則提升到 11 次（C. -S Chen et al. 2003）。在全民健保制度下，台灣民眾可以自由選擇醫療服務提供者、很容易接觸到醫療專家，等待看診時間也相當短（T. -M. Cheng 2015）。雖然 IVF 與減胎並不在全民健保的給付範圍內，但尋求專業醫療建議卻十分容易，像是譯雯能就很容易尋求第二意見、玉萍可以在第一孕期連看六位醫師，史黛拉則在網路事先預約後，直接走進一間專精於減胎的醫療院所進行手術。

動之以科學，動之以情緒

雖然在台灣要諮詢醫師很容易，但他們給的意見常常大相徑庭。將女性身高當作評斷標準就是一個典型的案例。像是譯雯的兩位醫師提出相反意見，一位提出**西方標準**，評斷譯雯的體型可能不適合懷三胞胎；一位則將她跟其他台灣女性相比，表示可能可以。有醫師基於史黛拉身高不高，建議她減到一胎；但也有醫師反問身材嬌小的美雪：「你沒有背背看〔三胞胎〕，

你怎麼知道不行?」身高的標準似乎相當武斷,與其說是出於科學,不如說是反映醫師的偏好。

醫師一般有好幾種拒絕減胎的做法。有人會舉出一些看似科學的標準,例如以身高來表達三胞胎孕產成功的可能性。有人會像譯雯的醫師直接表達自己不喜歡減胎,拒絕執行。另外一種常見的策略,是鉅細靡遺地描述減胎過程,讓女性不忍執行。有些醫師還會拿出超音波影像,說服夫妻留下所有胎兒。身為律師的雅文,因為吃排卵藥而懷上雙胞胎,但當時老大已經4歲,工作又很忙,她擔心生活會變調,甚至還在心中暗自希望搞不好兩個禮拜後第二胎就會自己不見了,這樣她就只需要生一個。當雅文決定直接詢問醫師減胎的可能性時,她發現平時問診有些沉默的醫師,話突然變得特別多:

> 醫師指著超音波照片對我說:「你看這裡有一個,那裡也有一個。」……他還解釋「現在其實醫術很進步,雙胞胎對我們來說不算什麼,如果是三胞胎、四胞胎也許就對母體比較不好。......接著他看著螢幕說:「你看他們這麼可愛。」

雅文的醫師動用超音波影像成功喚起她的情感,覺得自己應該

當個好媽媽,珍視雙胞胎的生命。原本雅文很在意事業與經濟的影響,但經過醫師這番提醒,轉而掛念對胎兒的感情:「如果他們覺得媽媽好像不歡迎他們,這樣對孩子好像很不好。」後來雅文決定接受現狀,打消了減胎的念頭。

與丈夫們結盟

如果女性還拿不定主意,醫師有時會轉而徵求丈夫們的意見。譯雯的先生在 IVF 過程中雖然鮮少陪同看診,卻突然成為醫師的盟友。先生對女兒的偏好,變成另一個不減胎的理由。意婷本來根本不打算生,只是迫於婆家壓力才使用人工生殖科技,當醫師告訴她懷上四胞胎時,她的減胎計畫再度受到多方的左右:

> 我本來就只想生一個、拿掉三個〔胎兒〕,可是醫師建議拿掉兩個,先生也覺得,好,兩個。我想一個就已經很負擔,本來甚至連一個都不想要。有養小孩的人全都跟我說帶小孩很累,一個就已經很累了,帶兩個會怎樣?我已經三十幾,先生已經四十幾,身體上也好,經濟上也好,我都不覺得我們有辦法養雙胞胎⋯⋯醫師看我跟我先生沒有

共識,要我們先回去再討論看看,不過醫師說因為有流產風險,如果留兩個,那流掉一個還有一個。我們回去後,我先問我爸媽,他們表示會尊重我的決定,但我公婆那邊想要兩個。如果我做了只生一個的決定,後來發生什麼事,一定會被大家罵到臭頭⋯⋯所以只好留兩個。

所有人都同意四胞胎應該要減胎,但每個人的考量都不同。意婷的醫師提及流產的風險,建議參考一般臨床做法減為兩胎。當這個醫療框架不符合產婦意願時,醫師就讓她的丈夫介入。而婆家長期施加的育兒壓力,加強了生雙胞胎的理由。由於缺乏其他來源的充足支持,最後意婷只好決定妥協。在這段抉擇的過程中,意婷既沒有專業諮商的協助,醫師也沒有認真看待她強烈的育兒偏好。不同醫師之間的歧見,或醫師與求診者之間的歧見,經常進一步加重女性在減胎決策中承受的壓力。此外,在意婷考慮是否減胎過程最少出現的討論,就是多胞胎孕產對產婦本身帶來的健康風險。

母嬰衝突

來自各路人馬的紛雜意見,會引導產婦產生不同的預想,

而「母嬰衝突」也反映出預想勞動過程的掙扎。理論上，在做出孕產相關決策，應該同時將母親與胎兒都納入考量。在本書中，有些案例是以產婦健康風險為中心，例如潔西擔心史黛拉第二次懷孕會比第一次更辛苦，譯雯諮詢的第二位醫師則擔心譯雯可能面對多胎妊娠風險。但絕大多數案例都是以胎兒健康為核心。無論是診所、生殖中心或網路提供的統計數據，往往都更強調早產與新生兒死亡，而非產婦的死亡率或罹病率。這種以胎兒健康為優先的思維，可能帶來兩種截然不同的發展路徑：第一、傾向拒絕減胎，以避免對胎兒造成致命傷害；或者第二、傾向執行減胎，以確保其他胎兒健康。不管是哪一種，全都是以胎兒健康為重心，而非產婦健康。[6]

另一個母嬰衝突的特色是將胎兒的擬人化。如前所述，有些醫師會利用超音波影像，凸顯畫面上的「孩子」有多可愛，也可能會用一種「殺人」感受的口吻解釋減胎程序。產婦的親朋好友時常會用「孩子」、「小孩」稱呼這些胎兒，有人可能會從宗教性或超自然觀點出發，強調「小孩既然要跟你」一定是有理由云云。有人甚至會提到媽媽跟小孩之間的神聖連結，

---

[6] 根據余靜如（2015: 37）對 112 位曾減胎女性的調查，女性主要會考量多胎妊娠引起的流產風險，其次才是對母親的健康風險。

影射女性應該要留下所有的「孩子」。[7]這些說法都會引發女性的罪惡感,認為自己是個不稱職的母親,竟然不愛自己的「寶寶」。像是雯敏在回想當初懷上三胞胎的猶疑時,對我說:「一開始我沒什麼母愛,打算減掉一胎。」而譯雯也被家人提醒應該要有「母愛」,表示媽祖希望她「順其自然」,應該接受上天安排給她的三胞胎懷孕。這種言論對於考慮減胎的女性而言,往往會成為一種額外的負擔。

技能型自主性的展現

整體而言,女性對減胎建立的技術評估是綜合性的,會揉合多重考量面向,包括健康、社會、情感、道德和財務等。而不管最後是否減胎,我認為她們多數人在此過程都展現出黛安娜・提耶金斯・梅爾斯(Meyers 2001)所說的「技能型自主性」(skills-based view of autonomy)。為了實現願望和目標,這群女性廣蒐多元資訊,將之加以對照比較(溝通和分析力)、予

---

[7] 已有許多豐富文獻討論過胎兒人格(fetal personhood)或胎兒擬人化在墮胎相關辯論中的角色,包括日本(Hardacre 1997)與台灣(陳宣聿 2020)的宗教企業家如何選擇性、創意性援用與組裝所謂的歷史宗教傳統,迫使女性對流產胎兒進行特定的紀念儀式。這些新創儀式是否影響人們對減胎的看法,值得進一步研究。

以反思（內省力），並從自身過往經驗審酌（記憶力）與評估未來（想像力）。她們經歷了深刻複雜的推理過程，才做出最後的決定。

有時，女性的自決性會受到挑戰與威脅。在台灣，醫師之間不僅意見歧異，還時常優先考量胎兒甚至丈夫的利益，而非女性自身的利益，這些都會成為女性追求自身真正需求時的重重障礙。例如偏好減至一胎卻力有未逮的意婷，她的案例就明確反映出女性自決性遭受的壓抑。如果沒有其他奧援，女性往往無法獨力對抗診間的醫療知識權威，以及父權婚姻中丈夫享有的主導地位。在此雙重不利局勢下，她們不僅難以「抵抗要屈服於傳統的壓力」，也難以「挑戰……這個將女性考量予以病理化或邊緣化的文化體系」（Meyers 2001: 741–42）。

而有些女性的減胎手術醫療網絡，也會因為醫師不願意執行而需要重新建立。當她們下定決心減胎後，不願意執行減胎的醫師會將她們轉介給其他醫師，她們可能需要為此重新安排行程，甚至還得長途跋涉才能受術，例如史黛拉和潔西（亦可見邱碧玉 2004）。換言之，雖然減胎在台灣合法、可負擔也容易取得，但女性要真的抵達診所受術，卻得跨越額外的關卡。而且這常常不是最後一道關卡。

小結

　　減胎最主要的預想工作,就是費力探索各種複雜的相關資訊。女性在這個階段的核心任務,是尋求、釐清來自四面八方的衝突意見與支持,無論是來自醫師、家人、網路上分享親身經驗的女性,或者宗教信仰與神明的啟示,資訊與指引類型包山包海,包含醫師舉出的臨床統計數據、鄰居的生命故事、常民智慧、某個宗教的倫理規範,或某位家人的性別偏好。美國婦產科醫學會的指引曾明確寫出要「尊重患者自主權,承認個人有權利基於**她自身的價值與信念**,採取特定觀點、做出特定選擇,並加以行動。」(ACOG 2017:3;強調為本文所加),但從台灣這些婦女的歷程來看,她們常得面對許多紛雜的知識與資訊干擾。常常減胎的實際決策過程,不是只根據個人價值與信念來運作。所謂的「個人」,其實是透過「集體」所塑造與建立,而這個過程往往高度「政治」。個人式的倫理模型(例如知情同意)並不足夠。

　　本章力圖彰顯女性在面臨諸多混亂歧見時如何努力理出頭緒、找出方向,但我們應該要用集體的力量來減輕這些沉重負擔,而不是留給女性獨自承擔。最大的問題在於台灣醫界沒有提出任何正式臨床指引,多半任由個別醫師依照自己的專業、價值觀,提出彼此各異甚至相互對立的醫療建議。為了強化女

性對減胎技術的分析與推理能力，應該提供她們更好的決策資源，包括採行全球與在地的實證醫學資料所提出的建議。

　　本章也想強調女性進行技術評估的能力。過往文獻多半聚焦於決策過程，並把醫療因素（對多胎妊娠的健康風險認知）與非醫療因素（宗教信仰和生活方式）區分開來（例如：H.-L. Wang and Chao 2006; Britt and Evans 2007a; Kelland and Ricciardelli 2015）。多數女性最在意的是這項醫療技術對辛苦獲得的懷孕成果，造成什麼新風險。她們對醫療模式的評估能力，應該成為諮詢過程的重要成分。醫界在制定倫理規範或進行醫療溝通時，不能只側重於女性個人價值，或社會性的決策面向，也應該看見、認可女性對醫療科技提出的批判性評估。

　　有時，過度以胎兒為中心、忽視女性的健康風險及社會需求，也可能阻礙女性充分評估減胎的優點。如果在診間或家中，女性自身對健康、育兒責任、職涯發展的顧慮都被置之不理或視為次要，那最後的「決定」往往就是留下三胞胎或雙胞胎，繼續維持多胞胎孕產之路。正如第七章所示，當這群多胞胎懷孕的女性邁入第二孕期，她們立刻成為高風險族群，不僅要展開密集的身體工作，還得為腹中胎兒的健康負責。而這些負擔與工作應該要能被事先預想，並在女性進入減胎的決策歷程時，成為重要的審議與討論對象。

第七章

安胎：
產婦的密集身體工作

史黛拉減胎五個月後，我到婦產科醫院探視她，當時她正在住院「安胎」。雙胞胎懷孕經常需要住院安胎以避免早產，早產是多胎懷孕的主要併發症。史黛拉在懷孕 31 週時開始輕微宮縮，為了延長孕期，她開始服用安胎藥，並盡可能躺在床上休息。她對我說：「我應該要至少撐到 36 週。」一般對早產的定義是懷孕不到 37 週就分娩，而史黛拉希望盡可能接近這個標準。她跟我說話時身穿睡衣，一邊在醫院廊道間緩步行走。史黛拉有加入一個女同志網路群組，大家曾在群組中討論「養雙胞胎有夠累」，卻較少人提及「懷雙胞胎有多辛苦」。育兒的重擔廣為人知，但懷孕的負擔卻較少人討論。

　　雖然史黛拉心意堅定，但她並未達成第 36 週的目標。她在 34 週時剖腹產，兩個孩子因為體重不足，出生後被送到附近醫學中心的新生兒加護病房。同一天，潔西在臉書上宣布雙寶出生的好消息，並貼了史黛拉與雙胞胎各自在兩間不同醫院的照片。照片中史黛拉閉目休養，潔西打了簡短的一句話「辛苦的媽媽」，贏得無數愛心符號，其中也包括我的。她們的雙胞胎健康地成長，狀況良好。幾年後，新冠肺炎肆虐全球期間，史黛拉在網路上發布兩個雙胞胎模仿姊姊做運動的可愛影片，我一邊看一邊忍不住微笑。

　　懷上雙胞胎、三胞胎的女性很常需要「安胎」，只是程度

各有不同。進行減胎手術、讓自己只剩下兩胎的史黛拉並非例外。「安胎」是歷史上相當悠久的健康實作,早自 5 世紀起,中國經典醫藥書上就有出現相關記載(李貞德 2008)。台灣至今也還保留部分的傳統安胎儀式,例如驅逐對胎兒有害的惡靈(宋錦秀 1996, 2000)。在今日,為了穩定懷孕,避免早產所做的各種措施,還是會用「安胎」的說法,例如穩定懷孕的醫療措施包括安胎藥、安胎針,在懷孕不順時休「安胎假」。無論透過 IVF、人工授精、刺激排卵藥物或自然懷孕,多胞胎產婦的早產機率都比較高,因此她們多半都需要安胎。在雙胞胎懷孕中,約有 50 到 60% 的機率會早產,像是史黛拉就是典型的狀況。為了避免早產,一般的例行干預措施包括:密集監控身體狀況、出現早期子宮收縮時搭配藥物治療、降低產婦活動量,例如增加休息與臥床時間等(Newman 2005;Medley et al.2018)。史黛拉採取這一系列的預防性安胎措施,足足有一個多月。

「安胎」的「安」是個動詞,而女性則是實踐這個動作的主體。為了執行安胎勞動,我的受訪者必須額外負擔許多新的任務與責任。史黛拉表示目標是要「撐到至少 36 週」,代表她在這段期間的主要任務,是讓她腹中兩個孩子能繼續待在子宮裡、不要提早出生。在這段期間內,醫務人員雖然會開出抗

宮縮藥、提供建議與協助照護,但安胎期間的多數任務,很大程度上都只能依賴產婦自己執行、嘗試,並根據狀況隨時調整。懷孕女性到底如何安胎?有些常見的安胎措施聽起來滿輕鬆寫意,例如臥床休息,既然如此,為什麼史黛拉會用「辛苦」二字來形容這段歷程?而安胎的預想勞動與決策行動,和前兩章提到的求孕與減胎又有什麼不同?

　　本章將討論女性在安胎期間所進行的密集身體工作。本章會先說明安胎期間常見的醫療介入措施。或許這令人意外,但其實多數的安胎措施並沒有獲得臨床醫學證據的支持。儘管如此,世界各地的醫事人員仍然會指示產婦安胎,台灣也不例外。接著,我將提出女性在安胎期間進行的三種主要孕產身體工作,包含:自我診察與預測、身體照護與調整,以及情緒工作。我將說明為什麼連「臥床休息」這種乍聽之下很容易的醫囑,對產婦來說都是個沉重、困擾的負擔。最後,我將呈現女性如何協調生產勞動(productive labor)與再生產勞動(reproductive labor),竭盡所能避免早產發生。為了執行安胎這個艱鉅任務,有些女性辭去工作成為全職母親,這可能是她們當初踏上生育之旅時從未預料到的發展。

「不能住保溫箱」

在經歷懷孕、減胎的重重關卡後,多胞胎產婦迎接下一個新挑戰:拉長孕期。例如史黛拉就努力拖延雙胞胎的出生時程。她並沒有不切實際地希望能懷滿足月(例如 40 週),而只是希望能盡量靠近 37 週這個早產門檻。好幾名受訪者都告訴我,她們的目標是到時候孩子千萬「不能住保溫箱」。其中一個原因是財務的考量。一些受訪者提及,在台灣還沒有全民健保的時代,住保溫箱一天就要約 1 萬元新台幣,多數家庭都很難負擔得起。艾麗是間小公司的經理,在 1993 年懷雙胞胎。她表示:「以我的薪水來說,每天要付 1 萬塊是不可能的,所以我一定得好好安胎。」隨著 1995 年全民健保制度上路,這項財務負擔得以減輕,家長的最主要考量便聚焦在新生兒的健康問題。[1]

對於懷了雙胞胎或三胞胎的女性來說,避免早產可說是一個很難達成的目標。眾多研究都顯示,約有 50% 到 60% 的雙胞胎產婦會早產。2021 年美國疾病管制局宣導「一次懷一個健康寶寶」的文宣就寫道:「大約每三個雙胞胎寶寶中,就有一

---

[1] 在 2019 年的「三胞胎大會師」活動上,曾有家長跟我說,當孩子從新生兒加護病房出院時,她看到醫院帳單上列的費用超過 200 萬新台幣,嚇了一大跳。台灣由於全民健保有給付,那位家長只需負擔約 5 萬元新台幣。

個是早產兒。」根據台灣衛生福利部在網路上提供的孕期照護資訊,單胞胎懷孕的早產率只有10%,到了雙胞胎和三胞胎懷孕,早產率分別上升到50%和90%(許明信2020;亦可見Hu et al. 2015)。無論是全球的統計資料(WHO 2012)或台灣在地的調查數據(K.-H. Chen et al.2019; Y.-K. Chang et al 2020),所有的流行病學研究都顯示,多胞胎懷孕就是早產的主要原因之一。但正如第六章所示,那些建議女性繼續懷兩胎甚至三胎的醫師,顯然沒有把這麼高的早產率當成主要的決策考量。

在透過人工生殖懷孕的台灣女性中,早產現象更是頻繁。圖表7.1顯示,在2004年到2022年這十八年間,每年台灣約有1萬5到2萬名早產兒出生,約佔所有新生兒的10%。在這些早產兒中,試管嬰兒的比例從2004年的6%,一路上升到2022年的22%(見圖表7.1中的黑色水平線)。根據人工生殖登錄資料,台灣長期有超過四成的試管嬰兒是早產兒,直到2022年才降到三成以下,主要是因為多胞胎懷孕比例很高。目前還沒有關於刺激排卵藥物跟多胞胎懷孕或早產之間關係的數據,如果有,助孕科技導致的早產率勢必會更高。多數展開不孕治療的女性是希望能透過現代科技來生育,但她們往往難以想像自己的孩子很可能是早產兒。早產兒已經成為全世界刻不容緩要解決的問題(WHO 2012)。早產帶來的風險十分明顯:

圖表 7.1：台灣早產率趨勢（2004 年至 2022 年）

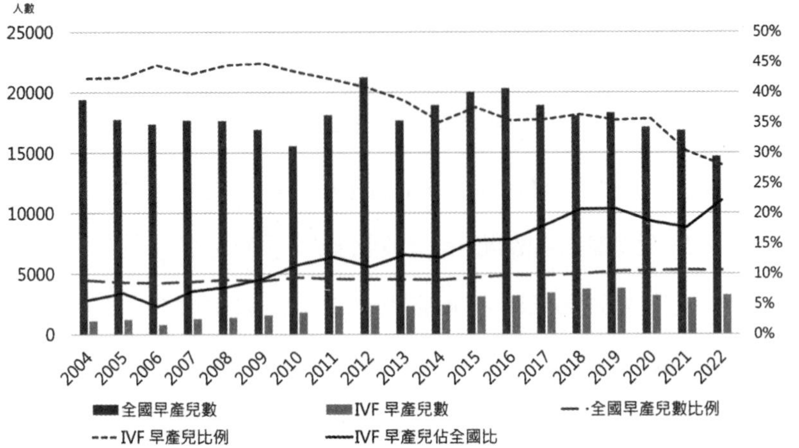

[圖表：全國早產兒數、IVF 早產兒數、全國早產兒數比例、IVF 早產兒比例、IVF 早產兒佔全國比]

資料來源：衛生福利部國民健康署，2021a，2021b，2022，2023，2024

早產兒的罹病率高、死亡率高，而且會對健康照護體系、社區、家庭帶來極其沉重的負擔。而早產問題的解方包括：採取預防措施以避免 IVF 產生多胞胎、確保孕產期間獲得良好照護、確保新生兒出生後獲得良好照顧等等。本章將著重於多胞胎懷孕期間，可以使用的介入措施。

多胞胎懷孕「期間」避免早產

從臨床醫學證據的角度出發，許多目前用來預防早產的常

見做法都沒有受到實證醫學的肯定。這些「懷孕管理」策略，包括臥床休息、居家子宮監測、藥物干預、手術干預（例如子宮頸環紮術）、攝取營養均衡等，但這些手段都還沒獲得臨床醫學證據支持，因此都無法有效預防早產發生。南茜・梅德利等人（Medley et al. 2018）在考科藍實證醫學圖書館，發表一篇系統性文獻綜論，分析83篇考科藍系統性的文獻回顧，最後，在報告中為這些懷孕期間預防早產的干預措施打上數個問號，代表「未知有害或有益」。值得注意的是，那篇研究是一個「對於文獻回顧所做的文獻回顧」。也就是說，其結論奠基於那83篇文獻回顧曾檢視的所有臨床研究之上，數量可能高達數百篇。多數的回顧研究難以確認這些預防早產措施的療效。實際上，在這83篇回顧中，只有一篇提出「證據顯示明確有益」的方法：相較於其他照護模式，由助產師主導的連續性照護，能夠有效降低周產期死亡率與避免早產（Sandall et al. 2016）。

有關預防早產措施與多胎妊娠的研究相當有限，而目前的證據顯示，「沒有確切證據支持任何干預措施能延長多胎妊娠的孕期」（Biggio and Anderson 2015: 664；另見 Jarde et al.2017）。在眾多安胎作為中，臥床休息是最值得一提的例子。雖然雙胞胎懷孕最常使用的醫療介入，就是要產婦臥床休

息,但並沒有醫學證據支持這種做法真的有效(Newman 2005; Crowther and Han 2010; Sosa et al.2015)。由於嚴格的臥床限制根本欠缺證據支持,有專家曾警告「不應該推薦其有預防早產的效果」(Biggio and Anderson 2015: 659)。更甚者,臥床休息可能對產婦造成傷害。有些醫師強調,長期臥床除了造成心理壓力,還可能帶來靜脈曲張、骨質疏鬆等常見生理傷害,這項醫囑甚至被一些醫師形容「有違倫理」(McCall et al.2013)。

密集的孕產身體工作

儘管醫學文獻已經指出,這些聲稱能預防早產的干預行為,根本無法確保多胞胎妊娠有用,但我的受訪者全都接收到大量安胎建議與醫囑。由於懷雙胞胎或三胞胎的產婦被視為高風險族群,通常她們會盡可能遵循醫事人員提供的建議來延長孕期、避免早產。多數人會在懷孕期間某個時刻,認為自己需要安胎,有人是受到風險統計數據提醒,也有人注意自己身體產生變化,尤其是注意到自己「不受控的產婦身體」(Neiterman and Fox 2017)出現各種可疑徵兆,像是出血、下半身水腫、肚子有緊脹感等。洛薇就說,本來她對雙胞胎懷孕的早產率統

計沒什麼感覺,直到「懷孕五個月時我肚子變太大,大到以為我都快生了,醫師就叫我在家安胎,免得孩子早產。」

安胎是個高度仰賴產婦身體的工作。在此,我借用卡洛琳‧加特崔爾(Gatrell 2011, 2013)提出的概念「孕產身體工作」,描繪女性在安胎期間進行的各種行動。在過去文獻中,有關身體工作或身體勞動的討論,多著重於照顧他人身體所進行的有償勞動(例如:Wolkowitz 2006; 張晉芬、陳美華 2019)。相較之下,除了商業代孕行為,懷孕本身通常是無償勞動的過程,只不過在此過程中,女性照顧的是居於自己體內的他人身體,並積極運用自己的身體進行各種勞動。為了避免早產對孩子造成威脅,多胞胎產婦主要進行三種孕產身體工作,包含:自我診察與預測、身體照護與調整,以及情緒工作。

自我診察與預測

醫事人員經常叮囑產婦隨時注意有無出現早產徵兆。如果產婦在醫院,醫事人員就能透過設備儀器或陰道檢查確認懷孕狀況,確認是否即將生產。但因為多數女性在懷孕期間不會直接住院,如何學會自行辨別早產徵兆,成為多胞胎產婦例行性的重要產前衛教內容。這樣如果婦女感覺到有可疑的早產跡

象，就能主動請醫護人員評估與干預。產婦要注意的早產徵兆，包括肚子緊脹感、腹部痙攣、下背痛、陰道出血與胎動減少。[2]「居家子宮活動監測」一詞涵括多種元素，包括學習相關知識與在家自行使用儀器監測，以確認身體是否出現各種早產徵兆。總而言之，我的受訪者都被教育要仔細觀察自己身體的細微變化，嘗試自行判斷懷孕狀況。

在眾多自我診察中，相較於其他肉眼可見的跡象（例如觀察陰道分泌物），宮縮或胎動往往是最為困難的。多數受訪者都表示，宮縮是一種全新的身體感受。新手媽媽洛薇就說，她一開始很難理解宮縮的感覺為何：

> 很多雙胞胎產婦都說，在第六、七個月時很容易早產，要注意有沒有宮縮。當時我第一次懷孕，怎麼會知道什麼是宮縮。我問了很多朋友，他們都說宮縮就是肚子感覺很緊、變得跟石頭一樣硬⋯⋯第七個月時我覺得肚子有點痛，到了半夜時也感覺有點怪怪的，我就去看醫師，他說我已經開始宮縮了，那時我才終於知道什麼是宮縮。在那之後，我就到醫院安胎了兩個月。

2　詳細內容可參國立台灣大學醫學院提供的相關資訊〈認識早產徵兆與安胎照護〉：https://reurl.cc/o1Qad3 。（上次檢索日期：2022 年 5 月 8 日）。

監測早產徵兆有賴於女性細緻地觀察、感受、記錄、判斷自己的身體，並向醫師或助產師諮詢。在此過程中，許多女性開始建立起新的身體感，培養自己覺知身體變化的新能力（Mol and Law 2004）。醫護人員說要密切觀察各種徵兆的口頭建議，難以直接轉譯為女性的身體感受，何況身體感受往往因人而異。洛薇沒有感受到肚子變得「跟石頭一樣硬」，只覺得「有點怪怪的」。而真正讓洛薇去看醫師的徵兆，反而是另一個早產徵兆，她的下腹部出現類似經痛的痙攣感。

有時候，女性也會運用其他資源練習自我診察，律師曉雁就說她在懷雙胞胎時，對於何謂「胎動」一直充滿困惑：

> 醫師說懷孕第七個月就要開始注意胎動，他還說，如果兩個胎兒中有一個突然不動的話，那⋯⋯我聽到就很擔心。我要怎麼判斷是誰在動？是只有一個在動、還是兩個都在動？我可以感覺到寶寶踢我，但那是其中一胎用雙腳踢我，還是兩胎各用一隻腳踢我？我後來就找我嫂嫂幫忙，她是一名護理師。她借我一個聽診器讓我練習，然後摸我的肚子對我說，你這樣就是有在宮縮。我才終於知道，哇，這就是宮縮。他們都跟我說宮縮是肚子會緊緊的，但我就是聽不懂。雙胞胎在踢我時，我也會覺

得肚子緊緊的呀。我在整個懷孕期間其實都搞不清楚哪個是哪個。

曉雁的困惑反映出要分辨正常（胎動）與異常（早產宮縮）非常困難，而要辨別細緻差異（是一胎在踢，還是兩胎都在踢）更是難上加難。在一些國家，助產師比較普遍，女性很容易能找到協助解惑的人（例如：Carter et al.2018）。而在台灣，99.8%的產婦是找婦產科醫師做產檢。儘管台灣產前照護方案多納入健保給付，也容易取得，但她們並不會為了尋求安心感或學習判讀身體訊號，就跑去看診。這就是為什麼曉雁需要動用自己的人際網絡，請擔任護理師的親戚提供醫療設備，協助自己準確判斷早產徵兆。這項自我診察的任務成為產婦另一樁要擔心的事，不僅費神耗力，又往往難以透過言傳的方式掌握身體感。

上述這些居家自我監控，其實並未獲得臨床醫學證據充分支持。有一份系統性回顧文獻指出，根據13份隨機試驗研究、總計超過6000件案例的研究結果所示，目前依然無法證實居家自我監控，具有延長孕期或改善嬰兒健康狀況的效果（Urquhart et al.2017）。就連只有專業醫事人員才能進行的預測方法（例如子宮頸長度測量），其有效性也並未獲得臨床醫

學證據的支持（Biggio and Anderson 2015）。儘管如此，每一位產婦還是非常審慎看待自我診察的醫囑。自我診察與自我監控只能由她們自己執行，只要出現任何可疑徵兆，她們就會需要判斷是否去掛急診，還是單純只需要增加休息時間。擔任律師的曉雁就說，在進行高強度的現場法律調查和出庭後，她常會有出血狀況，需要趕緊回家臥床休息。不過，並不是出現這些症狀，才會需要採取臥床休息這種介入手段，多胞胎懷孕本身就需要很多休息。

身體照護與調整

雙胞胎和三胞胎的產婦通常肚子會很大，大到需要發展出多種不同策略來處理。加拿大學者艾蓮娜・奈特曼（Elena Neiterman）、芭妮・法克斯（Bonnie Fox）曾經研究產婦如何控制「不受控的產婦身體」出現的各種症狀，例如晨吐、噁心感、疲憊、呼吸急促、體重快速增加等症狀（Neiterman and Fox 2017），但他們的研究對象是單胞胎孕婦。本研究中的多胞胎孕婦，不僅同樣出現典型的妊娠「症狀」，她們身體上的實際負重量也確實比較大。以雙胞胎孕婦來說，通常她們在懷孕五個月時的肚子，跟單胞胎產婦快要生的肚子差不多大；到

第八個月時體重平均會增加二十公斤左右。當身軀變得如此沉重，只是走動或從事簡單日常動作，都可能變得困難。洛薇就說在懷孕七個月時，她的肚子實在變得太大，她就沒有再出過門：「連在家走路都會腳痠，從客廳到廚房的路都很遙遠。」行動不便，連去醫院產檢都得做輪椅。柔怡也說在 36 週時，她連坐著都會喘：「我老闆打給我想瞭解我狀況，電話接起來，他就問我是不是走了很遠來接電話，因為我聽起來喘到不行。我說我就坐在電話旁邊，就連坐著都喘不過氣來。」

為了適應劇烈的身體變化，女性需要依賴各種物質上的支持，才能完成本來日常生活再簡單不過的任務。不少女性提到，她們會使用托腹帶撐住身體與肚子，當走路變得吃力，有些女性會依賴輪椅，或改變家具陳設方式，幫助自己比較好坐、臥或入睡。幾乎所有人都提及，懷孕時連睡覺都有困難。懷有三胞胎的美慧就描述，睡覺時「剛開始是右邊有壓迫，後來是左邊有壓迫，再來就是中間撐起來」，她只能不斷改變睡姿，但終究難以配合這個不聽話的身體入睡，每晚常常都只能睡兩、三個小時。有的產婦躺著睡也不行時，就會改成坐著睡。懷雙胞胎的挹芬就說，她有整整三個月都是坐著睡。其他產婦則說，自己連坐都不敢坐，因為覺得肚子還是會掉下來，就寧願盡量躺著。女性得想方設法調整身體姿勢，才能夠維持基本的生活，

例如走動跟睡眠。

　　多胞胎產婦最常被建議要「靜養」，但這並非易事。除了因為身子太重，讓臥床也不易休息之外，其他生理困擾也層出不窮。柔怡懷孕到第 20 週時，每十分鐘就會宮縮一次，因此每兩個小時要吃一次藥，夜間也得起床吃藥。到了第 30 週，她更因為頻尿與宮縮，幾乎每一個小時就得跑一次廁所。她時常很喘，半夜還會因為吸不到空氣驚醒，睡眠進一步被剝奪。洛薇說，她在懷孕最後幾週簡直是痛苦不堪，由於肚子會壓迫到胃和胸骨，讓她痛到要吃止痛藥，但還是無法改善，狀況嚴重到「我居家安胎時根本沒辦法休息」。去醫院安胎的產婦更是完全不能離開床，如果用美慧的話來說，產婦基本上是「吃喝拉撒都在床上」，那是她認為在懷孕過程最可怕的部分。在醫院安胎要持續配合醫護人員的儀器監測、固定吃藥，要嚴格遵守臥床靜養的規則，還得承受安胎藥的副作用以及不斷湧上的焦慮與煩躁。「臥床靜養」四個字乍聽之下彷彿歲月靜好，但對產婦來說卻是驚濤駭浪、痛苦難熬。

　　我想再次強調，目前幾乎沒有任何實證醫學證據，支持台灣這些典型、辛苦的安胎勞動，如吃安胎藥、臥床靜養、限制活動強度等作為，對預防早產真的有效（Medley et al. 2018）。儘管如此，女性還是費盡全力遵循醫囑，即使可能沒什麼實際

效用。相形之下，倒是有許多研究已顯示，這些宣稱能避免早產的預防措施，不僅無法延緩出生時間，反而因為創造更多的焦慮與挫敗，進而增加產婦早產的機會（MacKinnon 2006; Carter et al.2018; H.-Y. Hung et al.2021）。

情緒工作

雖然內心感到焦慮、壓力很大，女性常常還是得進行各種情緒工作，以呵護胎兒的健康成長。根據凱洛琳·卡崔爾（Gatrell 2011: 398）的定義，懷孕期期的情緒工作，是指「在依照醫囑的狀況下，為了決策、執行、履行孕產照護工作而付出情緒能量」。產婦既得面對不確定性、要分辨早產徵兆，又得盡力調整自己不太聽話的身體。我的受訪者在描繪自己的安胎經歷時，最常使用「撐」這個字來形容。「撐」，比較看重的是精神與意念層次的努力。儘管多胞胎產婦的身體非常不舒服，但她們經常需要擱置自己的不適感，為了胎兒的健康打起精神。有些人會透過想像雙胞胎和三胞胎寶寶健康出生的畫面，作為忍受身體苦楚的動力，畢竟很多人都是歷經千辛萬苦的求孕、受孕歷程，才終於來到懷孕這一步（詳見第五章）。有些人則在腦中描繪孩子出世後的美好未來，以堅定自己的意

志。艾麗就曾說:「用幾個月的痛苦換來一對健康的雙胞胎,這不是很值得嗎?」心好也說,當時她想著只要能好好忍耐、撐過懷孕期間的所有痛苦,到時候孩子會比較健康,照護起來也比較容易。

　　由於多胞胎孕產往往存在母嬰的健康衝突,多胞胎產婦所承擔的情緒工作強度也往往更高。有些人就坦承,懷孕到某個階段時,真的會覺得自己快撐不下去了。挹芬就說,當時她不停詢問身為婦產科醫師的先生,自己最快何時才能生,一聽到必須等到胎兒 36 週才能剖腹產時:「我有點掙扎,我實在已經精疲力盡,又希望他們再留久一點,希望他們肺部的功能會比較好。」擔任清潔人員的小美也說,她在懷雙胞胎時,整個懷孕期間都非常不舒服。她的心情非常複雜:「那時候就會希望,趕快生一生,因為真的非常不舒服,但醫師又跟我說小孩還太小,太輕呀,又拼命吃。」這個努力增加體重的新任務,成為小美分散自己痛苦的方法。洛薇也說,她本來希望能趕緊生一生,早日從各種身體苦痛中解脫,但她又堅持一定要等到 36 週,小孩才不用去住保溫箱,讓她無法餵母奶。餵母奶是她認為比較理想的哺育方式。她對於理想母職的想像,再次讓她吞下自己的痛苦,繼續忍耐。不過,在預計剖腹產日之前,洛薇提早發生陣痛,並被緊急送去醫院急診。當急診室醫師問她

是否再安胎幾天時,她拒絕了。洛薇說身體真的很難受,「我真的受不了了」,她希望能趕快生。這對雙胞胎出生時的體重分別為 2300 和 2500 克,屬於低出生體重邊緣。

儘管我的受訪者全都明確描述她們在懷孕期間的各種痛苦,我發現幾乎沒有人提到擔憂自己的健康出問題。成大護理系洪筱瑩的研究團隊,調查婦女在居家安胎期間所經歷的焦慮與壓力,發現這些婦女最大的擔憂是「失去胎兒」,以及「早產」(H.-Y Hung et al. 2021)。可惜的是,這份重要的研究,在問卷項目中,並未列出攸關婦女自己健康的選項,像是孕產婦失去自己的生命,或是嚴重的身心傷害。一些研究指出,在已開發國家中,懷雙胞胎的孕產婦,孕產婦死亡率是一般孕產婦的兩到三倍(Senat et al. 1998; Conde- Agudelo et al. 2000)。醫學文獻也指出,多胞胎孕產女性更容易出現高血壓、貧血、泌尿道感染、產後出血等健康問題。但無論是訪談資料或問卷內容中,都鮮少放入任何涉及孕產婦死亡與健康風險的相關議題。安胎是出於對未來胎兒健康所進行的預想工作,而不是為了母親。

協商生殖勞動與工作

為了執行孕產身體工作,多胞胎產婦經常得協調自身的生

殖勞動與其他工作。由於臥床休息被視為安胎的關鍵，多數職業女性如果要安胎往往就得請假。此外，安胎地點也很重要。就算是單胞胎懷孕，要在工作場所遵循醫囑或應對常見的不適（例如孕吐）已非易事（Gatrell 2011, 2013）。多胞胎產婦的安胎不是在家裡，就是在醫院，絕大多數女性根本不可能一邊工作，一邊在辦公室、商店或市場安胎。

「你要工作，還是要小孩？」艾麗在第二孕期時因為出血而短暫住院，根據她的回憶，當時醫師就這樣問她。這個問題把生育與在工作截然二分，創造出一種「零和賽局」：女性不是選擇安胎，就是去工作，只能二選一。這種說法形同把胎兒的未來完全放在母親一人身上。有些女性認為必須外出上班的有薪工作，不利於孕期照護工作，因此辭職成為她們孕期身體勞動的一部分。小逸是一間國際汽車企業的行銷經理，叱吒商場的她透過醫師私下取得捐精，成功懷了雙胞胎。作為一名堅定的女性主義者，小逸自願成為單親媽媽。懷孕後她決定辭職，「因為我要去養那個肚子」。洛薇的醫師也提醒她要多休息，不要做費力的工作，以避免流產。對於在放育嬰假的她來說，「工作」是指家務和育兒，她必須另外找人幫忙照顧她的老大。多胞胎懷孕本身就是一份全職工作，甚至可能比全職工作還累。畢竟如果遇到比較棘手的狀況，產婦需要全天二十四小時

第七章 安胎 339

投入身體工作。有時根本無法再兼顧第二輪工作，也就是家庭或職場的額外責任。

如果要女性增加投入安胎的時間與精力，那他們勢必就得重新調整原有的工作。對於在上班的人來說，通常只有公教人員、高階主管以及大型跨國企業的員工，最有可能因為工作單位福利比較好，有機會請到長期的產假或病假。即便如此麻煩還是不少，因為安胎本身的定性不太明確。1990 年代末，在公家銀行上班的媚香擁有當時全台灣最完備的產假福利，她用掉了所有可能請的休假——病假、年假、產假，好讓自己能在家中和醫院安胎。不過，在所有休假都用完後，最後她還是只能辭職，成為全職的母親與家庭主婦。曉雁是律師事務所的合夥人，她在用完所有休假後，因為獲得其他合夥律師支持，最後用「特別假」的方式處理，待在家中待產。相較於這些福利較完善的單位，兼職工作者、私人企業或服務業的工作者，有時只能透過辭職的方式，才可能好好安胎。

2010 年，在女性主義立法委員黃淑英的倡議下，安胎假成為《性別工作平等法》的合法請休。修正草案指出，經過醫師診斷需要安胎休養的產婦，可以直接比照病假的規定辦理進行安胎（立法院 2010）。如果產婦不需要住院，她們至多可以休假三十天；如果需要在醫院安胎，則比照「住院病假」規定辦理，

至多可以休假1年。不過，雖然現在台灣女性能合法請安胎假，但她們在提出請休須需求時本身壓力還是很大。根據調查，因為早產危險而在家待產的女性，反而比健康產婦壓力更大，而且根據調查結果，最容易引發壓力的事件是「為了安胎而需要跟職場請假」（H.-Y. Hung et al.2021）。此外，台灣也有不乏雇主歧視女性請安胎假的訴訟爭議（例如：張欽 2021）。

小結：安胎失敗？

本章探討女性為了預防多胞胎懷孕中最常見的併發症──早產，在孕期進行的積極身體勞動與照護重組。相較於過往文獻較側重於女性孕產時的經驗與焦慮感受，本章聚焦於女性的安胎勞動，以凸顯女性在這個階段的具體作為。我的受訪者並不只是被動、脆弱、承裝胎兒的容器，她們預想生出健康的新生兒，因此積極發展各式各樣策略，以執行醫師指示要做的各種任務。

在安胎階段，產婦幾乎是獨自一人承擔守護胎兒健康未來的重責大任。在求孕階段（即第五章），圍繞產婦的核心爭議點在如何最佳化醫療介入的效果，例如決定最佳的胚胎植入數目。這段時期，醫療專業人員在追求成功率上，至少還能擔起一部分責任。當女性成功懷上多胞胎後，她們旋即陷入減胎的

兩難抉擇（即第六章）。通常產婦會透過跟家人或醫師討論共同克服難題。相比之下，為了延長胎兒在肚子裡的時間，這種保護胎兒的安胎勞動卻全然落在孕產婦女一人身上。從追求成功懷孕開始，到尋求「安」穩懷孕，產婦在整個預想勞動的生育軌跡中，分擔的責任比例逐步增多，最後幾乎成為一人之責。

雖然我的受訪者全都咬緊牙關地安胎，但絕大多數的人最後都還是早產。這個結果符合目前臨床醫學證據的發現，顯示大多數安胎措施並不具有預防早產的成效。然而，這些女性卻常常很自責，認為自己一定有哪裡沒做好，才會安胎失敗，危及孩子健康與安全。這股強烈的愧疚感還可能一直持續。如同雅文曾淚眼汪汪地說：「一直到現在，我真的覺得自責的成分很多，因為我把他生得太小。」然而在我的研究過程中，我從未聽聞有任何人說到胎兒可能會危及母親的健康與安全。美慧的公公可能是唯一最接近這種論調的例外。他在美慧懷三胞胎時曾明確指示，如果美慧狀況繼續惡化，保住大人比保住孩子重要。然而，大多數案例通常都沒有考慮產婦死亡的可能性，並將胎兒健康列為優先考量，將產婦安全放在後面。

事實上，「安胎」一語正彰顯胎兒中心主義的思維。這種保護胎兒安全卻未能看見母親的政策，需要被介入與改正。首先，醫師和立法者都應該看見多胞胎懷孕對母親造成的健康

風險,不能只是關心早產對新生兒的危險。誠如前述美國疾病管制局的文宣所說:「雙胞胎懷孕對媽媽與小孩都有風險」,三胞胎懷孕尤其如此。母親的健康也應該成為風險預防工作的一環,無論是在懷孕前使用助孕科技,還是在孕期間的身體照護。其次,強化預防措施時,應該要以臨床醫學證據為立足點。正如麥寇等人(McCall et al. 2013:1308)的研究指出,「每當可能有害胎兒的研究被發表,很快就會出現各種禁止規定(例如不能攝取咖啡因或各種藥物),但有害母親健康……的研究被發表後,卻常常被忽略,或要費時很久才會整合到臨床實作中。」在安胎階段,產婦和胎兒不是兩個互不相關的個體,因此有些安胎措施號稱保護胎兒,但其實沒有效力,甚至可能會傷害女性健康、加重女性負擔,應要被徹底揚棄。

最後,實證醫學指出,迄今證據力度最強、確實擁有正面效益的預防早產模式,其實是助產師制度(Sandall et al. 2016)。很可惜的是,目前在台灣助產師遭到嚴重邊緣化(Wu 2017b)。本章的經驗案例顯示,台灣女性常常只能自己撐著,或動用自己的人脈與支持網絡。助產師孕產照護模式以提供連續照護著稱,最能快速回應產婦需求,提供建議、協助判斷與給予支持。這種由助產師主導的連續照護模式,才應該成為安胎的主力,也才能同時保障產婦與胎兒的健康。

結論

孕產多胞胎的故事總能讓人驚奇連連。我在新冠疫情後期，終於寫到英文專書的結論，也發現各種多胞胎的故事。2021 年 1 月，美國德州一對多年不孕的夫妻在抖音（TikTok）上發一支影片，記錄產婦在懷孕 31 週時早產、頂著大肚子進入產房的畫面。為了迎接這場「疫情下的神奇四胞胎」，產房裡已有 40 名醫護人員嚴陣以待。這場生產順利完成，影片累積點讚數也高達 430 萬人（Dellatto 2021）。同年 5 月，台灣試管嬰兒施術最多的台中茂盛醫院也對外發布喜訊，「恭喜」在台灣三級警戒期間，該院成功生下了三胞胎，並稱之為「抗疫三姐妹」（茂盛醫院 2021）。

與此同時，澳洲的人工生殖醫學社群卻在慶賀澳洲取得「世界上最佳的雙胞胎率」。所謂的「最佳」是指創新低，2021 年澳洲全國的試管雙胞胎、三胞胎比例僅有 2.9%，IVF 活產的成功率卻破新高（Carroll 2021）。鏡頭轉向同年 7 月的英國，衛生與社會保健部（Department of Health and Social Care

2021）更新了代孕程序指引，正式確立「應該以健康**單胞胎**為治療目標，雙胞胎或多胞胎會對母親與嬰兒造成更大風險」（強調處為本文所加）。為了避免出現雙胞胎，英國政府更建議，計畫施術的家長應該和代理孕母妥善討論，確定是否真的有進行雙胚胎植入的必要性。

上述幾個信手捻來的案例，再次展現了孕產雙胞胎、三胞胎和四胞胎在世界各地引起的不同強烈情感——笑容與淚水、驚訝與擔憂。除了渴望生育的家長與人工生殖實務工作者外，社群平台上的使用者、醫學專業社群、公民團體與各國政府，都被捲入這場孕產多胞胎的網絡中。在社會生活的各個面向，有這麼多雙胞胎、三胞胎與四胞胎的誕生與死亡，這是人類前所未有的經歷。

以「預想」來思考

本書希望邀請大家重新思考這些扣人心弦的故事。首要任務就是要理解，當代社會究竟如何捲入人工協助生殖科技帶來的種種困境。多胚胎植入這種臨床作為，既可能帶來莫大喜悅，也可能造成終生困擾。早先我研究這個主題，主要是將研究視角聚焦在「風險」，並跟隨其他批判性評論，強調所謂的醫學

革新如何帶來嚴重不良後果。然而,無論是治理活動的複雜多樣,還是助孕科技牽動的各種情緒,都提醒我風險的分析視角即使十分重要,卻遠遠不足。畢竟,許多行動者都是懷抱著創造光明未來的美意,才採取各種作為。無論是尋求科學革新、不孕的醫療解方、興隆的生意還是建立新家庭,這些行動的初衷都不是要創造風險。雖然主流的科技評估模型往往以風險為中心,但助孕科技帶來的影響,卻遠非風險概念所能涵蓋周全。正如本書所顯示,孕產多胞胎可能是強化國家光榮,可能促成醫學社群發展專業主義,也可能是女性建立自我認同的重要環節,而風險並不是這些行動的最主要考量。我們顯然需要一個更為全面、更為寬廣的概念。

「預想」這個概念,更能完整掌握多胞胎孕產的運作圖像,同時保留對風險面向的重視。透過預想,我們在分析上能同時並置希望科技與風險醫療,納入情緒與知識生產,來釐清多胞胎孕產的議題如何浮現,並創造了哪些問題。在人工生殖的預想體制中,一共有三個面向的權力角力同時在運作。第一個層次,涉及不同行動者如何界定特定面向的預想,並以此展開行動。科學家與不孕專家展望未來,追求成功事件與成功率。人工生殖不只是被想要生育的父母當成希望科技,也成為專家的希望所在。然而,人工生殖的醫學社群並非鐵板一塊,一直

都有一些人工生殖專家發出警訊。他們加入公共衛生領域、小兒科醫學學會、以及女性主義健康運動的行列，呼籲社會正視助孕科技可能帶來的風險。攸關女性的「預想」面向，格外凸顯界定的多樣性。對於女性孕產多胞胎的未來景象，存在截然不同的預想方式。有的凸顯女性天生對成為母親強烈渴望，有的則強調面對不孕還有其他社會選項。有論述刻劃女性生完雙胞胎後的滿足感，也有聚焦在照顧障礙三胞胎的沉重負擔。有的關注活產率的計算，有的則重視多胞胎產婦的流產率與死亡率。不同行動者如何協商界定助孕科技的框架，又如何解決助孕科技引發的各種爭議，正是人工生殖最核心的治理活動。

第二個層次涉及科學、國家和社會之間的相互角力，尤其是關於人工生殖的國家社會技術想像。不同國家對人工協助生殖科技的理想未來想像不同。有些國家寄望成為科技突破的世界龍頭，有些國家想迎頭趕上，但也有些國家戒慎恐懼，極力防止新興科技造成的可能傷害。每個國家在迎接自己第一個試管嬰兒時，社會上的想像多為憂喜參半，但彼此還是相當不同，並且深受該國發展人工生殖的政治與歷史脈絡而定。以本書分析的台灣與日本而言，試管嬰兒的誕生在台灣被視為國家光榮，但在日本卻被視為爭議科技。國家社會技術想像的取向，有助於我們解釋各國發展出的多胞胎治理策略，何以如此不

同。

　　第三個層次，則涉及了全球與地方之間的角力。IVF作為一種全球性科技（Inhorn 2020），至少已逐漸開展出三種全球治理機制：透過國際監督人工協助生殖科技國際委員會（ICMART）回報全球數據；透過國際生殖醫學會聯合會（IFFS）比較各國監管規範；透過學術期刊、研討會議與系統性文獻回顧（例如考科藍文獻回顧）等學術辯論，建立相關的臨床醫學證據。這些全球性的監管與指引建議，有時可以成為國家制定規範時的重要利器。以第二章為例，積極參與ICMART與日本人工生殖社群的石原理教授，成為串連全球與地方之間的重要橋樑。然而，台灣有另類的全球—地方互動模式。如第三章所示，儘管台灣的人工生殖專家社群也很熱衷於參與這些國際組織，也都清楚知道單一胚胎植入是歐洲、日本的普遍趨勢，但他們選擇的是美國生殖醫學會的臨床指引，更一度發展出極其寬鬆的「美國模式+1」標準，建立一個彈性極高的胚胎植入數目標準，幾乎像一種沒有太多限制的限制。雖然女性主義者立法委員黃淑英在《人工生殖法》制定過程中，就提出採行單一胚胎植入的全球趨勢，最終依然得妥協於台灣在地對高成功率的重視，因為追求成功率常被其他行動者塑造成符合女性利益。

本書主要透過這三個層次的分析框架，解釋何以台灣會有世界最高的試管雙胞胎率。在台灣，由醫界主導的臨床管制規範、將 IVF 定位為國家光榮的論述、獨厚美國（而非日本）指引為國際參考對象，共同創造了一種預想模式。這種模式高度寄望成功率，卻淡化處理需要迫切面對的多胞胎健康風險。台灣常自豪有全球數一數二的超高懷孕成功率，但這有一大部分是透過植入多胚胎所達成，付出的代價就是孕育出高比例的多胞胎寶寶。本書的分析框架也能協助我們理解為什麼日本更在乎風險，而非一味追求成功率。未來研究應該還能延伸到其他國家。像是擁有「全世界最佳雙胞胎率」美名的澳洲（Carroll 2021），以及多胞胎率節節上升的南韓（Kim 2021）。預想治理的分析框架也值得其他探討追求美好未來、主張當下行動的案例，例如再生醫療、氣候變遷與善終。

　　渴望生育與實際懷有多胞胎的女性，是預想體制的關鍵要素。本書創立「預想勞動」一詞，凸顯女性在多胞胎孕產的不同階段日漸加重的具體工作。她們在這段期間辛苦地付出，過去卻受到誤解與噤聲。首先，醫界與媒體時常將女性塑造為想快速達成目標的形象，用以說明為什麼醫界持續採用多胚胎植入的方式。然而，本書描繪的台灣女性生殖軌跡，反映了更大的社會文化脈絡帶來的影響。台灣不婚、晚婚的社會趨勢帶來

延遲生育的結果。另一方面,女同志等性少數族群由於受到法律排除,需要遠渡重洋才可能使用人工協助生殖科技。此外,許多女性一開始不願使用 IVF,主要是擔心這種侵入性極高的不孕治療可能對身體有害。在台灣,IVF 通常不是女性的首要選擇。往往她們在確認中醫或其他低侵入性方法無效後,才會退而求其次使用 IVF。基於這些因素,台灣女性使用 IVF 的時間點往往比較晚,在緊迫的時間壓力下,植入更多胚胎來增加成功率才成為女性實現生育目標的策略性選擇。當然,有人也可能直接表達對雙胞胎的偏好更勝於單胞胎,例如本書開場提到的雯敏。但這種個人偏好,多半出於長期求子不成的挫敗經驗,以及擔心自己追求生育夢想已經「太遲了」的焦慮感。

一旦女性求孕成功懷上多胞胎,整個孕產照護就會轉變成以胎兒為中心運轉。無論是醫療教科書、衛教宣導資訊、醫學文獻研究或孕產照護的安排,在討論多胞胎懷孕的健康風險時,最看重的是胎兒死亡率與罹病率。至於負責孕產多胞胎的女性本身,儘管常面臨死亡威脅、身體傷害與心理負擔,但相較起來卻沒有受到同等重視。女性的健康風險與承擔的痛苦常常遭到忽視,卻還得獨力承擔保護腹中胎兒的責任。而無論在減胎、安胎等延長孕期與避免早產的預防措施中,女性往往主責這些艱鉅的任務與沉重負擔。多胞胎孕產不僅讓女性面臨各

種道德困境，還促使女性進行各種密集的孕產身體工作。

女性進行的預想勞動是個連續性的過程，並且是在一個不斷變化的孕產照護社會科技網絡中運作。在求孕階段，女性成功懷孕的結果，往往被歸功於擁有專業知識的主治醫師或品質優良的實驗室；但若反覆懷孕失敗，人們常常將之被歸咎於女性身體有問題，或年紀太大。到了懷孕初期，女性一旦獲知自己懷了多胞胎（特別是三胞胎、四胞胎），立即就得面臨艱難的減胎抉擇。那往往是多數人展開生育旅程之初，從未料想過的處境。由於來自醫師、一般大眾甚至是神明對減胎的看法，意見多樣，並且常常彼此矛盾，女性在這個階段的主要任務，是在多樣、異質的知識和價值體系中摸索，並在短時間內做出決策。如果她們決定繼續維持懷孕多胞胎，那面臨的下一個社會技術網絡，是要盡可能預防早產、保護胎兒健康。在這個階段，無論是注意早產徵兆、臥床休息、吃安胎藥、打安胎針，所有任務全都透過女性身體進行，即使臨床上絕大多數的安胎措施目前並未獲得醫學證據支持。也因為如此，這個階段進行的預想勞動常常徒勞無功，超過半數的多胞胎孕產婦最後還是會早產。

如果我們並列比較求孕、減胎、安胎這三個不同的社會技術網絡，那很容易發現隨著這趟生育旅程逐漸開展，女性度過

一個又一個關卡,她們所承擔的工作與責任就愈多也愈重。即使她們全都咬緊牙關,完成如此繁重的預想勞動,但只要出現任何不好的結果,她們很容易感到內疚、陷入自責。而當多胞胎寶寶順利離開子宮、成為家庭新成員後,主要的照護工作多半還是由女性負責。儘管我沒有在本書中論述多胞胎的育兒工作,但無論是得辛苦照顧生病雙胞胎的意婷(第五章),還是被迫放棄事業、全職照顧三胞胎的媚香(第七章),抑或是擔心排卵藥讓更年期提早到來的艾麗,她們的故事告訴我們,預想勞動不會在多胞胎誕生之後就完結。而這些未完待續的預想勞動,有待我們繼續研究、探索。台灣女性的預想勞動可能迥異於其他國家的女性,這需要更多關心女性孕產多胞胎與生育軌跡的研究投入。

負責任的預想治理

如果要減輕個別女性沉重的預想勞動,集體行動不可或缺。我根據本書的研究結果,提出「負責任的預想治理」(responsible anticipatory governance)概念,作為台灣的政策建議,並希望未來可以逐步發展出更完備的分析架構。這裡我參考的是「負責任創新」的理論概念和行動(例如:Stilgoe et al.

2013）。負責任的預想治理要求相關行動者與組織，必須對現狀提出反思、納入過往不曾聆聽的聲音，尤其是那些承擔沉重預想勞動的女性聲音，並好好回應各種新出現的社會與科技挑戰。如本書內容所呈現，在人工生殖的世界中，一直有許多勇於自我反省、自我批判，願意檢視自我偏見與侷限的人工生殖專家、醫學社群與政策裁定者。他們做出令人印象深刻的努力之一是提出衡量成功的新指標——計算每次治療週期中的「足月、正常體重、單胞胎活產」比例。即使這可能會讓成功率的數字變小，讓 IVF 看起來沒有像過往一般有效，但這種計算方式，可能才是更符合求子民眾希望知道的資訊。這種新指標有時會成為採行單一胚胎植入的評估標準，也可能成為人工生殖機構在網站上說明成果的方式（例如澳洲所做的努力；詳參 Reproductive Technology Accreditation Committee 2017）。台灣的人工生殖資料庫長期且全面性追蹤施術過程與結果，在世界上也不多見，因此很有機會投入建立這些新興指標與健康風險資料。不過，目前這資料庫沒有受到太多人工生殖專家社群的重視，政府又未能充分利用資料以進行監管措施，讓登錄數據並未轉換成推動改革的證據與動力。

　　跨領域之間的交流與公眾溝通，將有助於提升整體對科技運作的反思性。我在書中提出不少類似案例，例如女性主義者、

小兒科醫師、公共衛生專家,這些人都可能對 IVF 施行的做法提出質疑。我認為台灣應該建立一些機制,讓各方行動者聚焦辯論、推動改革。在國際上有一些值得參考成功範例,包括:由多元利害關係團體共同組成特別工作小組(例如英國發布「針對 IVF 多胎孕產的專家小組報告」;見 Braude 2006)、確保政府人工生殖諮詢委員會的組成多元(例如日本的國家人工生殖委員會)、設置鼓勵民眾參與人工協助生殖科技政策,制定的審議民主機制(例如澳洲公費補助方案制定過程中,就充分納入助孕科技使用者的參與;見 Hodgetts et al. 2014)。通常,婦女健康組織、女性主義陣營與多胞胎家長組織,會是前述這些委員會或討論會議的重要參與者。目前在台灣,人工生殖協助科技的國家諮詢委員會,主要由生殖醫學界的專家學者所主導,民間團體的參與有限,而醫師經常會充當求診者的代言人。但如同本書所述,他們對女性重視的價值與最佳利益的詮釋,可能都有所不足。

　　在台灣,有一些零散的努力,試圖降低多胞胎孕產的比例。對此,我們需要建立一個全面、一致且具生產力的治理機制。在本書第二章討論到的比利時計畫與日本 JSOG 計畫,成功打造出選擇性單一胚胎的網絡,有效降低多胞胎懷孕,可堪稱模範案例。在這兩個案例中,主要推動的行動者相當不同。比利

時計畫主要是由國家發動、醫學會執行，並透過新的公費補助計畫，要求醫界與民眾採行單一胚胎植入。相較之下，日本 JSOG 計畫則是透過醫學會發布的自願性臨床指引（主要透過動員社會的倫理責任、充分利用登錄數據以及協助制定規範），將國家基於促進生育的試管嬰兒補助，轉換成說服醫界與民眾採行「一次一個」的財務基礎，才穩健改革成功。針對這兩個計畫網絡，我們可以從第二章的圖 2.1、2.2 的圖示，看出各方行動者的努力必須環環相扣才能成功，這跟台灣呈現四散的拼湊工作（第四章的圖 4.1）形成強烈對比。

然而，新的機會降臨了。面對少子化的危機，台灣政府補助試管嬰兒的新政策，有望大幅降低多胞胎的比例。2021 年 4 月，美國中情局（Central Intelligence Agency，CIA）預測台灣生育率將會是全世界最低，這則消息受到國內媒體大幅報導，並引發激烈輿論。雖然台灣的生育率早就持續下降，但 CIA 提出的預測卻在台灣社會激起過去少見的廣泛討論。面對輿論持續抨擊政府缺乏作為，行政院將衛福部研擬的不孕治療補助方案，當作「少子女化對策」的政策之一（行政院 2021）。這項方案擴大了試管嬰兒補助範圍，不再限縮於低收入戶，而是讓所有未滿 45 歲的不孕夫妻，都能獲得補助總共可獲得六個治療週期的補助，第一次治療週期就能獲得 10 萬元補助，之後

的週期補助為 6 萬元。如果是 40 到 44 歲的女性，最多可獲得三次治療週期的補助。這一波補助方案仍依循之前補助中低收入戶做法，將單一胚胎植入與公費補助結合，規定 35 歲以下的女性必須採行單一胚胎植入，36 歲至 44 歲的女性至多只能植入 2 個胚胎。這是台灣迄今為止最優渥的試管嬰兒補助方案，當初規劃第一年的經費就高達 32 億。當補助擴大，需要遵循單一胚胎植入規定的使用者也變多了。

相較於以往，醫界更積極推動單一胚胎植入。2021 年 7 月，補助新制剛上路不久，當時台灣生殖醫學會的理事長陳明哲醫師，在一場繼續教育課程的講台上正式宣布：「我們已經落後太久了，讓今年成為台灣推動 SET 元年。」在聽到今年是單一胚胎植入元年的那一刻，我又驚又喜，這遠遠超乎我原先的預期。2022 年，台灣生殖醫學會推出「SET 衛教影片」，影片中也不再主張年輕女性才能用單一胚胎植入，而是積極建議不同年齡層的受試者，只要在胚胎染色體正常時都只植入 1 個胚胎。

台灣政府提出的擴大補助政策以及台灣生殖醫學會的投入，能解決台灣全球居冠的試管雙胞胎率嗎？目前為止，這項新補助方案確實可能修補既斷裂四散的拼湊網絡。如同衛福部在一開始的政策聲明中，明確列出這項補助方案的三個目標：

第一、實現不孕夫婦的生育願望；第二、減輕他們的經濟負擔；第三、減少 IVF 造成的多胞胎比例與卵巢過度刺激症候群（OHSS）問題。對此台灣生殖醫學會（TSRM）認為是個「三贏」的政策，一方面能鼓勵生育、滿足台灣社會的需求；一方面能預防多胞胎的健康風險，減輕台灣醫療機構的照護負擔；另一方面，不孕夫婦們也更容易實現生育目標（崔冠濠 2021）。不過，與其將此方案稱為是「三贏」，我認為不如用生命倫理（bioethics; Prainsack and Buyx 2012）的角度來看待這項新政策彰顯的社會連帶意義。社會更願意用重新分配資源的方式（例如金錢補助），來共同面對 IVF 過程中的層層難關。然而，如果從負責任的預想治理來看，現在仍有改革空間。因為這項新政策打從一開始就是一個由上而下、以促進生育為目標的人口政策，並非是要減少多胞胎才開啟的政策，也鮮少提及女性的健康風險。在整個立法過程，主要也還是由衛福部與生殖醫學社群討論、協商，較少納入其他利害關係人，例如小兒科醫師、醫療經濟學者、女性主義者、使用者等等。

　　不過這項政策結果的確讓人眼睛一亮。根據政府在 2025 年 2 月發布的新聞，採納這項政策成功生下子女的夫妻已有 2 萬多對，其中多胞胎率已下降到 11.4％，早產比例也降到 24.2％（衛生福利部國民健康署 2025）。如果要參考所有施

行試管嬰兒的資料,包含沒有受到補助的民眾,那最新的統計(衛生福利部國民健康署 2024)會是 2022 年的年度資料。根據這筆資料,台灣整體的單一胚胎植入比例急劇上升,來到 44.3%,而母親生產的多胞胎率也降到 15.2%,是台灣施行試管嬰兒技術以來前所未有的景況。即使這些數字還比不上本書討論過的比利時、日本、英國、澳洲等國,但已然是台灣的新局。

正如科技與社會(STS)文獻常提及的,STS 學者不可避免將成為國家預想治理的一部分(Barben et al. 2008)。2021 年 5 月,當衛福部新補助方案尚在擬定階段時,我努力將把我過去針對公費補助試管嬰兒方案的研究(吳嘉苓等 2020),寄給相關的政府官員與台灣生殖醫學會的意見領袖。同年夏天,這項補助方案正式上路後,我受邀向台灣人工生殖醫師演講。當時,我也反覆強調重新概念化成功率的必要性,呼籲要納入多元的利害關係人,以評估新政策的成果,並建議不要只看增加了多少新生兒,而應該檢視究竟降低了多少多胞胎孕產帶來的母嬰健康風險。相較於補助方案提出單一胚胎植入的要求,目前人工生殖法的修法討論,仍鮮少觸及「最高可以植入 4 個胚胎」的規定。衛福部於 2024 年 5 月公布「人工生殖法修正草案」,提出「醫療機構施行代孕生殖時,每次植入以單一胚

胎為限」,並說明是「為避免減胎手術及降低懷孕生產之風險,以維護代理孕母健康與權益,及考量國際生殖醫學會建議採單一胚胎植入」(修正草案第 24 條)。「單一胚胎植入」出現在法條草案,令人眼睛一亮。然而,這個修正草案對於原有法令不得「每次植入 5 個以上胚胎」,卻沒有任何更動。只建議代孕者單一胚胎植入,其他女性最高卻能植入 4 個胚胎,差異性的規範顯示什麼樣的預想治理?我在草案期間的意見徵詢,已經填表表達意見。也希望本書對 1980 年代以來多胞胎孕產的分析也能提供一些線索與啟發,在台灣打造一個穩固的選擇性單一胚胎植入網絡。我們需要一個嶄新的預想治理體制,而要做到這點,勢必得從認真看待女性的預想勞動開始。

參考書目

一位悲傷的母親（2000）。〈媽媽心情故事：來自一位悲傷母親的真情告白〉，《台灣早產兒基金會會訊》，第 33 期，頁 22-23。
內政部戶政司（2021）。〈全國人口資料庫統計地圖〉。https://gis.ris.gov.tw/dashboard.html?key=D04。2021/12/12。
王安琪（2021）。〈安寧團隊的預想工作：科學知識、情感與照護〉。《台灣社會學刊》69: 53-99。
王紀青（2000）。〈成功率一再刷新 治療不孕 長庚有一套〉，《聯合報》，9 月 27 日，地方版。
台灣生殖醫學會（2012）。〈台灣生殖醫學會胚胎植入數指引 2012〉，台灣生殖醫學會。http://www.tsrm.org.tw/news/content.asp?id=15。2021/12/17。
台灣同志家庭權益促進會（2010）。《當我們同在一家：給想生小孩的女同志》。台北：女書文化。
立法院公報（2006）。〈委員會紀錄〉，《立法院公報》，第 95 卷，第 33 期，頁 143-77。
余靜如（2015）。《台灣多胞胎妊娠婦女於接受減胎術之決策歷程》。台北：國立台灣大學分子醫學研究所碩士論文。
吳嘉苓（2002a）。〈台灣的新生殖科技與性別政治，1950-2000〉，《台灣社會研究季刊》，第 45 期，頁 1-67。
＿＿＿（2002b）。〈受污名的性別、性別化的污名：從台灣『不孕』男女處境分析污名的性別政治〉，《台灣社會學刊》，第 29 期，頁 127-79。
吳嘉苓、黃于玲、河政玉、陳韋宏、黃昱翔（2020）。〈公平近用、預防風險或增長人口？助孕科技公費補助的日韓台比較〉，《台灣民主季刊》，第 17 卷，第 4 期，頁 49-104。
宋永魁（1988）。〈魚與熊掌 兩者得兼－－答「一個困惑的母親」〉，《民生報》，2 月 23 日，版 14。
宋錦秀（1996）。〈台灣傳統安胎暨「胎神」的觀念〉，《台灣史研究》，第 3 卷，第 2 期，頁 143-93。

_____（2000）。〈妊娠、安胎暨「妊娠宇宙觀」--性別與文化的觀點〉,《台灣史研究》,第 7 卷,第 2 期,頁 117-62。

李幼琳（1997）。〈一劑排卵針 10 枚卵子全部中獎 所幸經減胎後 目前只剩雙胞胎〉,《民生報》, 8 月 31 日, 版 29。

李青霖（2006）。〈國泰新竹分院 試管寶寶回娘家〉,《聯合報》, 5 月 14 日, 版 C2（地方版）。

李貞德（2008）。《女人的中國醫療史－漢唐之間的健康照顧與性別》。台北：三民。

李師鄭（1982a）。〈友[支]持研究試管嬰兒〉,《民生報》, 7 月 22 日, 版 4。

_____（1982b）。〈試管嬰代表醫藥進步〉,《民生報》, 10 月 10 日, 版 4。

李鎡堯（1995）。〈國內人工生殖科技之現況〉,《月旦法學雜誌》, 第 2 期, 頁 6-8。

李藹芬（2009）。〈減胎手術知多少？〉, Mombaby, 7 月 31 日。https://www.mombaby.com.tw/articles/1607。2021/12/17。

林靜靜（1986）。〈生孩子 危險過程 婦產科 風險職業 雙生試管嬰兒母女慘劇 醫界大眾值得記取教訓〉,《聯合報》, 12 月 26 日, 版 3。

邱俊吉（2002）。〈家有 4 巴掌仙子,洪父：五味雜陳〉,《中時晚報》, 1 月 31 日, 版 6。

邱碧玉（2004）。《割捨與維護孕育的經驗歷程－－多胞胎產婦接受減胎手術的生活經驗與因應行為》。台北：國立台灣大學護理學研究所碩士論文。

施燕飛（1998）。〈多胞胎早產機率高〉,《中國時報》, 5 月 28 日, 版 18。

施靜茹（2006）。〈國人生育態度調查 32 歲想婚 35 歲才生〉,《聯合報》, 8 月 27 日, 版 A6。

柯永輝（2003）。〈3500 試管寶寶 台中面對面〉,《聯合報》, 10 月 20 日, 版 A5。

柯滄銘（2021）。〈多胞胎的減胎〉, 柯滄銘婦產科診所。http://www.genephile.com.tw/obs/content/06_02-Multifetal_Reduction.htm。2021/8/30。

洪郁鈞（2018）。〈多胞胎減胎．成就手足的健康〉, Mombaby, 8 月 15 日。https://www.mombaby.com.tw/articles/13526。2021/12/12。

洪淑惠（1994）。〈不孕壓力 婦女最痛〉,《聯合晚報》, 12 月 17 日, 版 3。

洪淑惠（1995）。〈人工生殖不'懷'則已一'懷'驚人 多胞胎要不要減胎？〉, 聯合晚報, 12 月 10 日, 版 12。

洪淑惠（2000）。〈試管兒 早產多 較乾瘦〉,《聯合晚報》, 11 月 12 日, 版 4。

胡郁盈（2022）。〈跨國運籌：女同志家長生育與跨國人工生殖醫療〉。台灣女性學學會「性別、空間與（不）移動」年度研討會。台北：國立台灣大學, 2022 年 10 月 1 日。

茂盛醫院（2021）。〈恭喜恭喜！不畏疫情　茂盛醫院「抗疫3姊妹」出生了〉，茂盛醫院，5月30日。https://www.ivftaiwan.tw/news/?4305.html。2021/12/8。

韋麗文（2005）。〈2400試管嬰兒Made in台北榮總〉，《聯合晚報》，4月16日，版4。

袁子倫（1995）。〈接受不孕治療婦女1／4產下多胞胎〉，《民生報》，8月14日，版21。

國家發展委員會（2021）。〈人口推估查詢系統／總生育率〉。https://pop-proj.ndc.gov.tw/dataSearch2.aspx?r=2&uid=2104&pid=59。2021/8/11。

崔冠濠（2021）。〈【試管嬰兒補助方案】搶救生育率！政府祭出三贏策略〉，YouTube。https://www.youtube.com/watch?v=CWgsZP9nn3o&list=TLGGzkkNqycFREMxNDA5MjAyMQ。2021/12/12。

常玉慧（1985）。〈試管嬰兒不是速食麵〉，《中國時報》，8月16日，版5。

張昇平（1985）。〈試管嬰兒回憶錄〉，《中國時報》，4月17日，版3。

張欽（2021）。〈請57天安胎假OL遭減薪資遣〉，蘋果新聞網，3月10日。https://tw.appledaily.com/headline/20210310/6GTRDALDCFEZHLYRCBRBEIVVDQ。2021/6/22。

張耀懋（1994a）。〈國內立法規範　慢了半拍〉，《民生報》，2月23日，版23。

張耀懋（1994b）。〈殺胎，人工受孕多胞胎著床後遺症，母親、醫師面臨生命取者難題〉。《民生報》，4月1日，版21。

莊亞築（2011）。〈1232試管寶寶　台灣破金氏紀錄〉。《聯合報》，10月17日，版A8。

許明信（2020）。〈雙（多）胞胎早產預防〉，衛生福利部國民健康署健康久久，2月20日。https://health99.hpa.gov.tw/article/18192。

陳正喜（1997）。〈從1到11歲　從單胞胎到四胞胎　試管孩子700人聚會〉，《聯合報》，4月5日，版5。

陳宣聿（2020）。〈當代台灣嬰靈信仰的發展與道教血湖超度儀式的演繹〉，丁仁傑（主編），《道教復興與當代社會生活：劉枝萬先生紀念論文集》，頁309-71。台北：中央研究院民族學研究所。

陳重生、張璨文（2002）。〈減胎手術　一屍三命　榮總挨告〉，《中國時報》，12月28日，版9。

陳國慈（1985）。〈試管嬰兒對法律的挑戰〉，《聯合報》，4月17日，版3。

陳慈慧、許甘霖、吳孟興、劉志鴻（2009）。〈台灣地區25-44歲民眾的生育知識與態度調查〉，《台灣公共衛生雜誌》，第28卷，第1期，頁46-52。

陳樹基（2020）。《生命科學的奇蹟：台灣試管嬰兒發展史》。台北：有故事。

傅仰止（2017）。〈台灣社會變遷基本調查計畫2016第七期第二次：家庭

組（限制版）〉。中央研究院學術調查研究資料庫。doi:10.6141/TW-SRDA-R090056-1。2021/12/15。

曾秀玲（1988）。〈人工生殖製造多胞胎夢魘 不孕夫婦 可少一樁擔心事〉。《民生報》，4月25日，版23。

曾嬿融（2013）。《女同志家庭親職實作》。台北：國立台灣大學社會學研究所碩士論文。

楊惠君（2000）。〈早產、死亡率高 徒增家庭問題與社會成本 做人成功 多胞胎應減為雙胞胎〉，《民生報》，10月11日，版39。

——（2002）。〈人工生殖 多胞胎風險高〉，《民生報》，3月4日，版A7。

趙曉寧（1997）。〈先天精選 後天栽培 試管嬰兒比較傑出〉，《中國時報》，4月2日，版7。

蔡佳璋（1999）。〈單一胚胎植入 不是夢〉，《聯合報》，7月28日，版34。

蔡篤堅（2002）。《台灣外科醫療發展史》。台北：唐山。

衛生署國民健康局（2003）。《台灣地區民國87年至90年人工協助生殖技術施行結果分析》。台北：行政院衛生署國民健康局。

——（2005a）。《民國九十一年台灣地區 人工協助生殖施行結果分析報告》。台北：行政院衛生署國民健康局。

——（2005b）。《民國九十二年台灣地區 人工協助生殖施行結果分析報告》。台北：行政院衛生署國民健康局。

——（2009）。《民國九十六年台灣地區 人工協助生殖施行結果分析報告》。台北：行政院衛生署國民健康局。

衛生福利部國民健康署（2020）。《107年人工生殖施行結果分析報告》。台北：衛生福利部國民健康署。

——（2021a）。《109年人工生殖施行結果分析報告》。台北：衛生福利部國民健康署。

——（2021b）。《108年出生通報統計年報》。台北：衛生福利部國民健康署。

——（2022）。《109年出生通報統計年報》。台北：衛生福利部國民健康署。

——（2023）。《110年出生通報統計年報》。台北：衛生福利部國民健康署。

——（2024）。《111年出生通報統計年報》。台北：衛生福利部國民健康署。

——（2025）。「好孕接二連三 試管嬰兒補助 逾兩萬夫妻圓夢」。衛福部新聞稿，2月20日。https://www.mohw.gov.tw/cp-16-81548-1.html。

賴英明（2005）。〈處理不孕症治療併發多胞胎妊娠之指導綱領草案〉，《台灣生殖醫學會會訊》，3月，頁6-8。

賴朝宏（1998）。〈身懷多胞胎 孩子、母體都危險〉，《聯合報》，2月15日，版43。

——（2002）。〈試管嬰兒與多胞胎〉，《聯合報》，7月17日，版36。

戴雪詠（1988）。〈多胞胎的危機 受孕固然好 控制更重要〉，《中國時報》，2月10日，版12。

薛桂文（1994）。〈殺胎 人工受孕後必要之惡？〉，《民生報》，4月2日，版21。

謝豐舟（2014）。〈唐氏症之路四十年〉，《景福醫訊》，第31卷，第11期，頁58。

瞿海源（1991）。〈台灣社會變遷基本調查計畫1991第二期第二次：家庭、教育組〉，中央研究院學術調查研究資料庫。doi:10.6141/TW-SRDA-C00003_1-1。2021/7/31。

簡逸毅（1999）。〈一個不算少！〉，《聯合報》，11月17日，版34。

フィンレージの会（2000）。《新・レポート不妊：不妊治療の実態と生殖技術についての意識調査報告》。東京：フィンレージの会。

山口裕之、小泉義之、香川知晶、松原洋子（2005）。〈徳島大学倫理委員会設立経緯の調査・インタビュー〉，立命館大学，2月19日。http://www.ritsumei.ac.jp/acd/gr/gsce/2005/0219.htm。2019/6/10。

日本産科婦人科学会倫理委員会（2020）。〈登録・調査小委員会報告（2018年分の体外受精・胚移植等の臨床実施成績）〉，《日産婦誌》，第72巻，頁1229-49。

日本産科婦人科学会理事会内委員会（1990）。〈生殖医学の登録に関する委員会報告〉，《日産婦誌》，第42巻，頁393-97。

仙波由加里（2005）。〈特定不妊治療費助成事業の現状と課題〉，《F-GENSジャーナル》，第4巻，頁85-92。

田中丹史（2015）。〈日本における体外受精の導入過程の歴史分析―不確実性下の意思決定と責任〉，《哲学・科学史論叢》，第17巻，頁83-102。

由井秀樹（2016）。〈体外受精の臨床応用と日本受精着床学会の設立〉，《科学史研究》，第278巻，頁118-32。

矢內原巧（1998）。《不妊治療の在り方にする研究 厚生省心身障害研究平成9年研究報告書》。東京：厚生勞働省。

岩城章、百瀬和夫、斎藤真一、印收義孝（1979）。〈体外受精卵移植に対する不妊患者の意識調査〉，《産婦人科の実際》，第28巻，第3号，頁273-78。

岩城章、館花明佳、小倉久男（1983）。〈体外受精卵移植に対する不妊患者の意識調査--第2回調査成績〉，《産婦人科の実際》，第32巻，第4号，頁561-67。

柘植あづみ（1999）。《文化としての生殖技術―不妊治療にたずさわる師の語り》。京都：松籟社。

_____（2016）。〈女性の健康政策の 20 年—リプロダクテイブ・ヘルス / ライツから出生促進政策まで〉,《国際ジェンダー学会誌》,第 14 巻,頁 32-52。

苛原稔（2002）。〈不妊治療最前線－多胎妊娠を予防するために〉,《日本産婦人科学会雑誌》,第 54 巻,第 9 号,頁 281-85。

苛原稔、桑原章（2003）。〈ART における多胎妊娠予防のための工夫〉,《日本産婦人科学会雑誌》,第 55 巻,第 8 号,頁 1103-12。

根津八紘（1998）。《減胎手術の実際—その問いかけるもの；不妊治療の副産物》。京

_____（2015）。《多胎一部救胎手術；減数・減胎手術》。長野：唐松書房。

森崇英（2010）。《生殖・発生の医学と倫理—体外受精の源流から iPS 時代へ》。京都：京都大學出版。

鈴木雅洲（1983）。《体外受精,成功までのドキュメント》。東京：共立。

Abbott, Andrew. 2014. *The System of Professions: An Essay on the Division of Expert Labor*. Chicago: University of Chicago Press.

Aberg, Anders, Felix Mitelman, Michael Cantz, and Jurgen Gehler. 1978. "Cardiac Puncture of Fetus with Hurler's Disease Avoiding Abortion of Unaffected Co-twin." *The Lancet* 312(8097): 990–91.

ACOG (American College of Obstetricians and Gynecologists). 2017. "Multifetal Pregnancy Reduction." ACOG Committee Opinion 553. Retrieved 26 October 2021 from https://www.acog.org/clinical/clinical-guidance/committee-opinion.

Adams, Vincanne, Michelle Murphy, and Adele E. Clarke. 2009. "Anticipation: Technoscience, Life, Affect, and Temporality." *Subjectivity* 28: 246–65.

Adamson, G. David. 2009. "Does Self-Regulation Work for Implementation of Single Embryo Transfer?" In *Single Embryo Transfer*, edited by Jan Gerris, G. David Adamson, Petra De Sutter and Catherine Racowsky, 249-267. Cambridge: Cambridge University Press.

Adamson, G. David, Paul Lancaster, Jacques de Mouzon, K. G. Nygren, and Fernando Zegers-Hochschild. 2001a. "A Simple Headstone or Just Eliminate the Chads?" *Fertility and Sterility* 76(6): 1284–85.

Adamson, [G.] D., P. Lancaster, J. de Mouzon, K. G. Nygren, and F. Zegers-Hochschild. International Working Group for Registers on Assisted Reproduction (IWGRAR). 2001b. "World Collaborative Report on Assisted Reproductive Technology, 1998." In *Reproductive Medicine in the Twenty-First Century*, edited by D. L. Healy, G. T. Kovacs, R. McLachlan, and O. Rodriguez-Armas, 209–19. London: Parthenon Publishing Group.

Adamson, G. David, Jacques de Mouzon, Georgina M. Chambers, Fernando Zegers-

Hochschild, Ragaa Mansour, Osaum Ishihara, Manish Banker, and Silke Dyer. 2018. "International Committee for Monitoring Assisted Reproductive Technology: World Report on Assisted Reproductive Technology, 2011." *Fertility and Sterility* 110(6): 1067–79.

Adamson, G. David, Jacques de Mouzon, Paul Lancaster, Karl-G. Nygren, Elizabeth Sullivan, and Fernando Zegers-Hochschild. International Committee for Monitoring Assisted Reproductive Technologies (ICMART). 2006. "World Collaborative Report on In Vitro Fertilization, 2000." *Fertility and Sterility* 85(6): 1586–622.

Adamson, G. David, and Robert J. Norman. 2020. "Why Are Multiple Pregnancy Rates and Single Embryo Transfer Rates so Different Globally, and What Do We Do about It?" *Fertility and Sterility* 114(3): 680–89.

Adamson, G. D., F. Zegers-Hochschild, S. Dyer, G. Chambers, O. Ishiraha, R. Mansouur, M. Banker, and J. de Mouzon. 2018. "ICMART World Report." Paper presented at the annual meeting of ESHRE, Barcelona, Spain.

Adrian, Stine Willum. 2010. "Sperm Stories: Policies and Practices of Sperm Banking in Denmark and Sweden." *European Journal of Women's Studies* 17(4): 393–411.

Almeling, Rene. 2015. "Reproduction." *Annual Review of Sociology* 41: 423–42.

American Society for Reproductive Medicine. *See* ASRM.

Andersen, A. N[yboe]. *See under* Nyboe Andersen.

Anonymous. 1969. "What Comes after Fertilization?" *Nature* 221: 613.

Aronowitz, Robert A. 2015. *Risky Medicine: Our Quest to Cure Fear and Uncertainty.* Chicago: University of Chicago Press.

ASRM (American Society for Reproductive Medicine). 1998. "Practice Committee Opinion: Guidelines on Number of Embryos Transferred." Birmingham, AL: American Society for Assisted Reproductive Medicine.

Balabanova, Ekaterina, and Frida Simonstein. 2010. "Assisted Reproduction: A Comparative of IVF Policies in Two Pro-natalist Countries." *Health Care Analysis* 18: 188–202.

Barben, Daniel, Erik Fisher, Cynthia Sellin, and David H. Guston. 2008. "Anticipatory Governance of Nanotechnology: Foresight, Engagement, and Integration." In *The Handbook of Science and Technology Studies*, 3rd ed., edited by Edward J. Hackett, Olga Amsterdamska, Michael Lynch, and Judy Wajcman, 979–1000. Cambridge, MA: MIT Press.

Bardis, Nikolaso, Deivanayagam Maruthini, and Adam H. Balen. 2005. "Mode of Conception and Multiple Pregnancy: A National Survey of Babies Born during One Week in 2003 in the United Kingdom." *Fertility and Sterility* 84(6): 1727–32.

Barlow, David H. 2004. "A Time for Consensus and Consistency of Reporting in Clinical Studies and the Importance of New Basic Research." *Human Reproduction* 19(1): 1–2.

Bärnreuther, Sandra. 2016. "Innovations 'Out of Place': Controversy over IVF Beginnings in India between 1978 and 2005." *Medical Anthropology* 35(1): 73–89.

Bartels, Ditta. 1993. "The Financial Costs of In Vitro Fertilization: An Example from Australia." In *Tough Choices: In Vitro Fertilization and the Reproductive Technologies*, edited by Patricia Stephenson and Marsden G. Wagner, 73–82. Philadelphia, PA: Temple University Press.

Basu, Narendra Nath, James Hodson, Shaunak Chatterjee, Ashu Gandhi, Julie Wisely, James Harvey, Lyndsey Highton, John Murphy, Nicola Barnes, Richard Jonson, Lester Barr, Cliona C. Kirwan, Sacha Howell, Andrew D. Baildam, Anthony Howell, and D. Gareth Evans. 2021. "The Angelina Jolie Effect: Contralateral Risk-Reducing Mastectomy Trends in Patients at Increased Risk of Breast Cancer." *Scientific Report* 11: 2874. https://doi.org/10.1038/s41598-021-82654-x.

Beckert, Jens. 2016. *Imagined Futures: Fictional Expectations and Capitalist Dynamics*. Havard University Press.

Beresford, David. 1978. "Test Tube Mother Has Girl." *The Guardian*, 26 July: 1.

Bergh, T., A. Ericson, T. Hillensjo, K-G. Nygren, U-B. Wennerholm. 1999. "Deliveries and Children Born after In-Vitro Fertilisation in Sweden 1982–95: A Retrospective Cohort Study." *The Lancet* 354(6): 1579–85.

Berkowitz, Richard L., Lauren Lynch, Joanne Stone, and Manuel Alvarez. 1996. "The Current Status of Multifetal Pregnancy Reduction." *American Journal of Obstetrics and Gynecology* 174(4): 1265–72.

Berkowitz, Richard L., Lauren Lynch, Usha Chitkara, Isabelle A. Wilkins, Karen E. Mehalek, and Emanuel Alvarez. 1988. "Selective Reduction of Multifetal Pregnancies in the First Trimester." *New England Journal of Medicine* 318(16): 1043–47.

Bhalotra, Sonia, Damian Clarke, Hanna Muhlrad, and Marten Palme. 2019. "Multiple Births, Birth Quality and Maternal Labor Supply: Analysis of IVF Reform Sweden." IZA Institute of Labor Economics Discussion Paper Series.

Bharadwaj, Aditya. 2016. "The Indian IVF Saga: A Contested History." *Reproductive BioMedicine and Society Online* 2: 54–61.

Biggio, Joseph R., and Sarah Anderson. 2015. "Spontaneous Preterm Birth in Multiples." *Clinical Obstetrics and Gynecology* 58(3): 654–67.

Birenbaum-Carmeli, Daphna. 1997. "Pioneering Procreation: Israel's First Test-Tube Baby." *Science as Culture* 6(4): 525–40.

———. 2004. "Cheaper than a 'Newcomer': On the Social Production of IVF Policy in

Israel." *Sociology of Health and Illness* 26(7): 897–924.

Bleker, O. P., W. Breur, and B. L. Huiderkoper. 1979. "A Study of Birth Weight, Placental Weight and Mortality of Twins as Compared to Singletons." *British Journal of Obstetrics and Gynecology* 86: 111–18.

Bodri, D., S. Nair, A. Gill, G. Lamanna, M. Rahmati, M. Arian-Schad, V. Smith, E. Linara, J. Wang, N. Macklon, and K. K. Ahuja. 2018. "Shared Motherhood IVF: High Delivery Rates in a Large Study of Treatments for Lesbian Couples Using Partner-Donated Eggs." *Reproductive Biomedicine Online* 36: 130–36.

Bolton, Virginia N., Christine Leary, Stephen Harbottle, Rachel Cutting, and Joyce Harper. 2015. "How Should We Choose the 'Best' Embryo? A Commentary on Behalf of the British Fertility Society and the Association of Clinical Embryologists." *Human Fertility* 18(3): 156–64.

Bormann, Charles, Prudhvi Thirumalaraju, Manoj Kumar Kanakasabapathy, Hermanth Kandula, Irene Souter, Irene Dimitriadis, Raghav Gupta, Rohan Pooniwala, and Hadi Shafiee. 2020. "Consistency and Objectivity of Automated Embryo Assessments Using Deep Neural Networks." *Fertility and Sterility* 113(4): 781–87.

Botting, Beverley J., Alison J. Macfarlane, and Frances V. Price, eds. 1990. *Three, Four and More: A Study of Triplet and Higher Order Births*. London: HMSO (Her Majesty's Stationery Office).

Brahams, Diana. 1987. "Assisted Reproduction and Selective Reduction of Pregnancy." *The Lancet*, 17 December: 1409–10.

Brandes, Joseph M., Joseph Itskovitz, Ilan E. Timor-Tritsch, Arie Durgan, and Rene Frydman. 1987. "Reduction of the Number of Embryos in a Multiple Pregnancy to Triplets." *Fertility and Sterility* 48(2): 326–27.

Braude, Peter. 2006. *One Child at a Time: Reducing Multiple Births after IVF; Report of the Expert Group on Multiple Birth after IVF*. London: HFEA. Retrieved 14 July 2021 from https://ifqlive.blob.core.windows.net/umbraco-website/1311/one-child-at-a-time-report.pdf.

Brinton, Mary. 2016. "Intentions to Actions: Norms as Mechanism Linking Micro-Macro Levels." *American Behavioral Scientist* 60: 1146–67.

Brinton, Mary, Xiana Bueno, Livia Olah, and Merete Hellum. 2017. "Postindustrial Fertility Ideals, Intentions, and Gender Inequality: A Comparative Qualitative Analysis." *Population and Development Review* 44(2): 281–309.

Britt, David W., and Mark I. Evans. 2007a. "Information-Sharing among Couples Considering Multifetal Pregnancy Reduction." *Fertility and Sterility* 87(3): 490–95.

———. 2007b. "Sometimes Doing the Right Thing Sucks: Frame Combinations and

Multi-fetal Pregnancy Reduction Decision Difficult." *Social Science and Medicine* 65: 2342–56.

Brown, Eliza, and Mary Patrick. 2018. "Time, Anticipation, and the Life Course: Egg Freezing as Temporarily Disentangling Romance and Reproduction." *American Sociological Review* 83(5): 959–82.

Brown, Nik. 2005. "Shifting Tenses: Reconnecting Regimes of Truth and Hope." *Configuration* 13(3): 331–55.

Brown, Nik, Brian Rappert, and Andrew Webster, eds. 2000. *Contested Futures: A Sociology of Expectations in Science and Technology.* Farnham, Surrey: Ashgate Publishing.

Bryant, Joanne, Elizabeth A. Sullivan, and Jishan H. Dean. 2004. *Assisted Reproductive Technology in Australia and New Zealand 2002.* Australian Institute of Health and Welfare, National Perinatal Statistics Unit.

Callahan, Tamara L., Janet E. Hall, Susan L. Ettner, Cindy L. Christiansen, Michael F. Greene, and William F. Crowley Jr. 1994. "The Economic Impact of Multiple-Gestation Pregnancies and the Contribution of Assisted-Reproduction Techniques to Their Incidence." *New England Journal of Medicine* 331: 244–49.

Carpinello, Olivia J., Mary Casey Jacob, John Nulsen, Caludio Benadiva. 2016. "Utilization of Fertility Treatment and Reproductive Choices by Lesbian Couples." *Fertility and Sterility* 106(7): 1709–13.

Carroll, Lucy. 2021. "Unprecedented Rise in IVF Success Rate, but Multiple Births Fall to Record Low." *The Sydney Morning Herald*, 19 September.

Carter, Jenny, Rachel M. Tribe, Andrew H. Shennan, and Jane Sandall. 2018. "Threatened Preterm Labour: Women's Experiences of Risk and Care Management: A Qualitative Study." *Midwifery* 64: 85–92.

Casper, Monica J. 1998. *The Making of the Unborn Patient: A Social Anatomy of Fetal Surgery.* New Brunswick, NJ: Rutgers University Press.

CDC, ASRM, SART, and RESOLVE. 2000. *1998 Assisted Reproductive Technology Success Rates: National Summary and Fertility Clinic Reports.* U.S. Department of Health and Human Services, Centers for Disease Control and Prevention.

———. 2001. *1999 Assisted Reproductive Technology Success Rates: National Summary and Fertility Clinic Reports.* U.S. Department of Health and Human Services, Centers for Disease Control and Prevention.

———. 2002. *2000 Assisted Reproductive Technology Success Rates: National Summary and Fertility Clinic Reports.* U.S. Department of Health and Human Services, Centers for Disease Control and Prevention.

CDC, ASRM, and SART. 2003. *2001 Assisted Reproductive Technology Success Rates: National Summary and Fertility Clinic Reports*. U.S. Department of Health and Human Services, Centers for Disease Control and Prevention.

———. 2004. *2002 Assisted Reproductive Technology Success Rates: National Summary and Fertility Clinic Reports*. U.S. Department of Health and Human Services, Centers for Disease Control and Prevention.

———. 2005. *2003 Assisted Reproductive Technology Success Rates: National Summary and Fertility Clinic Reports*. U.S. Department of Health and Human Services, Centers for Disease Control and Prevention.

———. 2006. *2004 Assisted Reproductive Technology Success Rates: National Summary and Fertility Clinic Reports*. U.S. Department of Health and Human Services, Centers for Disease Control and Prevention.

———. 2007. *2005 Assisted Reproductive Technology Success Rates: National Summary and Fertility Clinic Reports*. U.S. Department of Health and Human Services, Centers for Disease Control and Prevention.

———. 2008. *2006 Assisted Reproductive Technology Success Rates: National Summary and Fertility Clinic Reports*. U.S. Department of Health and Human Services, Centers for Disease Control and Prevention.

———. 2009. *2007 Assisted Reproductive Technology Success Rates: National Summary and Fertility Clinic Reports*. U.S. Department of Health and Human Services, Centers for Disease Control and Prevention.

———. 2010. *2008 Assisted Reproductive Technology Success Rates: National Summary and Fertility Clinic Reports*. U.S. Department of Health and Human Services, Centers for Disease Control and Prevention.

———. 2011. *2009 Assisted Reproductive Technology Success Rates: National Summary and Fertility Clinic Reports*. U.S. Department of Health and Human Services, Centers for Disease Control and Prevention.

———. 2012. *2010 Assisted Reproductive Technology Success Rates: National Summary and Fertility Clinic Reports*. U.S. Department of Health and Human Services, Centers for Disease Control and Prevention.

———. 2013. *2011 Assisted Reproductive Technology Success Rates: National Summary and Fertility Clinic Reports*. U.S. Department of Health and Human Services, Centers for Disease Control and Prevention.

———. 2014. *2012 Assisted Reproductive Technology Success Rates: National Summary and Fertility Clinic Reports*. U.S. Department of Health and Human Services, Centers for Disease Control and Prevention.

———. 2015. *2013 Assisted Reproductive Technology Success Rates: National Summary and Fertility Clinic Reports*. U.S. Department of Health and Human Services, Centers for Disease Control and Prevention.

———. 2016. *2014 Assisted Reproductive Technology Success Rates: National Summary and Fertility Clinic Reports*. U.S. Department of Health and Human Services, Centers for Disease Control and Prevention.

———. 2017. *2015 Assisted Reproductive Technology Success Rates: National Summary and Fertility Clinic Reports*. U.S. Department of Health and Human Services, Centers for Disease Control and Prevention.

———. 2018. *2016 Assisted Reproductive Technology Success Rates: National Summary and Fertility Clinic Reports*. U.S. Department of Health and Human Services, Centers for Disease Control and Prevention.

Centers for Disease Control and Prevention, U.S. Department of Health and Human Services. 2021. "Why Are We Worried about Twin Pregnancies?" Retrieved 28 September 2021 from https://www.cdc.gov/art/pdf/patient-resources/Having-Healthy-Babies-handout-2_508tagged.pdf.

Chambers, G. M., V. P. Hoan, E. A. Sullivan, M. G. Chapman, O. Ishihara, F. Zegers-Hochschild, K. G. Nygren, and G. D. Adamson. 2014. "The Impact of Consumer Affordability on Access to Assisted Reproductive Technologies and Embryo Transfer Practices: An International Analysis." *Fertility and Sterility* 101(1): 191–98.

Chang, Shirley L. 1992. "Causes of Brain Drain and Solutions: The Taiwan Experiences." *Studies in Comparative International Development* 27(1): 27–43.

Chang, S. Y., Y. K. Soong, M. Y. Chang, P. W. Lin, H. G. Guu, and M. L. Wang. 1991. "A Clinical Pregnancy after a Simple Method of Zona Cutting, Cryopreservation, and Zygote Intrafallopian Transfer." *Fertility and Sterility* 55(2): 420–22.

Chang, Yu-Kang, Yuan-Tsung Tseng, and Kow-Tong Chen. 2020. "The Epidemiologic Characteristics and Associated Risk Factors of Preterm Birth from 2004 to 2013 in Taiwan." *BMC Pregnancy and Childbirth* 20: 201.

Cheang, Chong-U, Lii-Shung Huang, Tsung-Hsien Lee, Chung-Hsien Liu, Yang-Tse Shih, and Mao-Sheng Lee. 2007. "A Comparison of the Outcomes between Twin and Reduced Twin Pregnancies Produced through Assisted Reproduction." *Fertility and Sterility* 88(1): 47–52.

Chen, Chin-Shyan, Tsai-Ching Liu, and Li-Mei Chen. 2003. "National Health Insurance and the Antenatal Care Use: A Case in Taiwan." *Health Policy* 64: 99–112.

Chen, Kou-Huang, I-Chu Chen, Yi-Chieh Yang, and Kou-Tong Chen. 2019. "The Trends and Associated Factors of Preterm Deliveries from 2001–2011 in Taiwan."

Medicine 98: 13(e15060).

Cheng, Tsung-Mei. 2015. "Reflections on the 20th Anniversary of Taiwan's Single Payer National Health Insurance System." *Health Affairs* 34(3): 502–10.

Cheng, Yen-hsin Alice, and Chen-Hao Hsu. 2020. "No More Babies without Help for Whom? Education, Division of Labor, and Fertility Intentions." *Journal of Marriage and Family* 82(4): 1270–85.

Cheng, Yen-hsin Alice, and Chih-lan Winnie Yang. 2021. "Continuity and Changes in Attitudes toward Marriage in Contemporary Taiwan." *Journal of Population Research* 38: 139–67.

Chou, Hung-Chieh, Po-Nien Tsao, Yu-Shih Yang, Jen-Ruey Tang, and Kuo-Inn Tsao. 2002. "Neonatal Outcome of Infants Born after In Vitro Fertilization at National Taiwan University Hospital." *Journal of Formosan Medical Association* 101(3): 203–5.

Chung, Karine, Mary D. Sammel, Christos Coutifaris, Raffi Chalian, Kathleen Llin, Arthur J. Castelbaum, Martin F. Freedman, and Kurt T. Barnhart. 2006. "Defining the Rise of Serum HCG in Viable Pregnancies Achieved through Use of IVF." *Human Reproduction* 21(3): 823–28.

Clarke, Adele E. 1988. *Discipling Reproduction: Modernity, American Life Sciences, and "the Problems of Sex."* Berkeley: University of California Press.

———. 2016. "Anticipation Work: Abduction, Simplification, Hope." In *Boundary Objects and Beyond: Working with Leigh Star*, edited by Geoffrey C. Bowker, Stefan Timmermans, Adele E. Clarke, and Ellen Balka, 85–119. Cambridge, MA: The MIT Press.

Clarke, Adele E., and Joan H. Fujimura, eds. 1992. *The Right Tool for the Job: At Work in Twentieth-Century Life Sciences.* Princeton, NJ: Princeton University Press.

Clarke, Adele E., Laura Mamo, Jennifer R. Fishman, and Janet K. Shim, eds. 2010. *Biomedicalization: Technoscience, Health, and Illness in the U.S.* Durham, NC: Duke University Press.

Coetsier, T., and M. Dhont. 1998. "Avoiding Multiple Pregnancies in In-Vitro Fertilization: Who's Afraid of Single Embryo Transfer?" *Human Reproduction* 13(10): 2663–70.

Cohen, Jean. 1991. "The Efficiency and Efficacy of IVF and GIFT." *Human Reproduction* 6(5): 613–18.

Cohen, Jean, M. J. Mayaux, and M. L. Guihard-Moscato. 1988. "Pregnancy Outcomes after In Vitro Fertilization: A Collaboration Study on 2,342 Pregnancies." *Annals of the New York Academy of Sciences* 541: 1–6.

Cohn, Victor. 1981. "First U.S. Test-Tube Baby Is Born." *Washington Post*, 29 December:

1.
Collopy, Kate Sullivan. 2002. "We Didn't Deserve This: Bereavement Associated with Multifetal Reduction." *Twin Research* 5(3): 231–35.

———. 2004. "'I Couldn't Think That Far': Infertile Women's Decision Making about Multifetal Reduction." *Research in Nursing and Health* 27: 75–86.

Conde-Agudelo, Agustin, Jose M. Belizan, and Gunilla Lindmark. 2000. "Maternal Morbidity and Mortality Associated with Multiple Gestations." *Obstetrics and Gynecology* 95(6): 899–904.

Conrad, Peter, and Miranda R. Waggoner. 2017. "Anticipatory Medicalization: Predisposition, Prediction, and the Expansion of Medicalized Conditions." In *Medical Ethics, Prediction, and Prognosis: Interdisciplinary Perspectives*, edited by M. Gadebusch-Bondio, F. Sporing, and J. S. Gordon, 95–103. London: Routledge.

Corea, Gena. 1985. *The Mother Machine: Reproductive Technologies from Artificial Insemination to Artificial Wombs*. New York: Harper & Row.

———. 1988. "What the King Can Not See." In *Embryos, Ethics, and Women's Rights: Exploring the New Reproductive Technologies*, edited by Elaine Hoffman Baruch, Amadeo F. D'Adamo Jr., and Joni Seager, 77–93. New York: The Haworth Press.

Cowan, Ruth Schwartz. 1993. "Aspects of the History of Prenatal Diagnosis." *Fetal Diagnosis and Therapy* 8, suppl. 1: 10–17.

Crowe, Chirstine. 1987. "Whose Mind over Whose Matter? Women, In Vitro Fertilisation and the Development of Scientific Knowledge." In *Made to Order: The Myth of Reproductive and Genetic Engineering Progress*, edited by Patricia Spallone and Deborah Lynn Steinberg, 27–57. London: Pergamon.

Crowther, Catherine, and Shanshan Han. 2010. "Hospitalisation and Bed Rest for Multiple Pregnancy." *Cochrane Database of Systematic Reviews*, issue 7, art. no. CD000110.

Dancet, E. A. F., T. M. D'Hooghe, C. Spiessens, W. Sermeues, D. De Neubourg, N. Karel, J. A. M. Fremer, and W. L. D. M. Nelen. 2013. "Quality Indicators for all Dimensions of Infertility Care Quality: Consensus between Professionals and Patients." *Human Reproduction* 28(6): 1584–79.

Davis, Owen K. 2004. "Elective Single-Embryo Transfer—Has Its Time Arrived?" *New England Journal of Medicine* 351: 2440–42.

Dean, Jishan H., and Elizabeth A. Sullivan. 2003. *Assisted Conception, Australia and New Zealand, 2000 and 2001*. Australian Institute of Health and Welfare, National Perinatal Statistics Unit.

De Geyter, Christian. 2018. "More than 8 Million Babies Born from IVF Since the

World's First in 1978." Press release available at https://www.eshre.eu/Annual-Meeting/Barcelona-2018/ESHRE-2018-Press-releases/De-Geyter.

Dellatto, Marisa. 2021. "TikTokers Fight Texas Winter Storm to See Surprise Quadruplets." *New York Post*, February 23.

De Neubourg, D., K. Bogaerts, C. Wyns, A. Albert, M. Camus, M. Candeur, M. Degueldre, A. Delbaere, A. Delvigne, P. De Sutter, M. Dhont, D. Dubois, Y. Englert, N. Gillain, S. Gordts, W. Hautecoeur, E. Lesaffre, B. Lejeune, F. Leroy, W. Ombelet, S. Perrier D'Hauterive, F. Vandekerckhove, J. Van der Elst, and T. D'Hooghe. 2013. "The History of Belgian Assisted Reproductive Technology Cycle Registration and Control: A Case Study in Reducing the Incidence of Multiple Pregnancy." *Human Reproduction* 28(10): 2709–19.

Dixon, Jennifer, and H. Gilbert Welch. 1991. "Priority Setting: Lessons from Oregon." *The Lancet* 337(8746): 891–94.

Dumez, Y., and J. F. Oury. 1986. "Method for First Trimester Selective Abortion in Multiple Pregnancy." *Obstetrical & Gynecological Survey* 42(6): 373–74.

Dyer, S., G. M. Chambers, J. de Mouzon, K. G. Nygren, F. Zegers-Hochschild, R. Mansour, O. Ishihara, M. Banker, and G. D. Adamson. 2016. "International Committee for Monitoring Assisted Reproductive Technologies [ICMART] World Report: Assisted Reproductive Technology 2008, 2009 and 2010." *Human Reproduction* 31(7): 1588–609.

Edwards, Robert G. 2001. "The Bumpy Road to Human In Vitro Fertilization." *Nature Medicine* 7(10): 1091–94. doi:10.1038/nm1001-1091.

Edwards, Robert G., B. D. Bavister, and Patrick C. Steptoe. 1969. "Early Stages of Fertilization In Vitro of Human Oocytes Matured In Vitro." *Nature* 221(5181): 632–35. doi:10.1038/221632a0.

Edwards, Robert G., and Patrick C. Steptoe. 1980. *A Matter of Life: The Story of a Medical Breakthrough*. New York: William Morrow and Company.

———. 1983. "Current Status of In-Vitro Fertilisation and Implantation of Human Embryos." *The Lancet* 322(8362): 1265–69. doi: https://doi.org/10.1016/SO140-6736(83)91148-0.

Edwards, Robert G., Patrick C. Steptoe, and J. M. Purdy. 1970. "Fertilization and Cleavage In Vitro of Preovulator Human Oocytes." *Nature* 227(5265): 1307–9. doi:10.1038/2271307a0.

———. 1980. "Establishing Full-Term Human Pregnancies Using Cleaving Embryos Grown In Vitro." *British Journal of Obstetrics and Gynaecology* 87(9): 737–56.

EIM for ESHRE (The European IVF-Monitoring Consortium, for the European Society of Human Reproduction and Embryology). 2016a. M. S. Kupka, T. D'Hooghe, A. P. Ferraretti, J. de Mouzon, K. Erb, J. A. Castilla, C. Calhaz-Jorge, C. De Geyter, and V. Goossens. "Assisted Reproductive Technology in Europe, 2011: Results Generated from European Registers by ESHRE." *Human Reproduction* 31(2): 233–48.

———. 2016b. C. Calhaz-Jorge, C. De Geyter, E. Mocanu, T. Motrenko, G. Scaravelli, C. Wyns, and V. Goossens. "Assisted Reproductive Technology in Europe, 2012: Results Generated from European Registers by ESHRE." *Human Reproduction* 31(8): 1638–52.

———. 2017. C. Calhaz-Jorge, C. De Geyter, M. S. Kupka, J. de Mouzon, K. Erb, T. Motrenko, G. Scaravelli, C. Wyns, and V. Goossens. "Assisted Reproductive Technology in Europe, 2013: Results Generated from European Registers by ESHRE." *Human Reproduction* 32(10): 1957–73.

———. 2018. Ch. De Geyter, C. Calhaz-Jorge, M. S. Kupka, C. Wyns, E. Mocanu, T. Motrenko, G. Scaravelli, J. Smeenk, S. Vidakovic, and V. Goossens. 2018. "Assisted Reproductive Technology in Europe, 2014: Results Generated from European Registers by ESHRE." *Human Reproduction* 33(9): 1586–601.

———. 2020a. "Assisted Reproductive Technology in Europe, 2015: Results Generated from European Registers by ESHRE." *Human Reproduction Open* 2020(3): doi.org/10.1093/hropen/hoaa038.

———. 2020b. C. Wyns, C. Bergh, C. Calhaz-Jorge, Ch. De Geyter, M. S. Kupka, T. Motrenko, I. Rugescu, J. Smeenk, A. Tandler-Schneider, S. Vidakovic, and V. Goossens. "Assisted Reproductive Technology in Europe, 2016. Results Generated from European Registers by ESHRE." *Human Reproduction Open* 2020(3): doi.org/10.1093/hropen/hoaa032.

ESHRE Campus Course Report. 2001. "Prevention of Twin Pregnancies after IVF/ICSI by Single Embryo Transfer." *Human Reproduction* 16(4): 790–800.

ESHRE Task Force on Ethics and Law. 2003. "Ethical Issues Related to Multiple Pregnancies in Medically Assisted Procreation." *Human Reproduction* 18: 1976–79.

Evans, M. I., S. Andriole, and D. W. Britt. 2014. "Fetal Reduction: 25 Years' Experience." *Fetal Diagnosis and Therapy* 35: 69–82.

Evans, Mark I., Doina Ciorica, and David W. Britt. 2004. "Do Reduced Multiples Do Better?" *Best Practice & Research Clinical Obstetrics and Gynaecology* 18(4): 601–12.

Evans, Mark I., Marc Dommergues, Ilan Timor-Tritsch, Ivan E. Zador, Ronald J. Wapner, Lauren Lynch, Yves Dumez, James D. Goldberg, Kypros H. Nicolaides, Mark Paul Johnson, Mitchell S. Golbus, Pierre Boulot, Alain J. Aknin, Ana Monteagudo, and Richard L. Berkowitz. 1994. "Transabdominal versus Transcervical and Transvaginal

Multifetal Pregnancy Reduction: International Collaborative Experience of More than One Thousand Cases." 1994. *American Journal of Obstetrics and Gynecology* 170: 902–9.

Evans, Mark I., Marc Dommergues, Ronald J. Wapner, James D. Goldberg, Lauren Lynch, Ivan E. Zador, Robert J. Carpenter Jr., Ilan Timor-Tritsch, Bruno Brambati, Kypros H. Nicolaides, Yves Dumez, Anna Monteagudo, Mark P. Johnson, Mitchell S. Golbus, Lucia Tului, Shawn M. Polak, and Richard L. Berkowitz. 1996. "International, Collaborative Experience of 1,789 Patients Having Multifetal Pregnancy Reduction: A Plateauing of Risks and Outcomes." *Journal of the Society for Gynecologic Investigation* 3: 23–26.

Evans, Mark I., John C. Fletcher, Ivan E. Zador, Burritt W. Newton, Mary Helen Quigg, and Curtis D. Struyk. 1988. "Selective First-Trimester Termination in Octuplet and Quadruplet Pregnancies: Clinical and Ethical Issues." *Obstetrics and Gynecology* 71(3): 289–96.

Evers, Johannes L. H. 2002. "Female Subfertility." *The Lancet* 360: 151–59.

Ezard, John. 1969. "Limitations on Test Tube Babies." *The Guardian*, 15 February: 18.

Ezugwu, E. C., and S. Van der Burg. 2015. "Debating Elective Single Embryo Transfer after In Vitro Fertilization: A Plea for a Context-Sensitive Approach." *Annals of Medical and Health Sciences Research* 5(1): 1–7.

Federal Law Gazette. 1990. *The Embryo Protection Law*. Part I, No. 69. Issued in Bonn, Dec. 19, p. 2746.

Ferber, Sarah, Nicola J. Marks, and Vera Mackie. 2020. *IVF and Assisted Reproduction: A Global History*. Singapore: Palgrave MacMillan.

Ferraretti, A. P., V. Goossens, M. Kupka, S. Bhattacharya, J. de Mouzon, J. A. Castilla, K. Erb, V. Korsak, A. Nyboe Andersen, and the European IVF-Monitoring (EIM) Consortium, for the European Society of Human Reproduction and Embryology (ESHRE). 2013. "Assisted Reproductive Technology in Europe, 2009: Results Generated from European Registers by ESHRE." *Human Reproduction* 28(9): 2318–31.

Ferraretti, A. P., V. Goossens, J. de Mouzon, S. Bhattacharya, J. A. Castilla, V. Korsak, M. Kupka, K. G. Nygren, A. Nyboe Andersen, and the European IVF-Monitoring (EIM) Consortium, for the European Society of Human Reproduction and Embryology (ESHRE). 2012. "Assisted Reproductive Technology in Europe, 2008: Results Generated from European Registers by ESHRE." *Human Reproduction* 27(9): 2571–84.

Fisher, Erik, Roop L. Mahajan, and Carl Mitcham. 2006. "Midstream Modulation of

Technology: Governance from Within." *Bulletin of Science, Technology & Society* 26(6): 485–96.

Fiske, Emily, and Gareth Weston. 2014. "Utilization of ART in Single Women and Lesbian Couples since the 2010 Change in Victorian Legislation." *Australian and New Zealand Journal of Obstetrics and Gynaecology* 54: 497–99.

Fitzgerald, Oisín, Katie Harris, Repon C. Paul, and Georgina M. Chambers. 2017. *Assisted Reproductive Technology in Australia and New Zealand 2015*. Sydney, Australia: UNSW (University of New South Wales).

Fitzgerald, Oisín, Repon C. Paul, Katie Harris, and Georgina M. Chambers. 2018. *Assisted Reproductive Technology in Australia and New Zealand 2016*. Sydney, Australia: UNSW (University of New South Wales).

Franklin, Sarah. 1990. "Deconstructing 'Desperateness': The Social Construction of Infertility in Popular Representations of New Reproductive Technologies." In *The New Reproductive Technologies*, edited by Maureen McNeil, Ian Varcoe, and Steven Yearley, 200–229. New York: St. Martin's Press.

———. 1997. *Embodied Progress: A Cultural Account of Assisted Conception*. London: Routledge.

Franklin, Sarah, and Marcia C. Inhorn. 2016. "Introduction." *Reproductive BioMedicine and Society Online* 2: 1–7.

Fu, Jia-Chen. 2015. "Artemsinin and Chinese Medicine as *Tu* Science." *Endeavour* 41(3): 127–35.

Gammeltoft, Tine M., and Ayo Wahlberg. 2014. "Selective Reproductive Technologies." *Annual Review of Anthropology* 43: 201–16.

Garcia Jairo E., Georgeanna Seegar Jones, Anibal A. Acosta, and George Wright Jr. 1983. "Human Menopausal Gonadotropin/Human Chorionic Gonadotropin Follicular Maturation for Oocyte Aspiration: Phase I, 1981." *Fertility and Sterility* 39(2): 167–73.

Gatrell, Caroline. 2011. "Putting Pregnancy in Its Place: Conceiving Pregnancy as Carework in the Workplace." *Health & Place* 17(2): 395–402.

———. 2013. "Maternal Body Work: How Women Managers and Professionals Negotiate Pregnancy and New Motherhood at Work." *Human Relations* 66(5): 621–44.

Gerris, Jan, Diane De Neubourg, Kathelijne Mangelschots, Eric Van Royen, Muriel Van de Meerssche, and Marion Valkenburg. 1999. "Prevention of Twin Pregnancy after In-Vitro Fertilization or Intracytoplasmic Sperm Injection Based on Strict Embryo Criteria: A Prospective Randomized Clinical Trial." *Human Reproduction* 14(10):

2581–87.

Gerris, Jan, G. David Adamson, Petra De Sutter, and Catherine Racowsky. 2009. *Single Embryo Transfer*. Cambridge: Cambridge University Press.

Ginsburg, Faye D., and Rayna Rapp. 1995. *Conceiving the New World Order: The Global Politics of Reproduction*. Berkeley: University of California Press.

Glujovsky, Demian, Cindy Farquhar, Andrea Marta Quinteiro Retamar, Cristian Robert Alvarez Sedo, and Deborah Blake. 2016. "Cleavage Stage versus Blastocyst Stage Embryo Transfer in Assisted Reproductive Technology." *Cochrane Database of Systematic Reviews*, issue 6, art. no. CD002118.

Goodman, Lucy Kate, Lucy Rebecca Prentice, Rebecca Chanati, and Cynthia Farquhar. 2020. "Reporting Assisted Reproductive Technology Success Rates on Australia and New Zealand Fertility Clinic Websites." *Australian and New Zealand Journal of Obstetrics and Gynaecology* 60: 135–40.

Gordts, Sylvie. 2005. "Belgian Legislation and the Effect of Elective Single Embryo Transfer on IVF Outcome." *Reproductive BioMedicine Online* 10(4): 436–41.

Grady, Denise. 1988. "The Bitter Cost: Dangers of Multiple Births." *Time*, 2 May. Retrieved 21 June 2021 from http://content.time.com/time/subscriber/article/0,33009,967305,00.html.

Guston, David H. 2014. "Understanding 'Anticipatory Governance.'" *Social Studies of Science* 44(2): 218–42.

Harbottle, Stephen, Ciara Hughes, Rachel Cutting, Steven Roberts, and Daniel Brison. 2015. "Elective Single Embryo Transfer: An Update to UK Best Practice Guidelines." *Human Fertility* 18(3): 165–83.

Hardacre, Helen. 1997. *Marketing the Menacing Fetus in Japan*. Berkeley: University of California Press.

Harris, Katie, Oisín Fitzgerald, Repon C. Paul, Alan Macaldowie, Evelyn Lee, and Georgina M. Chambers. 2016. *Assisted Reproductive Technology in Australia and New Zealand 2014*. Sydney, Australia: UNSW (University of New South Wales).

Hazekamp, J., C. Bergh, W. B. Wennerholm, O. Hovatta, P. O. Karlstrom, and A. Selbing. 2000. "Avoiding Multiple Pregnancies in ART: Consideration of New Strategies." *Human Reproduction* 15(6): 1217–19.

Head, Jonathan. 2018. "'Baby Factory' Mystery: Thailand's Surrogacy Saga Reaches Uneasy End." *BBC News*, 26 February 2018. Retrieved 17 December 2021 from https://www.bbc.com/news/world-asia-43169974.

Henahan, John F. 1984. "Fertilization, Embryo Transfer Procedures Raise Many Questions." *Journal of the American Medical Association* (*JAMA*) 252(7): 877–79 and

882.
Herrero, Javier, and Marcos Mesequer. 2013. "Selection of High Potential Embryos Using Time-Lapse Imaging: The Era of Morphokinetics." *Fertility and Sterility* 99(4): 1030–34.
HFEA (Human Fertilisation and Embryology Authority). 2019. *Fertility Treatment 2017: Trends and Figures*. Retrieved 9 June 2021 from https://www.hfea.gov.uk/media/2894/fertility-treatment-2017-trends-and-figures-may-2019.pdf.
———. 2020. *Fertility Treatment 2018: Trends and Figures*. Retrieved 9 June 2021 from https://www.hfea.gov.uk/media/3158/fertility-treatment-2018-trends-and-figures.pdf.
Hill-Holtzman. 1990. "Frustacis Settle Suit Over Birth of Septuplets." Los Angeles Times, July 11 1990. Retrived 15 March 2025 from https://www.latimes.com/archives/la-xpm-1990-07-11-mn-154-story.html.
Hilgartner, Stephen. 2015. "Capturing the Imaginary: Vanguards, Visions, and the Synthetic Biology Revolution." In *Science & Democracy: Making Knowledge and Making Power in Biosciences and Beyond*, edited by Stephen Hilgartner, Clark Miller, and Rob Hagendijk, 33-55. New York: Routledge.
Hodgetts, Katherine, Janet E. Hiller, Jackie M. Street, Drew Carter, Annette J. Braunack-Mayer, Amber M. Watt, John R. Moss, Adam G. Elshaug. 2014. "Disinvestment Policy and the Public Funding of Assisted Reproductive Technologies: Outcomes of Deliberative Engagements with Three Key Stakeholder Groups." *BMC Health Service Research* 14: 204. https://doi.org/10.1186/1472-6963-14-204.
Hodson, K., C. Meads, and S. Bewley. 2017. "Lesbian and Bisexual Women's Likelihood of Becoming Pregnant: A Systematic Review and Meta-Analysis." *BJOG: An International Journal of Obstetrics and Gynecology* 124(3): 393–402.
Hsieh, Chen-En, Robert Kuo-Kuang Lee, Fang-Ju Sun, Ryh-Sheng Li, Shyr-Yeu Lin, Ming-Huei Lin, and Yuh-Ming Hwu. 2018. "Early Blastublation (EB) of Day 4 Embryo Is Predictive of Outcomes in Single Embryo Transfer (SET) Cycles." *Taiwanese Journal of Obstetrics and Gynecology* 57: 705–8.
Hsu, Jinn-Yuh, and AnnaLee Saxenian. 2000. "The Limits of Guanxi Capitalism: Transnational Collaboration between Taiwan and the USA." *Environment and Planning* 32: 1991–2005.
Hu, I-Jan, Chia-Jung Hsieh, Suh-Fang Jeng, Hui-Chen Wu, Chien-Yi Chen, Hung-Chieh Chou, Po-Nien Tsao, Shio-Jean Lin, Pau-Chung Chen, and Wu-Shiun Hsieh. 2015. "Nationwide Twin Birth Weight Percentiles by Gestational Age in Taiwan." *Pediatrics and Neonatology* 56: 294–300.

Huang, Yu-Ling, and Chia-Ling Wu. 2018. "New Feminist Biopolitics in Ultra-low-fertility East Asia." In *Making Kin Not Population: Reconceiving Generations*, edited by Adele Clarke and Donna Haraway, 125–44. Chicago: Prickly Paradigm Press.

Hung, Hsiao-Ying, Pei-Fang Su, Meng-Hsing Wu, and Ying-Ju Chang. 2021. "Status and Related Factors of Depression, Perceived Stress, and Distress of Women at Home Rest with Threatened Preterm Labor and Women with Healthy Pregnancy in Taiwan." *Journal of Affective Disorders* 280: 156–66.

Hurst, Tara, and Paul Lancaster. 2001a. *Assisted Conception, Australia and New Zealand, 1998 and 1999*. Australian Institute of Health and Welfare, National Perinatal Statistics Unit.

———. 2001b. *Assisted Conception, Australia and New Zealand, 1999 and 2000*. Australian Institute of Health and Welfare, National Perinatal Statistics Unit.

Hurst, Tara, Esther Shafir, and Paul Lancaster. 1997. *Assisted Conception, Australia and New Zealand, 1996*. Australian Institute of Health and Welfare, National Perinatal Statistics Unit.

———. 1999. *Assisted Conception, Australia and New Zealand, 1997*. Australian Institute of Health and Welfare, National Perinatal Statistics Unit.

Hwang, J. L., H. S. Pan, L. W. Huang, C. Y. Lee, and Y. L. Tsai. 2002. "Comparison of the Outcomes of Primary Twin Pregnancies and Twin Pregnancies Following Fetal Reduction." *Archives of Gynecology and Obstetrics* 267: 60–63.

IFFS (International Federation of Fertility Societies). 2019. "International Federation of Fertility Societies Surveillance 2019: Global Trends in Reproductive Policy and Practice, 8th Edition." *Global Reproductive Health* 4: e29.

Imaizumi, Y. 2005. "Demographic Trends in Japan and Asia." In *Multiple Pregnancy: Epidemiology, Gestation & Perinatal Outcomes*, 2nd ed., edited by Isaac Blickstein and Louis G. Keith, 33–38. Abingdon: Informa.

Imaizumi, Yoko, Akio Asaka, and Eiji Inouye. 1980. "Analysis of Multiple Birth Rates in Japan II: Secular Trend and Effect of Birth Order, Maternal Age, and Gestational Age in Stillbirth Rate of Twins." *Acta Geneticase et Gemellologiae: Twin Research* 29(3): 223–31.

Inhorn, Marcia C. 2003. *Local Babies, Global Science: Gender, Religion, and In Vitro Fertilization in Egypt*. Routledge: New York.

———. 2006. "Making Muslim Babies: IVF and Gamete Donation in Sunni versus Shi'a Islam. *Culture, Medicine and Psychiatry* 30: 427–50.

———. 2020. "Where Has the Quest for Conception Taken Us? Lessons from Anthropology and Sociology." *Reproductive BioMedicine and Society Online* 10: 46–

57.
———, ed. 2007. *Reproductive Disruptions: Gender, Technology, and Biopolitics in the New Millennium.* New York: Berghahn Books.

Inhorn, Marcia C., and Daphna Birenbaum-Carmeli. 2008. "Assisted Reproductive Technologies and Cultural Change." *Annual Review of Anthropology* 37: 177–96.

Inhorn, Marcia C., and Pasquale Patrizio. 2009. "Rethinking Reproductive 'Tourism' as Reproductive 'Exile.'" *Fertility and Sterility* 92(3): 904–6.

Irvin, Alan. 2008. "STS Perspectives on Scientific Governance." In *The Handbook of Science and Technology Studies*, edited by Edward J. Hackett, Olga Amsterdamska, Michael Lynch, and Judy Wajcman, 583–607. Cambridge, MA: The MIT Press.

Ishihara, Osamu, Seung Chik Jwa, Akira Kuwahara, Tomonori Ishikawa, Koji Kugu, Rintaro Sawa, Kouji Banno, Minoru Irahara, and Hidekazu Saito. 2018. "Assisted Reproductive Technology in Japan: A Summary Report for 2016 by the Ethics Committee of the Japan Society of Obstetrics and Gynecology." *Reproductive Medicine and Biology* 18(1): 7–16.

Ishihara, Osamu, Seung Chik Jwa, Akira Kuwahara, Yukiko Katagiri, Yoshimitsu Kuwabara, Toshio Hamatani, Miyuki Harada, and Tomohiko Ichikawa. 2019. "Assisted Reproductive Technology in Japan: A Summary Report for 2017 by the Ethics Committee of the Japan Society of Obstetrics and Gynecology." *Reproductive Medicine and Biology* 19(1): 3–12.

Ishihara, Osamu, Seung Chik Jwa, Akira Kuwahara, Yukiko Katagiri, Yoshimitsu Kuwabara, Toshio Hamatani, Miyuki Harada, and Yutaka Osuga. 2021. "Assisted Reproductive Technology in Japan: A Summary Report for 2018 by the Ethics Committee of the Japan Society of Obstetrics and Gynecology." *Reproductive Medicine and Biology* 20(1): 3–12.

Itskovitz, Joseph, Rafi Boldes, Israel Thaler, Moshe Bronstein, Yohanan Erlik, and Joseph M. Brandes. 1989. "Transvaginal Ultrasonography-Guided Aspiration of Gestational Sacs for Selective Abortion in Multiple Pregnancy." *American Journal of Obstetrics and Gynecology* 160(1): 215–17.

Ivry, Tsipy. 2009. *Embodying Culture: Pregnancy in Japan and Israel.* New Brunswick, NJ: Rutgers University Press.

IWGRAR (International Working Group for Registers on Assisted Reproduction). 2002. "World Collaborative Report on Assisted Reproductive Technology, 1998." In *Reproductive Medicine in the Twenty-First Century*, edited by D. L. Healy, G. T. Kovacs, R. McLachlan, and O. Rodriguez-Armas, 209–19. London: The Parthenon Publishing Group.

Jackson, Stevi, Jieyu Liu, and Juhyun Woo, eds. 2008. *East Asian Sexualities*. London: Zed Books.

Jain, Tarun, Bernard L. Harlow, and Mark D. Hornstein. 2002. "Insurance Coverage and Outcomes of In Vitro Fertilization." *New England Journal of Medicine* 347(9): 661–66.

Jarde, A., O. Lutsiv, C. K. Park, J. Barrett, J. Beyene, S. Saito, J. M. Dodd, P. S. Shah, J. L. Cook, A. B. Biringer, L. Giglia, Z. Han, K. Staub, W. Mundle, C. Vera, L. Sabatino, S. K. Liyanage, and S. D. McDonald. 2017. "Preterm Birth Prevention in Twin Pregnancies with Progesterone, Pessary, or Cerclage: A Systematic Review and Meta-Analysis." *BJOG: An International Journal of Obstetrics and Gynaecology* 124: 1163–73.

Jasanoff, Sheila. 2005. *Designs on Nature: Science and Democracy in Europe and the United States*. Princeton, NJ: Princeton University Press.

Jasanoff, Sheila, and Sang-Hyun Kim. 2009. "Containing the Atom: Sociotechnical Imaginaries and Nuclear Power in the United States and South Korea." *Minerva* 47: 119–46.

Jiang, Lijing. 2015. "IVF the Chinese Way: Zhang Lizhu and Post-Mao Human In Vitro Fertilization Resarch." *East Asian Science, Technology and Society: An International Journal* 9(1): 23–45.

Johnson, M. H. 1998. "Should the Use of Assisted Reproduction Techniques Be Deregulated? The UK Experience: Options for Change." *Human Reproduction* 13(7): 1769–76.

Johnson, Martin. 2019. "A Short History of *In Vitro* Fertilization (IVF)." *International Journal of Developmental Biology* 63: 83–92.

Johnston, Marie, Robert Shaw, and David Bird. 1987. "'Test-Tube Baby' Procedures: Stress and Judgements under Uncertainty." *Psychology and Health* 1: 25–38.

Jones, Howard W., and Jean Cohen. 1999. "International Federation of Fertility Societies International Conference. IFFS Surveillance 98." *Fertility and Sterility* 71(5), suppl. 2: S1–S34.

———. 2001. "International Federation of Fertility Societies International Conference: IFFS Surveillance 01." *Fertility and Sterility* 76(5), suppl. 2: S1–S36.

Jones, Howard W., et al. 1983. "What Is a Pregnancy? A Question for Programs of In Vitro Fertilization." *Fertility and Sterility* 40(6): 728–33.

Jones, Howard W., Jean Cohen, Ian Cooke, Roger Kempers, Keith Gordon, and Natalia van Houten. 2007. "International Federation of Fertility Societies Surveillance 07." *Fertility and Sterility* 87(4): S1–S67.

Kahn, Susan Martha. 2000. *Reproducing Jews: A Cultural Account of Assisted Conception in Israel*. Durham, NC: Duke University Press.

Kamath, M. S., M. Mascarenhas, R. Kirubakaran, and S. Bhattacharya. 2020. "Number of Embryos for Transfer Following In Vitro Fertilisation or Intra-Cytoplasmic Sperm Injection." *Cochrane Database of Systematic Reviews*, issue 8. doi: 10.1002/14651858. CD003416.pub5.

Kanhai, H. H. H., E. J. C. van Rijssel, R. J. Meerman, and J. Bennebroek Gravenhorst. 1986. "Selective Termination in Quintuplet Pregnancy during First Trimester." *The Lancet* 327(8495): 1447.

Katz, Patricia, Robert Nachtigall, and Jonathan Showstack. 2002. "The Economic Impact of the Assisted Reproductive Technologies." *Nature Medicine* 8(10): S29–S32. doi:10.1038/nm-fertilityS29.

Keane, Martin, Jean Long, Gerald O'Nolan, and Louise Faragher. 2017. *Assisted Reproductive Technologies: International Approaches to Public Funding Mechanisms and Criteria: An Evidence Review*. Dublin: Health Research Board.

Kelland, Jennifer, and Rosemary Ricciardelli. 2015. "Mothers of Multiple Perspectives on Fetal Reduction and Medical Abortion." *Journal of the Motherhood Initiative* 5(2): 123–40.

Kerenyi, Thomas D., and Usha Chitkara. 1981. "Selective Birth in Twin Pregnancy with Discordancy for Down's Syndrome." *New England Journal of Medicine* 304(25): 1525–27.

Kidd, Sharon A., Brenda Eskenazi and Andrew J. Wyrobek. 2011. "Effects of Male Age on Semen Quality and Fertility: a Review of the Literature." *Fertility and Sterility* 75(2): 237-248.

Kim, Ji-u. 2021. "Increased IVFs, Late Childbearing Lead to Twin-Birth Boom in Korea." *Korea Biomedical Review*, 28 March. Retrieved 17 December 2021 from https://www.koreabiomed.com/news/articleView.html?idxno=10792.

King, Leslie, and Madonna Harrington Meyer. 1997. "The Politics of Reproductive Benefits: US Insurance Coverage of Contraceptive and Infertility Treatments." *Gender and Society* 11(1): 8–30.

Kissin, D. M., A. D. Kulkarni, A. Mneimneh, L. Warner, S. L. Boulet, S. Crawford, and D. J. Jamieson. 2015. "Embryo Transfer Practices and Multiple Births Resulting from Assisted Reproductive Technology: An Opportunity for Prevention." *Fertility and Sterility* 103(4): 954–61.

Klein, Jeffrey, and Mark V. Sauer. 2001. "Assessing Fertility in Women of Advanced Reproductive Age." *American Journal of Obstetrics and Gynecology* 185(3): 758–70.

Ko, Tsang-Ming, Yu-Shih Yang, Fon-Jou Hsieh, Hong-Nerng Ho, Chi-Hong Liu, Li-Hui Tseng, Hsi-Yao Chen, and Tzu-Yao Lee. 1991. "Selective Reduction of Multiple Pregnancies in the First Trimester or Early Second Trimester." *Journal of Formosan Medical Association* 90: 493–97.

Koch, Lene. 1993. "Physiological and Psychosocial Risks of the New Reproductive Technologies." In *Touch Choices: In Vitro Fertilization and the Reproductive Technologies*, edited by Patricia Stephenson and Marsden G. Wagner, 122–34. Philadelphia, PA: Temple University Press.

Kolata, Gina. 1988. "Multiple Fetuses Raise New Issues Tied to Abortion." *New York Times*, 25 January: 1.

Kong, Travis S. K. 2019. "Transnational Queer Sociological Analysis of Sexual Identity and Civic-Political Activism in Hong Kong, Taiwan and Mainland China." *British Journal of Sociology* 70(5): 1904–25.

Krolokke, Charlotte. 2018. *Global Fluids: The Cultural Politics of Reproductive Waste and Value*. New York: Berghahn Books.

Kung, Fu-Tsai, Shiuh-Young Chang, Chun-Yuh Yang, Yi-Chi Lin, Kuo-Chung Lan, Yi-Ying Huang, and Fu-Jen Huang. 2003. "Transfer of Nonselected Transferable Day 3 Embryos in Low Embryo Producers." *Fertility and Sterility* 80(6): 1364–70.

Kupka, M. S., A. P. Ferraretti, J. de Mouzon, K. Erb, T. D'Hooghe, J. A. Castilla, C. Calhaz-Jorge, C. De Geyter, V. Goossens, and the European IVF-Monitoring (EIM) Consortium, for the European Society of Human Reproduction and Embryology (ESHRE). 2014. "Assisted Reproductive Technology in Europe, 2010: Results Generated from European Registers by ESHRE." *Human Reproduction* 29(10): 2099–113.

Laborie, Francoise. 1993. "Social Alternatives to Infertility." In *Touch Choices: In Vitro Fertilization and the Reproductive Technologies*, ed. Patricia Stephenson and Marsden G. Wagner, 37–50. Philadelphia, PA: Temple University Press.

Lachelin, Gillian C. L., H. A. Brant, G. I. M. Swyer, V. Little, and E. O. R. Reynolds. 1972. "Sextuplet Pregnancy." *British Medical Journal* 1: 787–90.

Lancaster, Paul, Esther Shafir, and Jishan Huang. 1995. *Assisted Conception, Australia and New Zealand, 1992 and 1993*. Australian Institute of Health and Welfare, National Perinatal Statistics Unit.

Lancaster, Paul, Esther Shafir, Tara Hurst, and Jishan Huang. 1997. *Assisted Conception, Australia and New Zealand, 1994 and 1995*. Australian Institute of Health and Welfare, National Perinatal Statistics Unit.

Landy, H. J., and L. G. Keith. 2006. "The Vanishing Fetus." In *Multiple Pregnancy:*

Epidemiology, Gestation & Perinatal Outcomes, 2nd ed., edited by Isaac Blickstein and Louis G. Keith, 108–18. Abington, England: Informa.

Lee, Evelyn, Peter Illingworth, Leeanda Wilton, and Georgina Mary Chambers. 2015. "The Clinical Effectiveness of Preimplantation Genetic Diagnosis for Aneuploidy in All 24 Chromosomes (PGD-A): Systematic Review." *Human Reproduction* 30(2): 473–83.

Lee, Tsung-Hsien, Chin-Der Chen, Yi-Yi Tsai, Li-Jung Chang, Nong-Nerng Ho, and Yu-Shih Yang. 2006. "Embryo Quality Is More Important for Younger Women whereas Age Is More Important for Older Women with Regard to In Vitro Fertilization Outcome and Multiple Pregnancy." *Fertility and Sterility* 86(1): 64–69.

Leese, Brenda, and Jane Denton. 2010. "Attitudes towards Single Embryo Transfer, Twin and Higher Order Pregnancies in Patients undergoing Infertility Treatment: A Review." *Human Fertility* 13(1): 28–34.

Leeton, John. 2004. "The Early History of IVF in Australia and Its Contribution to the World (1970–1990)." *Australian and New Zealand Journal of Obstetrics and Gynaecology* 44: 495–501.

Liggins, G. C., and H. K. Ibbertson. 1966. "A Successful Quintuplet Pregnancy Following Treatment with Human Pituitary Gonadotrophin." *The Lancet* 287(7429): 114–17.

Lin Pin-Yao, Chun-I Lee, En-Hui Cheng, Chung-Chia Huang, Tsung-Hsien Lee, Hui-Hsin Shih, Yi-Ping Pai, Yi-Chun Chen, and Maw-Sheng Lee. 2020. "Clinical Outcomes of Single Mosaic Embryo Transfer: High-Level or Low-Level Mosaic Embryo, Does It Matter?" *Journal of Clinical Medicine* 9: 1969. doi:10.3390/jcm9061695.

Liu, Hung-Ching, Georgeanna S. Jones, Howard W. Jones, and Zev Rosenwaks. 1988. "Mechanisms and Factors of Early Pregnancy Wastage in In Vitro Fertilization–Embryo Transfer Patients." *Fertility and Sterility* 50(1): 95–101.

Lopata, Alexander, Ian W. H. Johnston, Ian J. Hoult, and Andrew I. Speirs. 1980. "Pregnancy Following Intrauterine Implantation of an Embryo Obtained by In Vitro Fertilization of a Preovulatory Egg." *Fertility and Sterility* 33(2): 117–20.

Lupton, Deborah, ed. 1999. *Risk and Sociocultural Theory: New Directions and Perspectives*. Cambridge: Cambridge University Press.

Macaldowie, Alan, Yueping A. Wang, Georgina M. Chambers, and Elizabeth A. Sullivan. 2012. *Assisted Reproductive Technology in Australia and New Zealand 2010*. Australian Institute of Health and Welfare.

———. 2013. *Assisted Reproductive Technology in Australia and New Zealand 2011*.

Australian Institute of Health and Welfare.

Macaldowie, Alan, Yueping A. Wang, Abrar A. Chughtai, and Georgina M. Chambers. 2014. *Assisted Reproductive Technology in Australia and New Zealand 2012*. Australian Institute of Health and Welfare.

Macaldowie, Evelyn Lee, and Georgina M. Chambers. 2015. *Assisted Reproductive Technology in Australia and New Zealand 2013*. Australian Institute of Health and Welfare.

Macfarlane, A., and B. Blondel. 2005. "Demographic Trends in Western European Countries." In *Multiple Pregnancy: Epidemiology, Gestation and Perinatal Outcomes*, 2nd ed., edited by Isaac Blickstein and Louis G. Keith, 11–21. Abingdon: Informa.

Machin, Rosana. 2014. "Sharing Motherhood in Lesbian Reproductive Practices." *BioSocieties* 9(1): 42–59.

MacKinnon, Karen. 2006. "Living with the Threat of Preterm Labor: Women's Work of Keeping the Baby In." *Journal of Obstetric, Gynecologic, and Neonatal Nursing (JOGNN)* 35: 700–8.

Maeda, Eri. 2019. "How Can We Support Infertile Couples Without Health Insurance: A Public Health Perspective of ART in Japan." Paper presented at the 37th Annual Meeting of Japan Society of Fertilization and Implantation in Tokyo, Japan, August 1.

Maheshwari, Abha, Siriol Griffiths, and Siladitya Bhattacharya. 2011. "Global Variations in the Uptake of Single Embryo Transfer." *Human Reproduction Update* 17(1): 107–20.

Malik, Sonia, and Vinita Sherwal. 2012. "Multifetal Pregnancy Reduction." In *Manual of Assisted Reproductive Technologies and Clinical Embryology*, edited by Lt. Col. Pankaj Talwar, VSM, 125–31. New Delhi: Jaypee Brothers Medical Publishers Pvt. Ltd.

Marina, S., D. Marina, F. Marian, N. Fosas, N. Galiana, and I. Jove. 2010. "Sharing Motherhood: Biological Lesbian Co-others, a New IVF Indication." *Human Reproduction* 25(4): 938–41.

Markens, Susan, C. H. Browner, and Nancy Press. 1999. "'Because of the Risks': How US Pregnant Women Account for Refusing Prenatal Screening." *Social Science and Medicine* 49: 359–69.

Martin, Lauren Jade. 2010. "Anticipating Infertility: Egg Freezing, Genetic Preservation, and Risk." *Gender and Society* 24(4): 526–45.

———. 2017. "Pushing for the Perfect Time: Social and Biological Fertility." *Women's Studies International Forum* 62: 91–98.

———. 2020. "Delaying, Debating and Declining Motherhood." *Culture, Health and*

Sexuality 23(8): 1034–49.

Martin, Paul, Nik Brown, and Andrew Turner. 2008. "Capitalizing Hope: The Commercial Development of Umbilical Cord Blood Stem Cell Banking." *New Genetics and Society* 27(2): 127–43.

McCall, Christina A., David A. Grimes, and Anne Drapkin Lyerly. 2013. "'Therapeutic' Bed Rest in Pregnancy: Unethical and Unsupported by Data." *Obstetrics & Gynecology* 121(6): 1305–8.

McKibben, Bill. 2007. *Fight Global Warming Now: The Handbook for Taking Action in Your Community*. New York: St. Martin's Griffin.

Medical Research International and the American Fertility Social Interest Group. 1988. "In Vitro Fertilization/Embryo Transfer in the United States: 1985 and 1986 Results from the National IVF/ET Registry." *Fertility and Sterility* 49(2): 212–15.

Medical Research International and the Society for Assisted Reproductive Technology [SART] of the American Fertility Society. 1989. "In Vitro Fertilization/Embryo Transfer in the United States: 1987 Results from the National VIF-ET Registry." *Fertility and Sterility* 51: 14–19.

Medley, Nancy, Joshua P. Vogel, Anghard. Care, and Zarko. Alfirevic. 2018. "Interventions during Pregnancy to Prevent Preterm Birth: An Overview of Cochrane Systematic Reviews." *Cochrane Database of Systematic Reviews* 11. Art. No.: CD012505.

Meyers, Diana Tietjens. 2001. "The Rush to Motherhood: Pronatalist Discourse and Women's Autonomy." *Signs: Journal of Women in Culture and Society* 26(3): 735–73.

Min, Jason K., Sue A. Breheny, Vivien MacLachlan, and David L. Healy. 2004. "What Is the Most Relevant Standard of Success in Assisted Reproduction? The Singleton, Term Gestation, Live Birth Rate per Cycle Initiated: The BESST [Birth Emphasizing a Successful Singleton at Term] Endpoint for Assisted Reproduction." *Human Reproduction* 19(1): 3.

Mische, Ann. 2009. "Projects and Possibilities: Researching Futures in Action." *Sociological Forum* 24 (3): 694–704. https://doi.org/10.1111/j.1573-7861.2009.01127.x.

Mladovsky, Philipa, and Corinna Sorenson. 2010. "Public Financing of IVF: A Review of Policy Rationales." *Health Care Analysis* 18(2): 113–28.

Mol, Annemarie, and John Law. 2004. "Embodied Action, Enacted Bodies: The Example of Hypoglycaemia." *Body & Society* 10(2–3): 43–62.

Monden, Christiaan, Gilles Pison, and Jeroen Smits. 2021. "Twin Peaks: More Twinning in Humans than Ever Before." *Human Reproduction* 36(6): 1666–73.

Moore, Lisa Jean. 2007. *Sperm Counts: Overcome by Man's Most Precious Fluid*. New York:

New York University Press.

Morgan, Lynn M., and Elizabeth F. S. Roberts. 2012. "Reproductive Governance in Latin America." *Anthropology & Medicine* 19(2): 241–54.

Mottier, Veronique. 2013. "Reproductive Rights." In *The Oxford Handbook of Gender and Politics*, edited by Georgina Waylen, Karen Celis, Johanna Kantola, and S. Laurel Weldon, 214–35. Oxford: Oxford University Press.

Mouzon, J. de, V. Goossens, S. Bhattacharya, J. A. Castilla, A. P. Ferraretti, V. Korsak, M. Kupka, K. G. Nygren, A. Nyboe Andersen, and the European IVF-Monitoring (EIM) Consortium, for the European Society of Human Reproduction and Embryology (ESHRE). 2010. "Assisted Reproductive Technology in Europe, 2006: Results Generated from European Registers by ESHRE." *Human Reproduction* 25(8): 1851–62.

———. 2012. "Assisted Reproductive Technology in Europe, 2007: Results Generated from European Registers by ESHRE." *Human Reproduction* 27(4): 954–66.

Mugford, Miranda. 1990. "The Cost of a Multiple Birth." In *Three, Four and More: A Study of Triplet and Higher Order Births*, edited by Beverley J. Botting, Alison J. Macfarlane, and Frances V. Price, 205–17. London: HMSO (Her Majesty's Stationery Office).

Mulkay, Michael. 1997. *The Embryo Research Debate: Science and the Politics of Reproduction*. Cambridge: Cambridge University Press.

Murdoch, Alison P. 1998. "How Many Embryos Should Be Transferred?" *Human Reproduction* 13(10): 2666–70.

Myers, Kit C., and Lauren Jade Martin. 2021. "Freezing Time? The Sociology of Egg Freezing." *Sociology Compass* 15(4). https://doi.org/10.1111/soc4.12850.

Nazem, Taraneh Gharib, Sydney Chang, Joseph A. Lee, Chirstine Briton-Jones, Alan B. Copperman, and Beth McAvey. 2019. "Understanding the Reproductive Experience and Pregnancy Outcomes of Lesbian Women Undergoing Donor Intrauterine Insemination." *LGBT Health* 6(2): 62–67.

Neiterman, Elena, and Bonnie Fox. 2017. "Controlling the Unruly Maternal Body: Losing and Gaining Control over the Body during Pregnancy and the Postpartum Period." *Social Science and Medicine* 174: 142–48.

Neumann, Peter J. 1997. "Should Health Insurance Cover IVF? Issues and Options." *Journal of Health Politics, Policy and Law* 22(5): 1215–39.

Newman, J. E., Oisín Fitzgerald, Repon C. Paul, and G. M. Chambers. 2019. *Assisted Reproductive Technology in Australia and New Zealand 2017*. Sydney: UNSW (University of New South Wales).

Newman, J. E., R. C. Paul, and G. M. Chambers. 2020. *Assisted Reproductive Technology in Australia and New Zealand 2018*. Sydney: National Perinatal Epidemiology and Statistics Unit, the University of New South Wales.

Newman, R. B. 2005. "Routine Antepartum Care of Twins." In *Multiple Pregnancy: Epidemiology, Gestation and Perinatal Outcomes*, 2nd ed., edited by Isaac Blickstein and Louis G. Keith, 405–19. Abingdon: Informa.

Ng, Franklin. 1998. *The Taiwanese Americans*. Westport, CT: Greenwood Press.

Nunez, Anna, Desiree Garcia, Pepita Gimenez-Bonafe, Rita Vassena, and Amelia Rodriguez. 2021. "Reproductive Outcomes in Lesbian Couples Undergoing Reception of Oocytes from Partner versus Autologous In Vitro Fertilization/Intracytoplasmic Sperm Injection." *LGBT Health* 8(5): 367–71.

Nyboe Andersen, A., L. Gianaroli, R. Felberbaum, J. de Mouzon, and K. G. Nygren. The European IVF-Monitoring Programme (EIM) for the European Society of Human Reproduction and Embryology (ESHRE). 2005. "Assisted Reproductive Technology in Europe, 2001: Results Generated from European Registries by ESHRE." *Human Reproduction* 20(5): 1158–76.

———. 2006. "Assisted Reproductive Technology in Europe, 2002: Results Generated from European Registers by ESHRE." *Human Reproduction* 21(7): 1680–97.

Nyboe Andersen, A., L. Gianaroli, and K. G. Nygren. The European IVF-Monitoring Programme (EIM) for the European Society of Human Reproduction and Embryology (ESHRE). 2004. "Assisted Reproductive Technology in Europe, 2000: Results Generated from European Registers by ESHRE." *Human Reproduction* 19(3): 490–503.

Nyboe Andersen, A., V. Goossens, S. Bhattacharya, A. P. Ferraretti, M. S. Kupka, J. de Mouzon, K. G. Nygren, and the European IVF-Monitoring (EIM) Consortium, for the European Society of Human Reproduction and Embryology (ESHRE). 2009. "Assisted Reproductive Technology and Intrauterine inseminations in Europe, 2005: Results Generated from European Registers by ESHRE." *Human Reproduction* 24(6): 1267–87.

Nyboe Andersen, A., V. Goossens, A. P. Ferraretti, S. Bhattacharya, R. Felberbaum, J. de Mouzon, K. G. Nygren, and the European IVF-Monitoring (EIM) Consortium, for the European Society of Human Reproduction and Embryology (ESHRE). 2008. "Assisted Reproductive Technology in Europe, 2004: Results Generated from European Registers by ESHRE." *Human Reproduction* 23(4): 756–71.

Nyboe Andersen, A., V. Goossens, L. Gianaroli, R. Felberbaum, J. de Mouzon, and K. G. Nygren. 2007. "Assisted Reproductive Technology in Europe, 2003: Results

Generated from European Registers by ESHRE." *Human Reproduction* 22(6): 1513–25.

Nygren, K. G., and A. Nyboe Andersen. 2001. "Assisted Reproductive Technology in Europe, 1997: Results Generated from European Registers by ESHRE; European IVF-Monitoring Programme (EIM) for the European Society of Human Reproduction and Embryology (ESHRE)." *Human Reproduction* 16(2): 384–97.

Nygren, K. G., A. Nyboe Andersen, and European IVF-Monitoring Programme (EIM). 2001. "Assisted Reproductive Technology in Europe, 1998: Results Generated from European Registers by ESHRE; European Society of Human Reproduction and Embryology (ESHRE)." *Human Reproduction* 16(11): 2459–71.

———. 2002. "Assisted Reproductive Technology in Europe, 1999: Results Generated from European Registers by ESHRE." *Human Reproduction* 17(12): 3260–74.

Ombelet, Willem. 2016. "The Twin Epidemic in Infertility Care—Why Do We Persist in Transferring Too Many Embryos?" *Facts, Views and Vision in Obstetrics and Gynecology* 8(4): 189–91.

Ombelet, Willem, et al. 2005. "Multiple Gestation and Infertility Treatment: Registration, Reflection and Reaction—the Belgian Project." *Human Reproduction Update* 11(1): 3–14.

Oomen, Jeroen, Jesse Hoffman, and Maarten A. Hajer. 2022. "Techniques of Futuring: On How Imagined Futures Become Socially Performative." *European Journal of Social Theory* 25 (2): 252–70.

Ozturk, O., and A. Templeton. 2002. "In-Vitro Fertilisation and Risk of Multiple Pregnancy." *The Lancet* 359(9302): 232.

Pandian, Zabeena, Allan Templeton, Gamal Serour, and Siladitya Bhattacharya. 2005. "Number of Embryo for Transfer after IVF and ICSI: A Cochrane Review." *Human Reproduction* 20(10): 2681–87.

Peeraer, Karen, et al. 2017. "A 50 percent Reduction in Multiple Live Birth Rate Is Associated with a 13 percent Cost Saving: A Real-Life Retrospective Cost Analysis." *Reproductive Biomedicine Online* 35(3): 279–86.

Pennings, Guido. 2000. "Avoiding Multiple Pregnancies in ART: Multiple Pregnancies; A Test Case for Moral Quality of Medically Assisted Reproduction." *Human Reproduction* 15(12): 2466–69.

———. 2016. "Having a Child Together in Lesbian Families: Combining Gestation and Genetics." *Journal of Medical Ethics* 42(4): 253–55.

Perrotta, Manuela, and Alina Geampana. 2021. "Enacting Evidence-Based Medicine in Fertility Care: Tensions between Commercialisation and Knowledge Standardization."

Sociology of Health & Illness 43: 2015–30.
Petersen, Alan, and Ivan Krisjansen. 2015. "Assembling 'Bioeconomy': Exploiting the Power of the Promissory Life Science." *Journal of Sociology* 51(1): 28-46.
Pinchuk, Stacey. 2000. "A Difficult Choice in a Different Voice: Multiple Births, Selective Reduction and Abortion." *Duke Journal of Gender Law and Policy* 7 (Spring): 29–56.
Pharoah, P. O. D. 2005. "Cerebral Palsy and Multiple Births." In *Multiple Pregnancy: Epidemiology, Gestation & Perinatal Outcomes*, 2nd ed., edited by Isaac Blickstein and Louis G. Keith, 807–16. Abingdon: Informa.
Practice Committee of ASRM [American Society for Reproductive Medicine] and the Practice Committee of SART [Society for Assisted Reproductive Technology]. 2013. "Criteria for Number of Embryos to Transfer: A Committee Opinion." *Fertility and Sterility* 99(1): 44–46.
———. 2017. "Guidance on the Limit to the Number of Embryos to Transfer: A Committee Opinion." *Fertility and Sterility* 107(4): 901–3.
———. 2024. "The Use of Preimplantation Genetic Testing for Aneuploidy (PGT-AP): A Committee Opinion." *Fertility and Sterility* 122(3): 421–34.
Practice Committee of SART [Society for Assisted Reproductive Technology] and Practice Committee of ASRM [American Society for Reproductive Medicine]. 2004. "Guidelines on the Number of Embryos Transferred." *Fertility and Sterility* 82(3): 773–74.
Prainsack, Barbara, and Alena Buyx. 2012. "Solidarity in Contemporary Bioethics— Towards a New Approach." *Bioethics* 26(7): 343–50.
Price, Frances V. 1988. "The Risk of High Multiparity with IVF/ET." *Birth* 15(3): 157–63.
———. 1990. "The Management of Uncertainty in Obstetric Practice: Ultrasonography; *In Vitro* Fertilisation and Embryo Transfer." In *The New Reproductive Technologies*, edited by Maureen McNeil, Ian Varcoe, and Steven Yearley, 123–53. New York: St. Martin's Press.
Rajah, Shantal. 2009. "Elective Single Embryo Transfer (eSET) Policy Implementation to All UK IVF Centers from 2009: Reality or Myth?" 26 January. *BioNews* 492. Retrieved 10 March 2021 from https://www.bionews.org.uk/page_91673.
Raymo, James, Hyunjoon Park, Yu Xie, and Wei-jun Jean Yeung. 2015. "Marriages and Family in East Asia: Continuity and Change." *Annual Review of Sociology* 41: 471–92.
Raymond, Janice G. 1993. *Women as Wombs: Reproductive Technologies and the Battle over Women's Freedom*. San Francisco: HarperCollins.

Redwine, F. O., and R. E. Petres. 1984. "Selective Birth in a Case of Twins Discordant for Tay Sachs Disease." *Acta Genet Med Gemellol* 33: 35–38.

Relier, Jean-Pierre, Michele Couchard, and Catherine Huon. 1993. "The Neonatologist's Experience of In Vitro Fertilization Risks." In *Touch Choices: In Vitro Fertilization and the Reproductive Technologies*, edited by Patricia Stephenson and Marsden G. Wagner, 135–43. Philadelphia: Temple University Press.

Reproductive Technology Accreditation Committee. 2017. "Public Information, Communication and Advertising Australian Clinics." Technical Bulletin 7.

Reynolds, M., L. A. Schieve, G. Jeng, and H. B. Peterson. 2003. "Does Insurance Coverage Decrease the Risk for Multiple Births Associated with Assisted Reproductive Technology?" *Fertility and Sterility* 80(1): 16–23.

Rosenwaks, Zev, Hung Ching Liu, Howard W. Jones, Linda Tseng, and Martin L. Stone. 1981. "In Vitro Inhibition of Endometrial Cancer Growth by a Neonatal Rat Testicular Secretory Product." *Journal of Clinical Endocrinology and Metabolism* 52(4): 817–19.

Rothman, Barbara Katz. 1989. *Recreating Motherhood: Ideology and Technology in a Patriarchal Society*. New York: W. W. Norton & Company.

Sackett, David L., William M. C. Rosenberg, J. A. Muir Gray, R. Brian Haynes, W. Scott Richardson. 1996. "Evidence Based Medicine: What It Is and What It Isn't." *British Medical Journal* 312: 71.

Saito, Hidekazu, Seung Chik Jwa, Akira Kuwahara, Kazuki Saito, Tomonori Ishikawa, Osamu Ishihara, Koji Kugu, Rintaro Sawa, Kouji Banno, and Minoru Irahara. 2017. "Assisted Reproductive Technology in Japan: A Summary Report for 2015 by the Ethics Committee of the Japan Society of Obstetrics and Gynecology." *Reproductive Medicine and Biology* 17(1): 20–8.

Saldeen, Pia, and Per Sundstrom. 2005. "Would Legislation Imposing Single Embryo Transfer Be a Feasible Way to Reduce the Rate of Multiple Pregnancy after IVF Treatment?" *Human Reproduction* 20(1): 4–8.

Sandall, J., H. Soltani, S. Gates, A. Shennan, and D. Devane. 2016. "Midwife-Led Continuity Models versus Other Models of Care for Childbearing Women." *Cochrane Database of Systematic Review* 4. doi: 10.1002/14651858.CD006178.pub2.

Schenker, Joseph G. 1993. "Medically Assisted Conception: The State of the Art in Clinical Practice." In *Tough Choices: In Vitro Fertilization and the Reproductive Technologies*, edited by Patricia Stephenson and Marsden G. Wagner, 25–36. Philadelphia, PA: Temple University Press.

Schenker, Joseph G., and Yossef Ezra. 1994. "Complications of Assisted Reproductive

Techniques." *Fertility and Sterility* 61(3): 411–22.
Schenker, Joseph G., Shaul Yarkoni, and Menachem Granat. 1981. "Multiple Pregnancies Following Induction of Ovulation." *Fertility and Sterility* 35(2): 105–23.
Seeber, Beata E. 2012. "What Serial hCG Can Tell You, and Cannot Tell You, about an Early Pregnancy." *Fertility and Sterility* 98(5): 1074–77.
Senat, Marie-Victoire, Pierre-Yves Ancel, Marie-Helene Bouvier-Colle, and Gerard Breart. 1998. "How Does Multiple Pregnancy Affect Maternal Mortality and Morbidity?" *Clinical Obstetrics and Gynecology* 41(1): 79–83.
Seppala, Markku. 1985. "The World Collaborative Report on In Vitro Fertilization and Embryo Replacement: Current State of the Art in January 1984." *Annals of the New York Academy of Sciences* 442(1): 558–63. https://nyaspubs.onlinelibrary.wiley.com/toc/17496632/1985/442/1.
"Seventh Septuplet Dies." 1987. *Associated Press News*, 1 September. Retrieved 18 June 2021 from https://apnews.com/article/ab2b8fb38562e3badaa3e5f0f496de28.
Shalev, Josef, Yair Frenkel, Mordechai Goldenberg, Eliezer Shalev, Shlomo Lipitz, Gad Barkai, Laslo Nebel, and Shlomo Mashiach. 1989. "Selective Reduction in Multiple Gestations: Pregnancy Outcome after Transvaginal and Transabdominal Needle-Guided Procedures." *Fertility and Sterility* 52(3): 416–20.
Shih, Li-Wen. 2018. "Moral Bearing: The Paradox of Choice, Anxiety and Responsibility in Taiwan." In *Selective Reproduction in the 21st Century*, ed. A. Wahlberg and T. Gammeltoft, 97–122. Cham: Palgrave Macmillan.
Shoham, Zeev. 2025. "Can Elective Single Embryo Transfer (eSET) with AI Integration Become the Future of IVF?" *Journal of IVF-Worldwide* 3(1): 32-41.
Sobotka, Tomáš. 2010. "Shifting Parenthood to Advanced Reproductive Ages: Trends, Causes and Consequences." In *A Young Generation under Pressure: The Financial Situation and the "Rush Hour" of the Cohorts 1970–1985 in a Generational Comparison*, edited by Joerg Chet Tremmel, 129–54. Heidelberg: Springer.
Sosa, Claudio G., Fernando Althabe, Jose M. Belizan, and Eduardo Bergel. 2015. "Bed Rest in Singleton Pregnancies for Preventive Preterm Birth." *Cochrane Database of Systematic Review* issue 3, art. no.: CD003581.
Speirs, A., A. Lopata, M. J. Gronow, G. N. Kellow, and W. I. H. Johnston. 1983. "Analysis of the Benefits and Risks of Multiple Embryo Transfer." *Fertility and Sterility* 39(4): 468–71.
Stanley, Fiona J., and Sandra M. Webb. 1993. "The Effectiveness of In Vitro Fertilization: An Epidemiological Perspective." In *Touch Choices: In Vitro Fertilization and the Reproductive Technologies*, edited by Patricia Stephenson and Marsden G. Wagner,

62–72. Philadelphia: Temple University Press.
Stephenson, Patricia. 1993. "Ovulation Induction during Treatment of Infertility: An Assessment of the Risks." In *Touch Choices: In Vitro Fertilization and the Reproductive Technologies*, edited by Patricia Stephenson and Marsden G. Wagner, 97–121. Philadelphia: Temple University Press.
Stephenson, Patricia, and Marsden G. Wagner, eds. 1993. *Touch Choices: In Vitro Fertilization and the Reproductive Technologies*. Philadelphia: Temple University Press.
Steptoe, P. C., and R. G. Edwards. 1970. "Laparoscopic Recovery of Pre-ovulatory Human Oocytes after Priming of Ovaries with Gonadotrophins." *The Lancet* 295(7649): 683–89.
———. 1976. "Reimplantation of a Human Embryo with Subsequent Tubal Pregnancy." *The Lancet* 307(7965): 880–82.
Steptoe, P. C., R. G. Edwards, and J. M. Purdy. 1971. "Human Blastocysts Grown in Culture." *Nature* 229(5280): 132–33. doi:10.1038/229132a0.
Stern, Judy E., Marcelle I. Cedars, Tarun Jain, Nancy A. Klein, C. Martin Beaird, David A. Grainger, and William E. Gibbons. 2007. "Assisted Reproductive Technology Practice Patterns and the Impacts of Embryo Transfer Guidelines in the United States." *Fertility and Sterility* 88(2): 275–82.
Stilgoe, Jack, Richard Owen, and Phil Macnaghten. 2013. "Developing a Framework for Responsible Innovation." *Research Policy* 42: 1568–80.
Sullivan, Walter. 1981. "'Test-Tube' Baby Born in the US, Joining Successes around the World." *New York Times*, 29 December: section C, page 1.
Suzuki Masakuni. 2014. "In Vitro Fertilization in Japan—Early Days of In Vitro Fertilization and Embryo Transfer and Future Prospects for Assisted Reproductive Technology." *Proceedings of the Japan Academy Series B* 90: 184–201.
"Taiwan to Raise Subsidies to Boost Flagging Birthrate." 2021. *Taipei Times*, 28 April. Retrieved 12 December 2021 from https://www.taipeitimes.com/News/taiwan/archives/2021/04/28/2003756487.
Takeshima, Kazumi, Seung Chik Jwa, Hidekazu Saito, Aritoshi Nakaza, Akira Kuwahara, Osamu Ishihara, and Tetsuro Sakumoto. 2016. "Impact of Single Embryo Transfer Policy on Perinatal Outcomes in Fresh and Frozen Cycles—Analysis of Japanese Assisted Reproductive Technology Registry between 2007 and 2012." *Fertility and Sterility* 105(2): 337–46.
Templeton, Allan, and Joan K. Morris. 1998. "Reducing the Risk of Multiple Birth by Transfer of Two Embryos after In Vitro Fertilization." *New England Journal of Medicine* 339(9): 573–77.

Thompson, Charis. 2005. *Making Parents: The Ontological Choreography of Reproductive Technologies*. Cambridge, MA: MIT Press.

―――. 2016. "IVF Global Histories, USA: Between a Rock and a Marketplace." *Reproductive BioMedicine and Society Online* 2: 128–35.

Thurin, Ann, Jon Hausken, Torbjörn Hillensjö, Barbara Jablonowska, Anja Pinborg, Annika Strandell, and Christina Bergh. 2004. "Elective Single-Embryo Transfer versus Double-Embryo Transfer in In Vitro Fertilization." *New England Journal of Medicine* 351: 2392–402.

Timmermans, Stefan, and Marc Berg. 2003. *The Gold Standard: The Challenge of Evidence-Based Medicine and Standardization in Health Care*. Philadelphia: Temple University Press.

Timmermans, Stefan, and Steven Epstein. 2010. "A World of Standards but Not a Standard World: Toward a Sociology of Standards and Standardization." *Annual Review of Sociology* 36: 69–89.

Timor-Tritsch, Ilan E., Asher Bashiri, Ana Monteagudo, Andrei Rebarber, and Alan A. Arslan. 2004. "Two Hundred Ninety Consecutive Cases of Multifetal Pregnancy Reduction: Comparison of the Transabdominal versus the Transvaginal Approach." *American Journal of Obstetrics and Gynecology* 191: 2085–89.

Timor-Tritsch, I. E., and A. Monteagudo. 2006. "Diagnosis of Chorionicity and Amnionicity." In *Multiple Pregnancy: Epidemiology, Gestation & Perinatal Outcomes*, 2nd ed., edited by Isaac Blickstein and Louis G. Keith, 291–307. Abingdon: Informa.

Timor-Tritsch, Ilan E., David B. Peisner, Ana Monteagudo, Jodi P. Lerner, and Shubhra Sharma. 1993. "Multifetal Pregnancy Reduction by Transvaginal Puncture: Evaluation of the Technique Used in 134 Cases." *American Journal of Obstetrics and Gynecology* 168: 799–804.

Tseng, Fan-Tzu. 2017. "From Medicalization to Riskisation: Governing Early Childhood Development." *Sociology of Health & Illness* 39(1): 112–26.

UK Department of Health and Social Care. 2021. "The Surrogacy Pathway: Surrogacy and the Legal Process for Intended Parents and Surrogates in England and Wales." Retrieved 8 December 2021 from https://www.gov.uk/government/publications/having-a-child-through-surrogacy/the-surrogacy-pathway-surrogacy-and-the-legal-process-for-intended-parents-and-surrogates-in-england-and-wales.

Umstad, M. P., and P. A. L. Lancaster. 2005. "Multiple Birth in Australia." In *Multiple Pregnancy: Epidemiology, Gestation and Perinatal Outcomes*, 2nd ed., edited by Isaac Blickstein and Louis G. Keith, 26–32. Abingdon: Informa.

Urquhart, C., R. Currell, F. Harlow, and L. Callow. 2017. "Home Uterine Monitoring for Detecting Preterm Labour (Review)." *Cochrane Database of Systematic Review* 2, art. no.: CD006172.

Van Blerkom, Jonathan. 2009. "An Overview of Determinants of Oocyte and Embryo Developmental Competence: Specificity, Accuracy and Appplicability in Clinical IVF." In *Single Embryo Transfer*, edited by Jan Gerris, G. David Adamson, Petra De Sutter, and Catherine Racowsky, 17–50. Cambridge: Cambridge University Press.

Van Landuyt, Lisbet, G. Verheyen, H. Tournaye, M. Camus, P. Devroey, and A. Van Steirteghem. 2006. "New Belgian Embryo Transfer Policy Leads to Sharp Decrease in Multiple Pregnancy Rate." *Reproductive BioMedicine Online* 13(6): 765–71.

Waggoner, Miranda R. 2017. *The Zero Trimester: Pre-pregnancy Care and the Politics of Reproductive Risk*. Oakland: University of California Press.

Wagner, M. G., and P. A. St. Clair. 1989. "Are In-Vitro Fertilisation and Embryo Transfer of Benefit to All?" *The Lancet* 330(8647): 1027–30.

Wagner, Marsden G., and Patricia Stephenson. 1993. "Infertility and In Vitro Fertilization: Is the Tail Wagging the Dog?" In *Touch Choices: In Vitro Fertilization and the Reproductive Technologies*, edited by Patricia Stephenson and Marsden G. Wagner, 1–22. Philadelphia, PA: Temple University Press.

Wahlberg, Ayo. 2016. "The Birth and Routinization of IVF in China." *Reproductive Biomedicine & Society Online* 2: 97–107.

———. 2019. *Good Quality: The Routinization of Sperm Banking in China*. Berkeley: University of California Press.

Waldby, Catherine, and Robert Michell. 2006. *Tissue Economies: Blood Organs, and Cell Lines in Late Capitalism*. Durham, NC: Duke University Press.

Wang, Fu-chang. 2018. "Studies on Taiwan's Ethnic Relations." *International Journal of Taiwan Studies* 1: 64–89.

Wang, Hui-Lan, and Yu-Mei Yu Chao. 2006. "Lived Experiences of Taiwanese Women with Multifetal Pregnancies Who Receive Fetal Reduction." *Journal of Nursing Research* 14(2): 143–54.

Wang, Yueping Alex, Georgina M. Chambers, Mbathio Dieng, and Elizabeth A. Sullivan. 2009. *Assisted Reproductive Technology in Australia and New Zealand 2007*. Australian Institute of Health and Welfare, National Perinatal Statistics Unit.

Wang, Yueping Alex, Georgina M. Chambers, and Elizabeth A. Sullivan. 2010. *Assisted Reproductive Technology in Australia and New Zealand 2008*. Australian Institute of Health and Welfare.

Wang, Yueping Alex, Jishan Dean, Tim Badgery-Parker, and Elizabeth A. Sullivan. 2008. *Assisted Reproductive Technology in Australia and New Zealand 2006*. Australian

Institute of Health and Welfare, National Perinatal Statistics Unit.
Wang, Yueping Alex, Jishan H. Dean, Narelle Grayson, and Elizabeth A. Sullivan. 2006. *Assisted Reproductive Technology in Australia and New Zealand 2004*. Australian Institute of Health and Welfare, National Perinatal Statistics Unit.
Wang, Yueping Alex, Jishan Dean, and Elizabeth A. Sullivan. 2007. *Assisted Reproductive Technology in Australia and New Zealand 2005*. Australian Institute of Health and Welfare, National Perinatal Statistics Unit.
Wang, Yueping Alex, Alan Macaldowie, Irene Hayward, Georgina M. Chambers, and Elizabeth A. Sullivan. 2011. *Assisted Reproductive Technology in Australia and New Zealand 2009*. Australian Institute of Health and Welfare.
Waters, Anne-Marie, Jishan H. Dean, and Elizabeth A. Sullivan. 2006. *Assisted Reproductive Technology in Australia and New Zealand 2003*. Australian Institute of Health and Welfare, National Perinatal Statistics Unit.
Wapner, Ronald J., George H. Davis, Anthony Johnson, Vivian J. Weinblatt, Richard L. Fischer, Laird G. Jackson, Frank A. Chervenak, and Laurence B. McCullough. 1990. "Selective Reduction of Multifetal Pregnancies." *The Lancet* 335(8681): 90–93.
Wennerholm, Ulla-Britt. 2009. "The Risks Associated with Multiple Pregnancies." In *Single Embryo Transfer*, edited by Jan Gerris, G. David Adamson, Petra De Sutter, and Catherine Racowsky, 3–16. Cambridge: University of Cambridge Press.
Whittaker, Andrea. 2015. *Thai In Vitro: Gender, Culture and Assisted Reproduction*. New York: Berghahn Books.
Wikler, Daniel, and Norma J. Wikler. 1991. "Turkey-Baster Babies: The Demedicalization of Artificial Insemination." *Milbank Quarterly* 69(1): 5–40.
Wilkinson, Jack, et al. 2016. "No Common Denominator: A Review of Outcome Measures in IVF RCTs." *Human Reproduction* 31 (12): 2714–22. https://doi.org/10.1093/humrep/dew227.
Winner, Langdon. 1986. *The Whale and the Reactor: A Search for Limits in an Age of High Technology*. Chicago: University of Chicago Press.
Winston, Robert, and Raul Margara. 1987. "Effectiveness of Treatment for Infertility." *British Medical Journal* 295: 608–9.
Wolkowitz, Carol. 2006. *Bodies at Work*. London: Sage.
Wood, Carl, B. Downing, A. Trounson, and P. Rogers. 1984. "Clinical Implications of Developments in In Vitro Fertilization." *British Medical Journal* 289: 978–80.
Wood, Carl, Rex McMaster, George Rennie, Alan Trounson, and Jon Leeton. 1985. "Factors Influencing Pregnancy Rates Following In Vitro Fertilization and Embryo Transfer." *Fertility and Sterility* 43(2): 245–50.

Wood, Carl, and A. Westmore. 1984. *Test-Tube Conception*. London: George Allen & Unwin.
World Health Organization. 2012. *Born Too Soon: The Global Action Report on Preterm Birth*. Geneva: World Health Organization (WHO).
Wu, Chia-Ling. 2012. "IVF Policy and Global/Local Politics: The Making of Multiple-Embryo Transfer Regulation in Taiwan." *Social Science & Medicine* 75(4): 725–32.
——. 2017a. "From Single Motherhood to Queer Reproduction: Access Politics of Assisted Conception in Taiwan." In *Gender and Health in East Asia*, edited by Angela Leung and Izumi Nakayama, 92–114. Hong Kong: Hong Kong University Press.
——. 2017b. "The Childbirth Reform Movement in Taiwan, 1995–2016." *Gender and Culture in Asia* 1: 99–112.
Wu, Chia-Ling, Jung-Ok Ha, and Azumi Tsuge. 2020. "Data Reporting as Care Infrastructure: Assembling ART Registries in Japan, Taiwan, and South Korea." *East Asian Science, Technology and Society* 14(1): 35–59.
Wyns, C., C. Bergh, C. Calhaz-Jorge, C. De Geyter, M. S. Kupka, T. Motrenko, . . . and V. Goossens. 2020. "ART in Europe, 2016: Results Generated from European Registries by ESHRE." *Human Reproduction Open* 2020(3): hoaa032.
Yeshua, Arielle, Joseph A. Lee, Georgia Witkin, and Alan B. Copperman. 2015. "Female Couples Undergoing IVF with Partner Eggs (Co-IVF) Pathways to Parenthood." *LBGT Health* 2(2): 135–39.
Zegers-Hochschild, F., J. A. Crosby, C. Musri, M. D. C. B. de Souza, A. G. Martinez, A. A. Silva, . . . and N. Posada. 2020. "Assisted Reproductive Technology in Latin America: The Latin American Registry, 2017." *Reproductive Biomedicine Online* 41(1): 44–54.

Belong
20

多胞胎共和國：台灣人工生殖的希望與風險

作者	吳嘉苓
譯者	柯昀青
審定	陳明哲
總編輯	洪仕翰
責任編輯	宋繼昕
行銷	張偉豪
封面設計	Dyin Li
排版	宸遠彩藝
出版	衛城出版／左岸文化事業有限公司
發行	遠足文化事業股份有限公司（讀書共和國出版集團）
地址	二三一四一 新北市新店區民權路一〇八－三號八樓
電話	〇二－二二一八一四一七
傳真	〇二－二二一八〇七二七
客服專線	〇八〇〇－二二一〇二九
法律顧問	華洋法律事務所 蘇文生律師
印刷	呈靖彩藝有限公司
初版	二〇二五年四月
定價	六三〇元

國家圖書館出版品預行編目資料

多胞胎共和國：台灣人工生殖的希望與風險/吳嘉苓原著；柯昀青譯.
-- 初版. -- 新北市：衛城出版，左岸文化事業有限公司出版；遠足文化事業股份有限公司發行, 2025.04
 面；　公分. -- (Belong; 20)
譯自：Making multiple babies anticipatory regimes of assisted reproduction.
ISBN 978-626-7645-18-5（平裝）

1. 生育　2. 人工生殖　3. 試管嬰兒　4. 多胞胎　5. 台灣
544.4　　　　　　　　　　　　　　　　　　　　　　114002887

有著作權　翻印必究
（缺頁或破損的書，請寄回更換）
歡迎團體訂購，另有優惠，請洽 02-22181417，分機 1124
特別聲明：有關本書中的言論內容，不代表本公司／出版集團之立場與意見，文責由作者自行承擔。

EISBN　9786267645208（PDF）、9786267645192（EPUB）

ACROPOLIS 衛城

EMAIL　acropolisbeyond@gmail.com
FACEBOOK　www.facebook.com/AcrolisPublish